本书为贵州省 2013 年"专业综合改革试点"项目（汉语言文学专业）成果、贵州省 2014 年省级重点支持学科（中国语言文学）建设成果

『三国志』连动式研究

马立春 ◎ 著

中国社会科学出版社

图书在版编目(CIP)数据

《三国志》连动式研究 / 马立春著. —北京：中国社会科学出版社，2016.10

ISBN 978 - 7 - 5161 - 9816 - 2

Ⅰ.①三…　Ⅱ.①马…　Ⅲ.①《三国志》–连动式–研究　Ⅳ.①H141

中国版本图书馆 CIP 数据核字(2017)第 015532 号

出 版 人	赵剑英
责任编辑	任　明
责任校对	周　昊
责任印制	李寡寡

出　　版	中国社会科学出版社
社　　址	北京鼓楼西大街甲 158 号
邮　　编	100720
网　　址	http：//www.csspw.cn
发 行 部	010 - 84083685
门 市 部	010 - 84029450
经　　销	新华书店及其他书店

印刷装订	北京市兴怀印刷厂
版　　次	2016 年 10 月第 1 版
印　　次	2016 年 10 月第 1 次印刷

开　　本	710×1000　1/16
印　　张	21.5
插　　页	2
字　　数	313 千字
定　　价	85.00 元

凡购买中国社会科学出版社图书，如有质量问题请与本社营销中心联系调换
电话：010 - 84083683

序

　　连动式是汉语常见的一种句子类型，一直存在并不断发展着。语法学界对这一句子类型的存留、结构性质和使用特点的研究从未间断，研究范围日趋拓展，人们对此类句子的认识也逐渐深化，取得的成果不断迭出。但还有不少问题需要进一步研究，如定性、划界、分类等问题尚未取得公认的结论，很多方面有待于进一步的探讨。从研究成果上看，古代汉语连动式的研究相对不足，尤其是对中古专书连动式的研究更是少人问津。

　　正确构建汉语语法史的框架，就必须有大量不同时代能够代表当时语言面貌的语料专书的全面考察结果来支撑。汉末魏晋直至南北朝是语言大变化的时代，《三国志》不仅是十分重要的史学名著，从汉语史研究的角度看，它也是一部不可忽视的重要典籍，不失为一部较多反映当时口语情况的文献。连动式是汉语的一种特有的语法结构。他的产生和发展对其他语法形式的产生带来重要影响，对于有些结构式的定性有着重要作用。对连动式结构发展历史作总体研究，搞清楚连动式的演变，必须要有以专书为基础的断代研究。作者选择《三国志》作为研究连动式的语料，不仅为汉末魏晋语法的断代研究和汉语史提供了一个方面的素材，而且丰富了古代汉语专书及连动式的研究，课题的研究是非常合适的，本书的出版价值显而易见。

　　本书的特点大略表现在以下几个方面：第一，该书运用语法的三个平面理论，全面、细致考察《三国志》连动式的形式、语义和语用是其一大特色。书中为连动式建立了一个严密的有特色的分类体系。作者不仅从形式，而且从语义、语用上进行分类，这些分类一层接着一层，严谨有序。作者也是在这样一个框架下进行分析的。从书稿中看出,作者在穷尽考察《三国志》语言材料的基础上,对其中表现了连动式的材料作了充分的描写和仔细的分析,并从句法形式、语义和语用特征等方面进行了分类梳理,归纳了连动式的若干表达方式,并且就各类表达方式之例数进行了统计说明。作者对《三国志》连动式每个类型都从三个平面加以考察,从语法事实中归纳出《三国志》连动式的句法结构类型(有标志、无标志),语义类型(承动、趋动、状动、存现),语用类型(叙述性、评议性、描写性)。对于每个句法类型,更进一步划分出单纯、带宾、附加、复合的下位类型,并具体描写分析。这是付出了艰辛努力的细致而有价值的描写分析。

第二,该书对连动式语义方面的属性作了多角度的分析。作者特别注重了运用现代语法理论对三国志连动式的语义进行研究。作者讨论了连动式的动词排列序,分析连动式的语义指向,揭示连动式的隐含的语义关系,并且探讨连动式的配价问题。这些研究,详备而深入,以统计数字出之,非泛泛而论,有说服力。如作者通过对《三国志》连动式的考察,发现连动式中动词次类的排列有"状态动词——趋向动词(位移动词)——动作动词(取予动词—操作动词—处置动词)——趋向动词——使令动词"的相对顺序,并得出了"汉语动词的这种相对语序反映了客观事物和人们行为活动的一维性在人们心理反映的具体行动、活动和变化的顺序"的结论。再如,作者运用语义场的不同义项的特征,分析出连动式的动词之间内部的语义关系有的是交集关系,有的是子集关系。且连动式子集关系中有的是包容式的组合,得出了"攻"和"破"开始可能是他动,然后结合在一起成了使动,最后就变成自动凝固成"动结式"。这些语义分析具有创见性。可见,作者运用现代语法理论对连动式的分析取得了很好的效果,这表明现代语法理论对古汉语研究是可行的。

第三,在"三个平面"理论中,句法分析除偏重于结构形式的解剖,研究结构成分、结构层次、结构关系、结构类型等问题,还特别关注语用特征。作者没有忽略对《三国志》连动式语用方面的属性探讨。作者描述了连动式的疑问、陈述、祈使和感叹句在《三国志》

连动式中的分布，描写和分析了连动式中叙述性、评议性和描写性连动式的不同功能，从句法、语义和语用等方面综合展现了连动式的特征，得出了"连动式不适合于疑问句、祈使句、感叹句"的结论。

第四，本书的价值并不仅仅在于共时的考察，作者在对连动式进行共时描写的同时，非常关注历时的研究。古汉语的研究如果没有历史比较是不完整的研究，作者充分注意了这一问题。该书着力把《左传》与《三国志》的连动式进行了历史考察，并且运用已有的断代连动式的研究成果辅以比较来说明连动式的发展情况。书中对于功能分析、语义特征分析等种种方法和理论的运用，体现了作者在这方面的自觉努力和成功尝试。作者对"击破"等结构式语法化过程分析就是一个例证。通过比较，作者认为《三国志》中的"击伤"和"攻破"等类似结构式应该看作连动式而非动结式，涉及对汉语史上"击破"类作为动结式成熟年代的判定。这是就连动式在汉语语法学史上进行的有价值比较，对汉语语法史的研究提供了借鉴。上述诸端，在连动式研究领域中的意义是不言而喻的。

公允的结论离不开语言事实的扎实基础。作者采用了穷尽式的考察方法对《三国志》连动式的语言事实进行甄别梳理，这不得不说是该书的又一特色。连动式是两个动词的结合，是一种双核结构。其结构复杂多样，鉴别数量大，而且不能使用电脑选取，只能靠人工从两个动词结构中一一判别出连动结构式并加以收录，在归纳分析中还要从不同角度反复梳理，这种基础工作需要花费大量的时间和精力。作者不仅对《三国志》语言材料带有两个动词的单句进行细致爬梳之外，还必须对连动式的语料进行完整系统的全面考察。这种穷尽的研究，没有一点吃苦的精神和相当的毅力是难以很好完成的。此为本书的研究打下了坚实的基础。读者可以看到，书中对连动式中各类连动式的分析都列出了详细的语言资料和具体的统计，使得研究充分厚实，也使得这本书的材料丰富和扎实成为一个显著特点。该书在坚实的材料基础上得出的结论，不仅表现出作者对语言的敏锐力，还说明统计计量的重要性。

对历史材料进行准确充分的描写和运用现代理论进行科学合理的

解释相结合是汉语史研究所追求的一种至高境界。从这个意义上说，本书的研究自然有尚可提高之处。在解释方面似乎也还可以有进一步思考以求深化的地方。连词连接的动词结构式是不是连动式，是复句还是单句，学界有不同的意见。作者把连词看做是连动式的一类，依据本书的考察，这样的分类符合当时的语言事实。但连词能不能成为连动式一类，分类上目前还存在不同的看法。要想达到学界一致的意见，就需要有一套正确可行的方法，这方面可析出一个有效的模式。本书既然是对古代语文专书连动式进行全面穷尽考察的一部专著，对这样具有争议性的问题做带有探索性质的研究，不同观点的存在就是很自然的。再如，历时方面还可以扩大视野，对魏晋以后的专书进行对比研究，这样可以使结论更加牢靠。当然，这无疑将是耗时耗力的差事。但这对于汉语语法史的研究非常有必要，希望立春同学继续做下去。相信本书作者在今后的研究工作中会在这方面做出更多的努力。

　　本书的初稿是作者的学位论文，也得到了评议专家的肯定。作者针对专家们指出的不足之处进行认真修改而成此书稿，内容更趋完善，水平亦有进一步的提高。本书作者在贵州大学攻读硕士学位，研究方向即为古汉语语法，平素踏实好学，勤于覃思，在古汉语语法的研究园地中悉心耕耘，取得了较好的成绩。立春此书即将付梓，向我索序，我乐观其成，写下片言只语是为序。

袁本良

丙申年七月于拙斋

内容提要

本文研究《三国志》的连动式。文章根据"语法三个平面"理论，将现代语言学方法与传统方法相结合，坚持语法形式和语法意义相结合、定量分析与定性分析相结合的原则，采用静态描写、动静结合的研究方法，从句法、语义、语用三个层面及历时演变的角度，对《三国志》的连动句进行了全方位的讨论。

句法结构层面，本文考察了无标志连动式和有标志连动式两个大类的若干构成方式；语义上，着重考察连动式的语义类型、连动式中修饰成分和动词的语义指向以及连动式的配价情况；在语用方面，主要考察连动式在篇章的语用情况、连动式的语用系统、语境对连动句的制约以及连动式的主题和述题等方面的内容。在历时考察方面，通过《三国志》与《左传》连动式的比较来对连动式的历时发展进行初步的探索，并从《三国志》连动式出发，就汉语语法史上连动式向动结式的发展问题进行了讨论。

本文的研究力求把现代语言理论与古汉语语言事实结合起来分析，得出有效可靠的结论，并为全面认识《三国志》连动句提供一份准确的素材，同时为认识汉语连动式的发展和《三国志》的语言面貌提供参考。

关键词：连动式；句法；语义；语用；历时

Abstract

This paper is about thelian-dong sentence in 〈San Guo Zhi〉. All of the sentences are analysed on three different aspects——syntax, semantics and pragmatics and angle of history evolvement under quantity and quality, static and dynamic, form and content, by theory of three levels gramma.

On thesyntax, some structure of this paper was reviewed in the sign and no sign lian-dong sentence in 〈San Guo Zhi〉. On the semantics, stressed reviewed in zhe syntax style, restrictive composition and semantics point. , valence. On zhe pragmatic, stressed reviewed in zhe paper use, using system, text function, subject and adnex. we discussed zhe history evolvement by contrasted between 〈San Guo Zhi〉 and 〈Zuo Zhuan〉. Then discussed the evolvement from lian-dong sentence to dong-bu structure.

This study provides anaccuracy lian-dong sentence material in 〈San Guo Zhi〉. This paper is also an reference to throughout understand of the lian-dong sentence development and language in 〈San Guo Zhi〉.

Key words: Lian-dong sentence; structure; semantics; pragmatic; history

目　录

绪论 ……………………………………………………………（1）

  一　关于《三国志》 ………………………………………（1）

  二　关于连动式 ……………………………………………（3）

  三　研究原则、方法和目的 ………………………………（12）

第一章　《三国志》连动式概述 …………………………………（14）

  第一节　《三国志》连动式语料及连动式界定 ……………（14）

    一　《三国志》连动式语料 ………………………………（14）

    二　本书对连动式的界定 …………………………………（15）

  第二节　《三国志》连动式构成 ……………………………（17）

    一　V1 的构成 ……………………………………………（17）

    二　V2 的构成 ……………………………………………（19）

    三　V1 与 V2 的组合 ……………………………………（21）

  第三节　《三国志》连动式结构类型和语义语用特征 ………（23）

    一　《三国志》连动式结构类型 …………………………（23）

    二　《三国志》连动式语义特征 …………………………（43）

    三　《三国志》连动式语用特征 …………………………（57）

第二章　《三国志》"而、以、则"链接式连动式 ………………（65）

  第一节　《三国志》"而"、"以"、"则"的分布及结构特点……（65）

    一　"而"、"以"、"则"的分布 …………………………（65）

    二　"而"、"以"、"则"连动式的结构特点 ……………（67）

  第二节　《三国志》"V 而 V"链接式连动式 ………………（68）

    一　"V 而 V"链接式连动式形式特征 …………………（68）

    二　"V 而 V"链接式连动式语义特征 …………………（81）

　三　"V而V"链接式连动式语用特征 ……………………………（95）

第三节　《三国志》"V以V"链接式连动式 ………………………（98）

　一　"V以V"链接式连动式形式特征 ……………………………（98）

　二　"V以V"链接式连动式语义特征 ……………………………（107）

　三　"V以V"链接式连动式语用特征 ……………………………（115）

第四节　《三国志》"V则V"链接式连动式 ………………………（118）

　一　"V则V"链接式连动式形式特征 ……………………………（118）

　二　"V则V"链接式连动式语义特征 ……………………………（122）

　三　"V则V"链接式连动式语用特征 ……………………………（127）

附录 ……………………………………………………………………（128）

　一　"V而V"链接式 …………………………………………………（128）

　二　"V以V"链接式 …………………………………………………（130）

　三　"V则V"链接式 …………………………………………………（132）

第三章　《三国志》"VV"式连动式 ………………………………（133）

第一节　《三国志》"VV"黏合式连动式 …………………………（133）

　一　"VV"黏合式连动式形式特征 ………………………………（133）

　二　"VV"黏合式连动式语义特征 ………………………………（144）

　三　"VV"黏合式连动式语用特征 ………………………………（159）

附录 ……………………………………………………………………（161）

　一　"VV"黏合单纯式 ……………………………………………（161）

　二　"VV"黏合式附加式 …………………………………………（162）

　三　"VV"黏合式带宾式 …………………………………………（162）

　四　"VV"黏合式复合式 …………………………………………（163）

第二节　《三国志》"VV"间合式连动式 …………………………（163）

　一　"VV"间合式连动式形式特征 ………………………………（163）

　二　"VV"间合式连动式语义特征 ………………………………（177）

　三　"VV"间合式连动式语用特征 ………………………………（194）

附录 ……………………………………………………………………（196）

　一　"V-V"间合式附加式 …………………………………………（196）

　二　"V-V"间合式带宾式 …………………………………………（197）

三　"V－V"间合式复合式 ……………………………………（198）

第四章　《三国志》"V 曰"惯用式连动式 …………………（201）

第一节　《三国志》"V 曰"黏合式连动式 …………………（201）

一　"V 曰"黏合式连动式形式特征 ………………………（201）

二　"V 曰"黏合式连动式语义特征 ………………………（204）

三　"V 曰"黏合式连动式语用特征 ………………………（208）

第二节　《三国志》"V 曰"间合式连动式 …………………（210）

一　"V 曰"间合式连动式形式特征 ………………………（210）

二　"V 曰"间合式连动式语义特征 ………………………（215）

三　"V 曰"间合式连动式语用特征 ………………………（219）

附录 …………………………………………………………（220）

一　"V 曰"黏合式 …………………………………………（220）

二　"V 曰"间合式 …………………………………………（221）

第五章　《三国志》连动式相关问题的讨论 ………………（222）

第一节　《三国志》连动式语义相关问题讨论 ……………（222）

一　《三国志》连动式的动词排列及其相关性 …………（222）

二　《三国志》连动式动词及修饰成分的语义指向 ………（231）

三　《三国志》连动式动词配价 …………………………（241）

第二节　《三国志》连动式语用相关问题的讨论 …………（286）

一　"而"、"以"、"则"的语用功能 ………………………（287）

二　连动式主题和述题 ……………………………………（288）

三　语境对连动句的制约 …………………………………（296）

第六章　《三国志》连动式的历时考察 ……………………（300）

第一节　《三国志》与《左传》连动式比较 ………………（300）

一　句法结构历时比较 ……………………………………（300）

二　连动式动词构成历时比较 ……………………………（303）

三　语义关系历时比较 ……………………………………（307）

第二节　从《三国志》连动式看连动式向动结式的发展 …（309）

一　关于动结式 ……………………………………………（309）

二　《三国志》连动式的发展 ……………………………（310）

　　　三　《三国志》连动式性质考察 ……………………………（311）

结语 ………………………………………………………………（316）

　　　一　句法特征 ………………………………………………（316）

　　　二　语义特征 ………………………………………………（319）

　　　三　语用特征 ………………………………………………（321）

　　　四　历时比较 ………………………………………………（322）

主要参考文献 …………………………………………………（324）

后记 ………………………………………………………………（330）

绪　　论

一　关于《三国志》

《三国志》共 65 卷，包括《魏书》30 卷、《蜀书》15 卷、《吴书》20 卷，计三十万六千余字。本书是继《汉书》之后一部著名的断代史，与《史记》《汉书》《后汉书》合称"前四史"。《三国志》记述自公元 184 年黄巾起义，至公元 280 年晋灭吴之间近百年的历史。全书取材精审，结构谨严，文字凝练。作者陈寿（233—297），字承祚。少时受学于史学家谯周，"聪慧敏识，属文富艳"。在蜀汉为观阁令史，入晋后任著作郎、治书侍御史等职。晋武帝咸宁六年（公元 280）平吴之后，他开始收集三国史料，写成《三国志》。这部书的完成大约在太康年间（公元 280—289）。当时人称赞他"善叙事，有良史之才"。当代著名史学家缪钺先生认为《三国志》"可以说是紧承《史记》《汉书》之后的一部史学名著"[1]。作为史部名著，《三国志》具有十分重要的史学价值。从汉语史研究的角度看，它也是一部不可忽视的重要典籍，不失为一部较多反映当时口语情况的文献。吴金华先生（2001）说："汉末魏晋语言是整个汉语史研究的一大关键。无论是跟前面的西汉及东汉绝大部分时期相比，还是跟后面的唐宋时代对照，汉末魏晋直至南北朝总体上无疑是社会大动荡，语言大变化的时代，这是白话与文言开始拉开距离的时代。"[2] 我们知

---

① 陈寿：《三国志》，岳麓书社 2002 年版，第 1 页。
② 吴金华：《〈三国志〉语言研究·提要》，成都"汉语史研讨会"宣读论文，2001年 10 月。

道上古汉语与近代汉语在语法、词汇、语音上均有较大差异，处于白话与文言开始拉开距离的时代的中古汉语，正是上承上古汉语，下启近代汉语的枢纽。《三国志》成书年代为晋太康中期或后期（即不晚于公元289年），正处于上古汉语与近代汉语的过渡阶段，或者说处于中古汉语的前期。

《三国志》虽然缺少文采，不够生动，但有一个特点，就是简洁。叙事精心裁择，要而不繁；文字仔细推敲，质朴简练。因此从汉语史研究的角度说，《三国志》有极大的语料价值。《三国志》在语言研究上具有极大的语料价值还在于它的真实性、可靠性、丰富性。有"良史"之才的陈寿，发扬以"实录"为追求目标的优秀史学传统，运用简洁的文笔，对三国史实展开了叙述、描绘和评议；在引录历史文献时，能尊重原文。加之《三国志》自问世以来一直受到人们的重视，它的传本连绵不绝，应该说讹误较少。以上这些正是我们以《三国志》作为研究材料的原因所在。

有关《三国志》的语言研究取得成果最多的是词汇方面。将该书作为专书材料进行语法研究的，据笔者所见，只有何亚南《〈三国志〉和裴注句法专题研究》。而对《三国志》的连动式，至今还没有人作过专门研究，大多只是在其专著和论文中有所涉及而已。本文尝试从句法、语义、语用等多个层面对《三国志》连动式结构进行全面系统的研究，正是试图填补这一空白，从而为《三国志》专书语法研究和汉末魏晋语法的断代研究提供一个方面的素材。

据有关资料，现存《三国志》版本，以涵芬楼藏南京绍兴衢州刊本为最早，"百衲本"即据以影印。宋代另几个版本是：绍熙本，大宋本，咸平本，北宋本；元朝有元本（池州路本）；明代有南监本、北监本、毛本、吴本；清代有殿本、局本、金陵活字本；民国有"百衲本"；当代印行的本子则有上海古籍出版社卢弼《集解》本、中华书局本（陈乃乾点校本），岳麓书社本（吴金华点校本）等。本文研究时以影响较大的中华书局本为工作底本。同时还参考了吴金华先生点校、岳麓书社1990年9月出版的裴注《三国志》及其他版本。

二　关于连动式

（一）"连动式"的提出

"连动式"，有人称为"连谓谓语"①，也叫"谓语的连续"②。在"连动式"术语没有提出之前，人们就注意到了这一动词连用的现象。中国文法鼻祖马建忠在《马氏文通》中虽没有直接提出"连动式"这一名称，但他注意并且论述了这一句式的特点，他说"一读一句之内有二三动字连书者，其首先者乃记起行之词，名之曰坐动；其后动字所以承坐动之行者，谓之散动。散动云者，以其行非直承自起词也"，"使散动之行与坐动之行，同为起词所发，则惟置散动后乎坐动而已。"③ 这段论述其实是对连动式的界说，即两动词必须共属一个主语，且两个动词前后相承，前后顺序不可逆转。这已经是"连动式"了。何容在分析间接谓语时，提出了类似于"连动式"的东西，他称之为"连带的述语"。但他没有对这种"连带的述语"进行讲述。他只是说："严氏的《英文汉诂》里，除受事补谓（objective complement）之外，还有一种间接谓语（indirect predicate），严氏说：'其与句中谓语相系之情，不若 indirect predicate 之密'，其实这两种东西都可以叫连动的述语，不过在英语里 objective complement 都是用名词或形容词，就是动词也要用无定式（infinitive），所以一般文法里不承认它有 predicated 的性质，也没有 indirect predicate 这个名称。"④ 黎锦熙在《新著国语文法》有复述语一说，他认为把一个主语而有两个以上述语的，叫做复述语。他把复述语分为4类，其中有一类为"承接的"就类似于"连动式"。他指出，"承接的，用'承接连词'，或竟不用。若不是共一个主语，便成承接的复句。"他所说的承接的"复述语"就相当于我们现在所说的连动式。他把复述

① 王松茂：《汉语语法研究参考资料》，中国社会科学出版社1983年版，第342、347、348页。

② 《汉语知识》，人民教育出版社1979年版，第187页。

③ 王海棻：《〈马氏文通〉读本》，上海教育出版社2001年版，第349、355页。

④ 何容：《中国文法论》，商务印书馆1985年版，第52页。

语界定为两个或者两个以上的谓语连用表示承接关系即先后有顺序，如：他站起来就走①。王力《中国现代语法》也没有直接提出"连动式"这个术语，但他的"递系式"和"紧缩式"里面就包含着连动式，如"他出去开门"②。"连动式"这一术语是李荣依据赵元任的《国语入门》编译的《北京口语语法》作为汉语一种"特别的结构"提出的。他认为，"动词结构连用式（连动式）"是汉语很特别的结构，在连动式里，动词结构的次序是固定的③。1953 年，中国科学院语言研究所语法小组在《中国语文》上连载《现代语法讲话》就采用了"连动式"这个术语。丁声树等先生（1961）采纳了《北京口语语法》的见解，认为"连动式就是动词结构连用的格式"④。

（二）连动式研究综述

"连动式"提出后引起了语法学界的极大关注，也成了汉语语法研究的一个争论焦点，既有赞同的意见，也有主张取消"连动式"的反对意见。总的来说，尽管语法学者在界定、范围等方面存在一定的分歧，但"连动式"作为汉语句法的一种重要形式普遍得到语法学界的认同。对于"连动式"的研究也取得了丰硕的成果，使人们对连动式这一语法现象有较为清晰的认识。

1. 关于连动式的界定和范围的研究

语法学界在研究连动式时，普遍主张连动式必须具备以下几个条件：

Ⅰ. 几个动词共属一个主语；

Ⅱ. 连动结构做谓语；

Ⅲ. 几个动词不是联合、动补、状中结构；

Ⅳ. 几个动词表示连续动作，有先有后；

---

① 黎锦熙：《新著国语文法》，商务印书馆 1992 年版，第 166 页。
② 王力：《王力文集》（第二卷），山东教育出版社 1985 年版，第 149 页。
③ 胡附、文炼：《现代汉语语法探索》，商务印书馆 1990 年版，第 125 页。
④ 丁声树等：《现代汉语语法讲话》，商务印书馆 1961 年版，第 112—118 页。

Ⅴ. 几个动词关系密切；

Ⅵ. 几个动词连用中间没有语音停顿，不用关联词语（但古代汉语的连动式两项往往有关联词语）。

向熹（1993）、赵元任（1979）、黄伯荣、廖序东（1991）、陈建民（1986）、太田辰夫（1987）、李临定（1986）等对连动式都有所论述。他们主要从以下几个方面来界定连动式的性质和范围：（1）"连动式"范围的确定比较宽泛，如丁树声（1961）、管燮初（1994）、陈建民（1986）、赵元任（1979）等人不同程度的把介词列入连动式句式之一；（2）以句法形式为主（语序、独立成句等），辅以语义，如惠湛源（1954）、陈建民（1986）、黄伯荣（1991）、张耿光（1996）等；（3）以语义为主（主次、相承、先后等），辅以句法形式，如范晓（1998）、张志公（1991）、何乐士、杨伯峻（2001）等。

从表层形式上看，连动式与"介 + 动词"、"状_动 + 动"、"动 + 宾_动"、"动 + 补_动"是一样的，因而人们有时很难判断哪些应该归入连动式。学界一般是从动词之间的关系以及连用动词与主语、宾语的关系来作界定。由于人们在认识上存在着差异，导致各家的"连动式"的范围差别很大，也就使得划分出来的连动式不尽相同。也正是从这一情况出发，有人就主张取消连动式。张静①（1997）、史存直②（1986）等觉得连动式这个名称没有建立的必要。但是，朱德熙、吕叔湘等大部分学者都主张连动式的。朱德熙在《语法答问》中说，"连动式也是一种基本句法结构，跟其他句法结构一样，也是有前后两个直接成分组成的。""连动式前后两部分之间的关系不是主谓关系，也不是述宾、述补、偏正等关系，归不到已有的任何一种句法结构类型里去。"③他认为至于是不是叫连动式，那不是重要问题。吕

---

① 张静：《"连动式"和"兼语式"应该取消》，《郑州大学学报》1977 年第 4 期。
② 史存直：《论递系式和兼语式》，《中国语文》1954 年 3 月号。
③ 朱德熙：《语法答问》，商务印书馆 1985 年版，第 42 页。

叔湘在《汉语语法分析问题》也认为连动"取消不了，因为典型的连动式很难从形式上决定其中哪一部分是主体，哪一部分是从属"①。的确，连动式有着自身的特点，与其他句法结构有所不同，不能划归其他结构之中。

2. 关于结构类型和语义关系

语法学界在给"连动式"划分类型时没有一致的标准，大致有以下几种情况：（1）根据语义来给连动式划分类型，然后解释其句法结构；（2）先给连动式划分结构类型，然后加以说明；（3）分别从结构和语义两个方面来给连动式划分类型。

从结构来划分连动式的情况不是很多，如马建忠（1889）、吕叔湘（1980）、陈建民（1986）、张玉金（2001）等。马氏是从结构形式来划分类型的，我们可以梳理出5种类型：（1）坐动相承；（2）坐动和散动相承；（3）两动字先后并置；（4）两动字 + 而；（5）有形之动 + 散动。在马氏的论述中，有的还解释了动字之间的关系，如"有形动字后如有止词或转词者，则附于后，而后以散动承之，以记所为动之事"②。吕叔湘（1980）在《现代汉语八百词》中分析"名 + 副词及其他 + 动1（ + 宾/补） + 动2（ + 宾/补） + 助词及其他"的内部组合关系把连动式分为5种类型。该书解释V1、V2的多种关系：（1）V1、V2表示先后连续发生的动作；（2）V2是V1的目的；（3）V1表示V2的方式；（4）V1是趋向动词；（5）V1、V2从肯定和否定两个方面说明一件事，V2带否定副词"不"，表示V1动作的持续或对V1动作描写；（6）V1的受动者同时是V2的受动者，V2不能自带宾语；（7）V1、V2是同一个动词，V1带宾语，V2是动结式复合动词或带"的"加补语；（8）V1、V2重复，V1含有"即使、如果、无论、要讲"的意思，V2之前总有"也、都、

---

① 吕叔湘：《汉语语法分析问题》，《汉语语法论文集》，商务印书馆1984年版，第546页。

② 王海棻：《〈马氏文通〉读本》，上海教育出版社2001年版，第364页。

就"等关联副词。① 陈建民（1986）从句法上把连动式分为 10 大类：
（1）NP－（VP1－VP2），如"我们吃了饭看电影"；（2）NP－
（V1－NP）－（V2 得），V1、V2 同形，如"他怕你怕得厉害"；
（3）（V1－NP）－（V2－NP/VP），V1、V2 同形，如"你不吃馒头
吃什么"；（4）NP1－（V1－NP2）－V2。这一格式特点：V2 不带
NP，但它对 V1 后面的 NP2 有支配关系，V1、V2 共一受事，如"黄
鼠狼专偷农民的鸡吃"；（5）NP1－（V1－NP2）－（不－V2），如
"老黄隐瞒历史没有交代"；（6）NP－（有－NP）－VP，如"我们
有办法找到这份参考资料"；（7）NP－（VX－VP1）－VP2，（VX 代
表助动词）如"你明天还得起大早插秧哪"；（8）NP－来（去）－
VP1/NP－VP2，如"大家快来看"；（9）NP－V1 着－VP2，如（他）
"瞪着眼睛看"；（10）NP－VV－VP，如"他们吵着吵着打起架来
了"。② 张玉金在（2001）《甲骨文语法学》中，按照谓语结构（主、
谓、宾以及状语分布）的不同来给连动式以类别：（1）（AV）＋S＋
V1＋V2；（2）（AV）＋S＋AV＋V1＋V2；（3）（AV）＋S＋V1＋
V2＋CO；（4）（AV）＋S＋AV＋V1＋V2＋CO；（5）（AV）＋S＋
O＋V2；（6）S＋AV＋V1＋O＋V2；（7）S＋V1＋O＋CO＋V2；（8）
（AV）＋S＋V1＋V2＋O；（9）（AV）＋S＋AV＋V1＋V2＋O；（10）
S＋AV＋V1＋V2＋O＋CO；（11）S＋AV＋V1＋V2＋O＋CO；（12）
（AV）＋S＋V1＋O＋V2＋O；（13）（AV）＋S＋AV＋V1＋O＋V2＋
O；（14）S＋V1＋O＋V2＋O＋CO；（15）S＋惠＋O＋V1＋V2（16）
（AV）＋S＋惠/勿唯＋O＋V1＋V2＋O；（17）S＋（AV）＋V1＋
V2＋O＋V3；（18）S＋V1＋V2＋O＋V3＋CO；（19）（AV）＋S＋
V1＋V2＋V3＋O；（20）S＋V1＋O＋V2＋V3＋O；（21）S＋V1＋
O＋V2＋V3＋O。③

　　根据连用动词的语义关系来确定连动式类型的，如王力

① 吕叔湘：《现代汉语八百词》，商务印书馆 2001 年版，第 31 页。
② 陈建民：《现代汉语句型论》，语文出版社 1986 年版，第 228—245 页。
③ 张玉金：《甲骨文语法学》，学林出版社 2001 年版，第 223—229 页。

（1980）、胡裕树（1987）、张志公（1991）、杨伯峻和何乐士（2001）等。王力考察连动式的发展时，认为晋代以后出现了后面的动词补充前面的动词的意义的连动式。① 朱德熙（1985）认为连动式可以按照其中的 N 和 V2 之间的不同关系分成若干小类，兼语式是其中的一类，即 N 是 V2 的施事的那一类②。《现代汉语语法讲话》从语义上把连动式分为 5 种：（1）拿动作次序分先后；（2）表示条件的动词结构在前；（3）表示方式的动词结构在前；（4）表示对象的动词结构在前；（5）表示时间或处所的动词结构在前③。杨伯峻、何乐士从语义上把连动式分成：（1）V1、V2 主要表示时间上的先后；（2）V1、V2 之间有原因（或条件）与结果（或程度）的关系；（3）V1 与 V2 之间有手段与目的的关系；（4）V1 与 V2 之间有目的与动作（或结果）的关系；（5）V1 表示动作，V2 常用为"动、宾"或"动、于、宾"表示动作及其到达的处所；（6）V1 表示到什么处所，V2 表示在该处所发生的行为；（7）V1 表示 V2 进行时的状态，V1、V2 往往同时发生，很难分出先后，两者合起来才是一个完整的动作；（8）V1 表示 V2 进行的方式；（9）"动、宾"₁表示给予某物，"动、宾"₂表示给予某人④。

从句法结构和语义关系两个方面同时给连动式划分类型的，如李临定（1986）、赵元任（1979）、范晓（1998）等。李临定从结构把连动式分为 6 大类型：（1）名施＋动 1＋名受＋动 2＋名受；（2）名施＋动 1＋名受＋动 2；（3）名施＋动 1＋动 2＋名受；（4）名受＋［名施］＋动 1＋动 2；（5）名施＋动 1＋动 2；（6）名施＋动 1＋名受＋动 2＋在（到）＋名处；又从语义上把连动句型分为 24 种类型：V1 表示方式；V1 表示状态；V1 表示时间；V1 表示处所；V1 表示方面、依靠、目的；V2 表示目的，V1 表示信号；V1 先发生，V2 后发

---

① 王力：《汉语史稿》，中华书局 1980 年版，第 359 页。
② 朱德熙：《语法答问》，商务印书馆 1985 年版，第 57 页。
③ 丁声树：《现代汉语语法讲话》，商务印书馆 1961 年版，第 112—118 页。
④ 杨伯峻、何乐士：《古汉语语法发展史》，语文出版社 2001 年版，第 572 页。

生；V1、V2 有因果关系；V1、V2 有假设关系；V1、V2 的语义相同；多项式等①。赵元任一方面从形式上描写了 4 种模式：（1）链条式（V1 + V2V3、V1 +（V2V3 + V4）)；（2）动词的宾语；（3）第一个动词之后省略宾语；（4）介词和副动词。另一方面认为连动式的意义有：时间在前；什么时候；什么地方；受益；目的，理由或原因；达到目的的手段；方式；比较；一般联系；动作加在动作上②。范晓从连动式中的 V1、V2 来给连动式形式分类，从动 1 分为：（1）动1 位置上是动宾短语的；　（2）动 1 位置是动补短语的；（3）动1 位置上是单个动词的；（4）动 1 位置上是"动词 + 着"的；（5）动 1 位置上是动词的重叠式的。从动 2 分为：（1）动 2 位置上是单个动词的；（2）动 2 位置上是动词短语的。他认为动词之间的语义关系为：（1）表示动作的先后关系；（2）V1 说明 V2 的动作方式；（3）V1 和 V2 表示动作及其目的的关系；（4）V1 和 V2 表示动作（或事件）有因果关系；（5）V1 和 V2 表示互补关系。范晓不仅分析了连动动词之间的语义关系，而且分析了作主语的名词性词语与句中动词之间的语义关系。他认为这种关系主要有两种情况，一是主语表示动 1 动 2 的主事；二是主语表示动 1 动 2 的客事③。

　　除了确定连动式的类型外，语法学者还对连动式的语义表达进行了深入探索。李临定（1986）把结构和意义结合起来设计了介词框架，用来分析连用动词在句子中的表达重心，是表示重心还是处于从属的地位，或者说明连动句型可以扩展为复句④。周国光（1998）通过对儿童语言中动词的相对语序进行观察发现：当两个和两个以上的动词连续排列时，它们的位置顺序具有一定的相对性。表示意愿的动词和表示具体动作行为的动词连续排列，意愿动词总是在动作动词前面。居处、位移动词在动作动词前。操作动词先于处置动词，趋向动

　　① 李临定：《现代汉语句型》，商务印书馆 1986 年版，第 367 页。
　　② 赵元任：《汉语口语语法》，商务印书馆 1979 年版，第 165、167 页。
　　③ 范晓：《汉语的句子的类型》，书海出版社 1998 年版，第 72 页。
　　④ 李临定：《现代汉语动词》，商务印书馆 1990 年版，第 167 页。

词先于处置动词。他认为，这一相对语序是有认知基础的。当人们行动时，总是心理活动在先，具体动作在后。动作行为总是在一定时间和空间里进行，空间（包括方向、位置、处所等）是动作行为得以进行的必要条件①。梁银峰的《隋唐以前的"受事主语 + 及物动词 + 不及物动词"句型》把动词/形容词的使动用法归入了连动句的范围。他说，在上古汉语中，不及物动词或形容词通过使动用法用作及物动词，当它置于另一及物动词之后并带有宾语时，并形成连动结构（或称作并列结构），可以表示为：$Vt + V_{i-t} + O$。他认为这种连动结构的优越性在于能够同时表达出结果及实现这种结果的方式或行为，能够弥补使动用法语义表达模糊的弱点，具有结构更完善，更复杂，语义表达更精密的特点②。

　　3. 关于语用平面

　　从语用平面上专门研究连动式的论著和文章目前尚不多见。但语法学家在这方面也做了一些积极的探索。陈建民（1986）用变换的方式对连动式语用进行了分析。他认为"有理不走"可以变换成为"有不走的理由"，意义不变。前者是口语语法，而变换式多见于书面。他分析了"有一件事情跟你聊"变换成"我有跟你聊聊的一件事情"句子时指出，两式不等价。这里的"有"不是"应该、能够"，而是表示存在。他又分析了"有话慢慢说"，他认为在说话急速时常常把浮现在脑子里表示结果的话出现在前，再在后面补上表示因果、假设关系的话，造成追加现象。于是就变成了"慢慢地说，有话。"③ 范晓（1998）从连动句的语用平面上分析了它的表达特点，认为跟具有同样语义结构的非连动句比较，连动式在表达上显得简洁和精练④。李临定在分析 V1P1 和 V2P2 所表示 的意义大体上相同或

　　① 周有光：《儿童语言中的连谓结构和相关的句式问题》，《中国语文》1998 年第 3 期。

　　② 梁银峰：《隋唐以前的"受事主语 + 及物动词 + 不及物动词"句型》，载《汉语史研究集刊》（第六辑），巴蜀书社 2003 年版，第 130—149 页。

　　③ 陈建民：《现代汉语句型论》，语文出版社 1986 年版，第 228—245 页。

　　④ 范晓：《汉语的句子的类型》，书海出版社 1998 年版，第 72 页。

相近的这一连动句型时，认为前者只是采用一肯定一否定形式，后者是采用近义词语相组合的形式。这种句型有不少，如果省去其中的某些动词短语，不会影响句子表达的基本意思。这种句型是采用重复的方式以增强表达的效果①。这实际上是对连动式在语用上的分析。陈建民（1986）在解释"NP1 -（V1 - NP2）-（不 - V2）"的连动格式时，认为这一类连用的谓语是从不同的角度对一件事情加以陈述或说明的，连用的两个谓语有相互补充和相互规定的作用。例如："张谦板起脸孔不笑"和"老黄隐瞒历史没交代"，"'板起脸孔'自然是'不笑'，'隐瞒历史'当然是'没交代历史问题'。只留下 A 段（V1P1）完全可以，不过加上 B 段（V2P2）后同义连用，更有强调的意味。"他在分析"NP -（有 - NP）- VP"这个格式时认为"有 + NP"表示可能性和必要性时，这一格式可以变换为"有 -（V2 +）- NP"。原式是口语语法，变换式多见于书面②。

4. 古代汉语连动式研究

　　上文是就汉语连动式研究的总体情况所作的综述。可以看出，其中绝大多数是对现代汉语连动式的研究。古汉语连动式的研究虽然早在《马氏文通》就引起了注意，此后语法学界也曾多有涉及，但研究一向不够充分，与现代汉语相比，显得较为薄弱。就我们目前掌握的材料来看，除一些古代汉语教材、古代汉语语法专著进行了粗线条的描写或列举式介绍之外，只有少数论文专门探讨了古代汉语连动式的某些问题，或在研究其他问题时论及古代汉语连动式的某些方面。虽然近几年语法学界开始了用现代语法理论去分析"连动式"的语义关系，其研究也取得了较好的成果，如高增霞（2006）通过语法化的视角，运用连续性、典型性等概念分析连动式③；刘海燕（2008）使用逻辑语义学的理论和方法来描写、分析、解释连动式内

　　①　李临定：《现代汉语句型》，商务印书馆1986年版，第367页。
　　②　陈建民：《现代汉语句型论》，语文出版社1986年版，第228—245页。
　　③　高增霞：《现代汉语连动式的语法化视角》，中国档案出版社2006年版，第143页。

部的逻辑语义结构关系①。但总的来说内容不够全面，方法和角度较为单一。从历时的角度看，与上古汉语相比，中古汉语连动式的研究更显得薄弱。许多著作分析连动式所举的用例多数见于先秦典籍，恰恰证明了这一点。尽管连动式历时发展的研究从王力（1958）就已经开始，但进展不大，成果甚少，成果主要在专著的某个章节和论文的有关论述部分中，如王力（1958、1989）、何乐士（1985）、向熹（1993）、管燮初（1994）等。

三 研究原则、方法和目的

（一）研究原则

本文研究以三个平面的语法理论为指导，把语法形式和语法意义的研究密切结合起来，采用定量分析与定性分析相结合，静态描写与动态考察相结合的研究方法，借鉴有关的现代语法理论，力求对《三国志》连动式的句法、语义、语用及发展变化作全方位的讨论。

（二）研究方法

穷尽描写是专书研究中一种可靠的科学方法。本文对《三国志》连动式作多角度、多层次的穷尽性描写，尽可能较为全面、较为准确地探讨《三国志》连动式的真实情况。我们在考察《三国志》连动式时，运用"语法研究三个平面"理论，借鉴功能语法、格语法、认知语法等现代语言理论中的某些原则与方法，多角度，多层面、全方位对《三国志》连动式进行系统考察。

（三）研究目的

本文写作目的在于，通过对《三国志》一书的连动式进行全面的穷尽式研究，力争较为详细深入地描写出它在句法、语义、语用等方面的规律，归纳出《三国志》一书的连动式基本句模。本文的研究不仅可以为《三国志》专书语法的研究提供资料，同时也为比较薄弱的中古汉语连动式的研究提供素材。

---

① 刘海燕：《现代汉语连动句的逻辑语义分析》，四川人民出版社 2008 年版，第76 页。

（四）本文行文标记符号

为了行文的方便，我们使用了以下标记符号：

（1）C（CO）表示补语；（2）N 表示名词，NP 表示名词性词语；（3）V 表示动词，VP 表示动词短语；（4）A 表示句中状语；（5）S 表示主语。

文中例句均引自中华书局 1982 年版《三国志》。例句后括号内前一数字为卷数，后一数字为页码。

第一章 《三国志》连动式概述

第一节 《三国志》连动式语料及连动式界定

一 《三国志》连动式语料[①]

连动式的生成跟语言状况有直接的关系，而且可以从不同的角度给其划分类型。《三国志》是一部史书，主要是用来记人和事，从体裁上来看，主要是叙事，所以，《三国志》的语言面貌主要是叙事性语言、对话性语言和引用性语言（即引语）构成。例如：

> 转拜中军大将军，加给事中。（1，281）
>
> 若六军震曜，南临江、汉，吴会之域必扶老携幼以迎王师，必然之理也。（1，152）
>
> 令鲁郡修起旧庙，置百户吏卒以守卫之，又于其外广为室屋以居学者。（1，78）
>
> （以上为叙事性语言）
>
> 信谓绍曰："卓拥强兵，有异志，今不早图，将为所制，及其初至疲劳，袭之可禽也。"（1，174）
>
> 桓进计曰："休本以亲戚见任，非智勇名将也。今战必败，

---

① 在《三国志》例句统计时，由于连动式是两个动词先后相承，属于双动核形式，不能直接用电脑摘取例句，只能靠人工加以辨别统计，统计的例句数目可能与实际连动式数量有一点出入，但不影响分析得出的结论。

败必走，走当有夹石、挂车，……此万世一时，不可失也。"
（5，1313）

　　太祖曰："今焚烧宫室，劫迁天子，海内震动，不知所归，
此天亡之时也。"（1，7）

（以上为对话性语言）

　　通过对《三国志》语料作穷尽的搜索，得到连动式例句5120例，
其中，一层4766例，二层321例，三层33例。一层连动式中，无连
词连动式共4108例，带有连词连动式共658例。从统计中可以看出，
单层连动式和无连词连动式是《三国志》的主要形式，在研究时，
我们只对一层连动式作分析。在一层连动式中，叙事性语言例句
4267例，对话性语言例句499例。由于引用性语言都是先秦时期的
语料，不能反映当时的语言状况，故本文对引用性语言不作研究。为
了便于对《三国志》语言面貌进行研究，我们从构成上将它分为两
类：一是叙事性语言；二是对话性语言。我们在句法和语义分析时对
第二类只做统计，不做举例，如有与第一类不同时才举例分析。

二　本书对连动式的界定

　　自赵元任提出"连动式"这一术语后就引起语法学界的高度关
注，纷纷对连动式的性质、范围、语义特征和语用价值进行了积极的
探索。经过广泛、深入地研究，对连动式的特点有了充分的认识，取
得了积极的研究成果。我们认为，汉语的连动式是一个非常古老的句
法结构，在甲骨文献里出现频率很高。它作为汉语独特的句法结构，
自身的演变和发展牵动了汉语整体的演变和发展，在汉语语法发展史
上占有特殊的重要地位。如果要全面了解连动式就必须从句法、语
义、语用三个平面对其进行深入的研究。

　　连动式是连谓谓语的一种，是两个或两个以上动词或动词短语有
序的联合作谓语。语法学界对连动式的界定不尽相同，造成连动式性
质和范围界定差异的原因在于对连动式的性质和范围的认识不同，以
及用词性、句法、语义三个不同层面的东西混合起来作为标准。人们

在讨论连动式时，往往都是从不同的角度探讨连动式，确定的范围和分析的方法不尽相同，看法也就不一致。那么确定连动式的标准到底是什么？我们参考各家之说，结合自己的认识，从形式和语义两个方面拟对连动式作这样的界定：

两个或两个以上的动词或动词短语顺承（先后次序）连用充当同一主语的谓语这样一种结构方式。

这样的界定是从句法结构并辅以语义来确定连动式的性质和范围：① （1）连用动词与主语的关系，同属一个主语；（2）连用动词与宾语的关系，没有层级关系，处于同一个层次上；（3）时间上为先后、同时或者事件关系不可逆；（4）连用动词或动词短语有固定的语序，不能颠倒相互调换位置。

这个界定考虑到古汉语语料中一直存在连词连接两个动词和活用动词这一语言事实，把相关连词和活用动词纳入结构式内。这个界定把动词都纳入连动式的考虑范围之内，着眼于连动式的整体性质，其内部语义关系及其在句中所处的语法地位，把那些尽管不能独立使用，而必须依附其他动词构成一个结构整体的动词谓语也划入连动式之中。这样更贴近语言事实，因为这类结构具有连动式的一般特征。

这个界定认为一般非连续动作的动词连用结构，在具体的语言环境中，虽然其内部成分所指对象一致，但角度不同，作用也不同，具有连动之势，此类也为连动式。如"有""无"句和"言语"动词的习惯连用等。

以上是本文划分《三国志》连动式的依据和原则。本文在研究《三国志》的连动式时，仅指动词作谓语的连动结构式。换句话说，凡处在主语、宾语、状语和补语以及兼语位置上的连动结构，不在本文研究范围内。本文研究的"句"是指结构上的单句，即结构句，文中所统计的数量就是以此为单位来计算的。

---

① 先从结构上看两者是否是动词（包括词类活用）做谓语，然后从语义上看，两者是否能逆转，不能逆转为连动式。

第二节 《三国志》连动式构成

本节主要分析 V1、V2 的构成情况。《三国志》的连动式是由常式动词、词类活用动词、使动和意动词组构成。常式动词充当连动式的共4359例，词类活用动词、使动和意动词共287例，短语共120例。常式动词是连动式的主要构成成分，约占92%。现对《三国志》连动式构成进行分述。

一 V1 的构成

（一）常式动词

我们根据动词是带体词宾语还是带谓词宾语把常式动词分为体宾动词和谓宾动词。

1. 体宾动词

这类连动式的动词谓语的宾语是由名词构成，如：

> 临阵斩数百级，……贼得入城。（3，666）
> 帝匿京名，收龟付狱。（3，687）
> ……开城门迎超。（3，701）
> 建安十三年，从太祖征荆州。（3，722）

2. 谓宾动词

这类连动式的动词谓语的宾语是由动词或形容词充当的，如：

> 超等索割地以和，并求任子。（2，330）
> 又求临淮筑城以备寇，内欲保有淮南。（3，770）

（二）词类活用

古汉语的词类没有形式标志，在一定的环境中就会出现词类活用的现象。一般来说，各类词的基本语法功能是比较固定的，它们各自担当句子的各种成分，但是，有些词在一定的语言环境中又可以灵活运用，在句子中临时改变它的基本语法功能，充当别的词类。词类活用不是某种词类的固有用法，而是偶尔出现的一种用法。如果某个名词或形容词等词类出现在只有动词才出现的位置上，那么这个名词或形容词等词类也就活用为动词。《三国志》活用动词如下：

1. 名词活用为动词

这类连动式的一个动词谓语是由名词充当的，如：

卓迁相国，……赞拜不名，剑履上殿，又封卓母为池阳君，置家令、丞。(1，174)

布遂许之，手刃刺卓。(1，220)

2. 形容词活用为动词

这类连动式的一个动词谓语是由形容词充当的，如：

基曰："……不终朝而县于军门矣。"(3，753)

初，先主留魏延镇汉中，皆实兵诸围以御外敌，……使不得入。(4，1065)

……且重关镇守以捍之。(4，1065)

(三) 使动和意动

使动用法和意动用法，都是词类活用的一种特殊形式，表示一种特殊的动词关系。所谓使动用法就是名词、动词、形容词后边带有宾语，并使宾语具有名词、动词、形容词所赋予的行为或性状。所谓意动就是形容词、名词后面带有宾语，可以理解为主观上"认为他（它）怎么样"或"把他（它）当作什么"。例如：

而袁绍见洪，又奇重之，与结分合好。(1，232)

宣王坚垒不应。(1，104)

横马斩谦、盛兵走者二人，兵皆还战。(5，1299)

帝惭，<u>回</u>车而反。(3，644)

初，孙权<u>行</u>师征伐，每令达有所推步，皆如其言。 (5，1425)

（四）短语

1. V1 由并列短语充当

信力<u>战斗</u>死，仅而破之。(1，9)

发闻，后<u>废黜</u>死，兄弟皆伏法。(1，44)

2. V1 由动宾短语充当

谌<u>顿首</u>无二心，公嘉之，为之流涕。(1，16)

祐欲因所遏水，<u>浮船</u>运粮，<u>扬声</u>将破堰以通步军。 (5，1356)

二 V2 的构成

（一）常式动词

1. 体宾动词

这类连动式的动词谓语带名词性宾语，如：

帝将<u>乘</u>马，马恶衣香，惊<u>啮</u>文帝膝，帝大怒，即便杀之。(3，810)

佗往<u>省</u>之。(3，800)

乃以宣为左护军，<u>留</u>统诸军。(3，645)

经已与维战，大败，以万余人还<u>保</u>狄道城，余皆奔散。(3，639)

2. 谓宾动词

这类连动式的动词谓语带谓词性宾语，如：

> 然皆轻佻果躁，郧身<u>致</u>败。（5，1113）
> 奉礼<u>请</u>见，郡境遂清。（5，1285）

（二）词类活用

1. 名词活用动词

> 引军而<u>南</u>，重宣至诚，遗以财币。（5，1409）
> 敕诸军各坚垒勿与战，……循水而<u>东</u>，……不惟安等而已。（3，639）
> 遂引兵<u>西</u>，将据成皋。（1，7）

2. 形容词活用动词

> 不知损益，斥<u>远</u>君子，引<u>近</u>小人……（1，122）
> 策以书责而<u>绝</u>之。（5，1104）
> 石交之道，举仇以相<u>益</u>，割骨肉以相<u>明</u>……（4，1014）

（三）使动和意动

这类连动式的动词谓语是由动词或形容词使动或意动用法充当的，如：

> 邈即引见洪，与语大<u>异</u>之。（1，231）
> 击黄巾，破<u>走</u>之。（1，247）
> 群上疏曰："今舍此急而<u>先</u>官室……"（3，636）
> 五六年间，<u>降附</u>数千家。（1，294）
> 司马宣王遣将军胡遵等追讨，破<u>降</u>之。（1，100）
> 禁<u>断</u>淫祀，奸宄逃窜，郡界肃然。（1，4）

（四）短语

1. 并列短语

承制**封拜**。（1，241）

抚剑**顾眄**，亦足以为人豪，而反制于人，不以鄙乎！（1，221）

比羌、胡闻知**追逐**，水已深，不得渡。（1，171）

常从**征伐**……（1，279）

2. 主谓短语

乃诈令军中曰："……**兵饮之多腹痛**……"（5，1205）

3. 兼语短语

（坚）乃脱帻**令亲近将祖茂著之**。（5，1096）

骘因承制**遣使宣恩抚纳**。（5，1237）

权乃露檄**召蒙还**，阴与图计。（5，1278）

三 V1 与 V2 的组合

（一）常式动词+常式动词

即**击杀**他等。（2，542）

便**还入**殿，仁意恨之。（2，543）

又**求临**淮筑城以备寇，内欲保有淮南。（3，770）

（二）常式动词+词类活用，或词类活用+常式动词

八月，诏曰："……修于广坐之中**手刃击**祎……"（1，126）

初，先主留魏延镇汉中，皆<u>实</u>兵诸围以<u>御</u>外敌，……使不得入。(4，1065)

<u>引</u>军而<u>南</u>，重宣至诚，遗以财币。(5，1409)

不知损益，<u>斥</u>远君子，<u>引</u>近小人…… (1，122)

策以书<u>责</u>而<u>绝</u>之。(5，1104)

（三）常式动词＋使动或意动，或使动或意动＋常式动词

遽即<u>引见</u>洪，与语大<u>异</u>之。(1，231)

击黄巾，<u>破走</u>之。(1，247)

宣王<u>坚垒</u>不应。(1，104)

帝惭，<u>回</u>车而<u>反</u>。(3，644)

（四）常式动词＋短语

<u>承制封拜</u>。(1，241)

乃诈令军中曰："……兵<u>饮</u>之多<u>腹痛</u>……"(5，1205)

（五）常式动词＋兼语短语

骘因承制<u>遣使</u>宣恩抚纳。(5，1237)

乃<u>迫逐使</u>去。(5，1184)

权乃露檄<u>召</u>蒙还，阴与图计。(5，1278)

（六）词类活用＋兼语短语

<u>目使</u>之去。(5，1272)

第三节 《三国志》连动式结构类型和
语义语用特征

《三国志》连动式共 4766 例。连动式以连动结构为谓语，从其句法特点来看，我们可以从不同角度来给连动式分类。胡裕树、范晓（1985）指出："词语与词语按照一定的方式组合起来，构成一定的句法结构，对句法结构进行分析，就是句法分析。"① 在"三个平面"理论中，句法分析除偏重于结构形式的解剖，研究结构成分、结构层次、结构关系、结构类型等问题，还特别关注语用特征。本节拟从连动式的结构、语义和语用三个方面来对《三国志》连动式进行类型探讨。

一 《三国志》连动式结构类型

在连动结构中，动词之间有的用连词，有的不用连词。使用连词的连动式，我们容易识别，因此，用连词的，该连词就成为连动句式的句法标志。据此，连动式就分为无标志和有标志两种，如果连动式使用连词的，我们称之为有标志连动式，如果不使用连词的，我们称之为无标志连动式。

（一）有标记连动式

在汉语句中谓语动词或动词短语连用大多用"而"、"以"、"则"等词连接，动作行为上无主次之分，时间上具有先后或同时关系。《三国志》连动式中起关联作用成为标志的连词主要是"而"、"以"和"则"。它们在《三国志》连动式中的分布呈现不平衡的状况，"而"最多，"以"次之，"则"较少。"而"类共有 393 例，占连动式的 8%。"以"类共有 231 例，占连动式的 5%。"则"类共有 34例，占连动式的 0.1%。具体分布如下：

---

① 胡裕树、范晓：《试论语法研究的三个平面》，《新疆师范大学学报》1985 年第 2 期。

1. "而"标志

"而"标志连动式共有 393 例，根据谓语与题元、状元和补元分布状况，该类连动式呈现以下结构类型：

（1）V1 + 而 + V2

购求信丧不得，众乃刻木如信形状，祭而哭焉。（1，9）

义或时以谏喻不纳，涕泣而起。（1，285）

（2）V1 + 而 + V2 + O

吾得而用之。（1，32）

内黄殷登默而记之。（1，58）

配望而笑之，不出争利。（1，202）

（3）V1 + O + 而 + V2

遂解白马围，徙其民，循河而西。（1，19）

连车树栅，为甬道而南，既为不可胜，且以示弱。（1，35）

十二月，太祖军其门，谭不出，夜遁奔南皮，临清河而屯。（1，206）

（4）V1 + O + 而 + V2 + O

释其缚而用之。（1，17）

连轸而还洛，云攻贼大获，称万岁。（1，174）

闻宣言而悔之。（3，810）

（5）A + V1 + 而 + V2

丰不知而往，即杀之。（1，299）

太祖由是<u>笑</u>而<u>恶</u>焉。(1，8)

将军拥十万之众，安<u>坐</u>而<u>观望</u>。(1，212)

(6) A + V1 +而+ V2 + O

今绍方<u>来</u>而<u>弃</u>之东，绍乘人后，若何？(1，18)

必<u>惧</u>而<u>拒</u>境。(3，639)

今<u>围</u>而<u>取</u>之。(3，639)

(7) A + V1 + O +而+ V2

太祖善其言，遂使将骑击备，破走之，仁尽复<u>收</u>诸叛县而<u>远</u>。(1，274)

遂<u>封藏</u>而<u>去</u>。(1，265)

若将军今<u>舍</u>之而<u>去</u>，军无镇重，易京之危，可立待也。(1，244)

(8) V1 +而+ A + V2

术恶其反覆，<u>拒</u>而不<u>受</u>。(1，220)

<u>笑</u>而不<u>应</u>。(2，426)

达<u>祕</u>而不<u>告</u>。(5，1424)

(9) V1 + O +而+ A + V2

表<u>许</u>之而不<u>至</u>，亦不佐太祖，欲保江汉间，观天下变。(1，212)

今兵以义动，<u>持</u>疑而不<u>进</u>，失天下之望，窃为诸君耻之！(1，8)

<u>出</u>关而复<u>还</u>。(2，414)

（10）A + V1 + 而 + A + V2 + O

绍与瓒不和而南连刘表。（1，207）
何以不降而敢拒战？（4，943）

（11）A + V1 + C + 而 + A + V2

值三主幼弱，宰辅统政，与夺大事，皆先咨启于太后而后施行。（1，169）

（12）A + V1 + O + 而 + A + V2

诚顾道理而弗为耳。（2，504）
故人多爱之而不敬也。（3，811）
先知动静而为之备。（5，1216）

（13）V1 + O + 而 + A + V2 + O

自命将征行，但赏功而不罚罪，非国典也。（1，23）
夫趣一朝之权而不远计。（2，426）
飞爱敬君子而不恤小人。（4，944）

（14）A + V1 + O + 而 + A + V2 + O

咸假其命而以为辞焉。（1，169）
初，贼守潼关，谓北道缺，不从河东击冯翊而反守潼关，引日而后北渡，何也？（1，35）

（15）A + V1 + 而 + A + V2

半<u>济</u>而后<u>击</u>。(3，733—734)

(16) V1 + 而 + V2 + C

<u>坐</u>而<u>自绝</u>于时。(3，614)

(17) A + V1 + 而 + V2 + C

必<u>惧</u>而<u>听</u>于固。(2，494—495)

(18) V1 + C + 而 + V2 + C

军国之饶，<u>起</u>于棗祇而<u>成</u>于峻。(2，489)

(19) V1 + C + 而 + V2

<u>战</u>于荣阳而<u>卒</u>。(3，647)

(20) A + V1 + O + 而 + V2 + C

不<u>终</u>朝而<u>县</u>（悬）于军门矣。(3，753)

(21) A + V1 + O + 而 + V2 + O

徒独<u>望</u>青云而<u>拊</u>心。(2，573)
不敢<u>忘</u>恩而<u>遗</u>力也。(5，1332)

(22) V1 + O + C + 而 + V2 + O

若<u>绥</u>之以文德而<u>俟</u>其变。(2，331)

夫<u>修</u>德于身而<u>感</u>异类。(5，1466)

(23) V1＋O＋C＋而＋A＋V2

朕<u>求</u>贤于君而未<u>得</u>。(2，411)

(24) A＋V1＋O＋而＋V＋O＋C

蒙未<u>据</u>郡城而<u>作</u>乐沙上。(5，1320)

(25) V1＋而＋V2兼语①

<u>见</u>而<u>遣</u>还。(3，723)

2. "以"标志

"以"标志连动式共有231例，根据谓语与题元、状元和补元分布状况，该类连动式呈现以下结构类型：

(1) V1＋以＋V2＋O

通妻子<u>号泣</u>以<u>请</u>其命。(2，535)
<u>执</u>以<u>诣</u>卓，卓谓朗曰……(2，466)
<u>收</u>以<u>付</u>狱。(2，387)

(2) V1＋O＋以＋V2

超等<u>索</u>割地以<u>和</u>，并求任子。(2，330)
表子琮<u>举</u>众以<u>降</u>。(5，1117)
<u>燋</u>鹊以<u>祭</u>。(5，1147)

---

① 兼语短语在分论中不再作为结构类型标示，其归为 VP。

（3）V1＋O＋以＋V2＋O

十三年春正月，公还邺，作玄武池以肄舟师。（1，30）

九月，鲜卑内附，置辽东属国，立昌黎县以居之。（1，120）

若收豪杰以聚徒众，英雄因之而起，则山东非公之有也。（1，190）

惧宰官之不修，立监牧以董之，畏督监之容曲，设司察以纠之。（1，296）

（4）V1$_{兼语式}$＋以＋V2＋O

九年春正月，济河，遏淇水入白沟以通粮道。（1，25）

（5）A＋V1＋以＋V2＋O

躬耕以养父母。（2，341）

先帝简拔以遗陛下。（4，985）

操悉浮以沿江。（5，1261）

（6）V1＋O＋CO＋以＋V2＋O

诸豪帅感其意，归相敛，得杂畜千余头以赠卓。（1，171）

（7）A＋V1＋O＋以＋V2

酒泉黄华、张掖张进等各执太守以叛。（1，59）

金城边章、韩遂杀刺史郡守以叛，众十余万，天下骚动。（1，5）

（8）A＋V1＋O＋以＋V2＋O

欲因际会，希冀非望，多杀忠良以立奸威。(1，236)

太祖遂进攻之，为地道，配亦于内作堑以当之。(1，202)

当得重将以镇汉川。(5，1002)

(9) A + V1 + CO + 以 + V2 + O

已而自拘于武昌以听刑。(5，1141)

(10) V1 + 以 + V2

结草以报。(3，717)

(11) A + V1 + 以 + A + V2

琬常足食足兵以相供给。(4，1057)

(12) A + V1 + 以 + V2

遂斩以徇。(5，1431)

(13) V1 + 以 + A + V2

欺以欲降。(5，1263)

(14) V1 + O + 以 + A + V2

割骨肉以相明。(4，1014)

(15) A + V1 + O + C + 以 + V2 + O

于是<u>引</u>军由广汉、郪道以<u>审</u>虚实。(4，1067)

(16) A + V1 + O + 以 + A + V2

孤岂不乐忠言以自<u>裨补</u>邪？(5，1133)

3. "则"标志

"则"标志连动式共有 34 例，根据谓语与题元、状元和补元分布状况，该类连动式

呈现以下结构类型：

(1) V1 + 则 + A + V2

若益显兵，<u>过</u>则不可不<u>攻</u>，攻之必克，徒两损其势。(2，428)

其<u>战</u>则蜂<u>至</u>，<u>败</u>则乌<u>窜</u>，自前世以来，不能羁也。(5，1431)

譬如养鹰，<u>饥</u>则为用，<u>饱</u>则扬<u>去</u>。(1，225)

(2) V1 + O + 则 + V2

臣闻羊质虎皮，<u>见</u>草则<u>悦</u>，<u>见</u>豺则<u>战</u>，忘其皮之虎也。(2，573)

今宫女旷积，而黄门复走州郡，条牒民女，<u>有</u>钱则<u>舍</u>，<u>无</u>钱则<u>取</u>，怨呼道路，母子死诀，是不遵先帝十一也。(5，1406)

(3) V1 + 则 + V2 + O

臣闻士之生世，<u>入</u>则<u>事</u>父，<u>出</u>则<u>事</u>君。(2，565)

太祖<u>言</u>则<u>流</u>涕。(1，325)

会与维<u>出</u>则<u>同</u>舆，<u>坐</u>则<u>同</u>席。(4，1067)

（4） V1 + O + 则 + V2 + O

听汝则<u>违</u>令，杀汝则<u>诛</u>首，归深自藏，无为吏所获。（1，27）

争名势则<u>败</u>友，重朋友则<u>蔽</u>主，务欲速则失德，此四者不除，未有能全也。（5，1240）

（5） A + V1 + O + 则 + V2 + O

欲<u>署</u>潞则<u>失</u>涿，欲<u>署</u>涿则<u>失</u>潞，乃署曰"潞涿君"。（4，1021）

表，坐谈客耳，自知才不足以御备，重<u>任</u>之则<u>恐</u>不能制，轻<u>任</u>之则<u>备</u>不为用，虽虚过远征，公无忧矣。（2，434）

（6） V1 + O + 则 + V2 + O + C

昔魏豹<u>闻</u>许负之言则<u>纳</u>薄姬于室。（4，870）

（7） A + V1 + 则 + A + V2 + O

待将军譬如养虎，当饱其肉，虎不<u>饱</u>则将<u>噬</u>人。（1，225）

（8） A + V1 + 则 + V2 + O

会与维<u>出</u>则<u>同</u>舆。（4，1067）

（二）无标记连动式

《三国志》中也有两个或两个以上动词连用，它们之间没有任何连接标记，而是依靠前后自然顺序来表示时间上的先后或时间、事理逻辑先后关系。它在语义上同于有标记连动式，而形式上无连接词，我们叫做无标记连动式。这类连动式共有4108例，占连动式的86%。此类连动式根据动词结合在形式上的黏合程度分为"VV"黏合式、"VV"间合式和"V曰"惯用式三种类型。

1. "VV"黏合式

该类形式上的特点是前后两个动词或动词短语之间不带任何附加成分。在分析中，我们把兼语短语看作是一个动词或动词短语。

（1）V1 + V2

十日城陷，与布战城中，布<u>败走</u>。(1，181)
配<u>逆战</u>，败，生禽配，斩之，邺定。(1，25)
袁谭<u>出战</u>，士卒多死。(1，276)

（2）V1 + V2 + O

九年冬，李胜<u>出为</u>荆州刺史，<u>往诣</u>宣王。(1，285)
太祖自至汉中，<u>拔出</u>诸军。(1，281)
关羽<u>亡归</u>刘备。(1，19)

（3）V1 + V2 + O + CO

<u>从破</u>袁谭于南皮，复增邑凡二千户。(1，262)
复相与和，<u>追及</u>天子于弘农之曹阳。(1，185)
沃沮邑落皆破之，<u>斩获</u>首虏三千余级，宫奔北沃沮。(3，847)

（4）A + V1 + V2

尝<u>进见</u>，与皇后弟毛曾并坐，……不悦形于色。(1，295)
绍外宽雅，有局度（器度），忧喜不形于色，而内多<u>忌害</u>，皆此类也。(1，201)

各<u>出奔</u>……（1，187）

八年春三月，攻其郭，乃<u>出战</u>，击，大破之，谭、尚夜遁。（1，23）

（5）A + V1 + V2 + O

十二月，太祖军其门，谭不出，夜<u>遁奔</u>南皮，临清河而屯。（1，206）

余众未尽出，仁复直<u>还突</u>之，拔出金兵，亡其数人，贼众乃退。（1，275）

太祖乃<u>还救</u>谭，十月至黎阳。（1，202）

（6）V1 + V2 + CO

庚寅，公入于洛阳，群臣<u>迎拜</u>西掖门南。（1，131）

加偏将军，<u>病卒</u>于官。（5，1285）

（7）A + V1 + V2 + C

亲、<u>拜送</u>于庭。（5，1371）

（8）A + V1 + V2 + O + C

乃<u>聚围</u>辽数重。（2，519）

（9）V1 + V2 兼语式

<u>目使</u>之去。（5，1272）

图<u>还说</u>绍迎天子都邺，绍不从。（1，194）

（10）V1 + 见 + V2

"见"是被动式的标志，不是有实在意义的附加成分，此类也放在黏合式类型中。例如：

尚将家属徙零陵，<u>追见杀</u>。（5，1200）

（11）A + V1 + V2 兼语式

……乃<u>迫逐使去</u>。（5，1184）

2."VV" 间合式

该类形式上的特点是前后两个动词或动词短语之间带宾语或附加成分。

（1）V1 + O + V2

太祖<u>引</u>军<u>还</u>，……相持百余日。（1，222）

尚还走滥口，进复围之急，其将马延等<u>临</u>阵<u>降</u>，众大溃，尚奔中山。（1，202）

大战城下，谭、尚败退，<u>入</u>城<u>守</u>。（1，202）

（2）V1 + O + V2 + O

干闻公讨乌丸，乃以州叛，执上党太守，<u>举</u>兵<u>守</u>壶关口。（1，28）

事下有司，<u>收</u>玄、缉、铄、敦、贤等<u>送</u>廷尉。（1，299）

独与一客担丧假葬，携将老母，<u>渡</u>江<u>至</u>吴。（1，279）

（3）V1 + O + V2 兼语式

持施绩、全熙<u>使</u>不得东。（3，750）

宣王丞诏遣主簿解缚反服。(3，758)

遇贼令入。(5，1050)

（4）V1 + A + V2

军出不从。(5，1157)

虽去不免。(5，1422)

（5）V1 + A + V2 + O

别攻陶谦将吕由，破之，还与大军合彭城，大破谦军。(1，274)

十二月，行自谯过梁，遣使以太牢祀故汉太尉桥玄。(1，85)

太祖乃自力劳军，令军中促为攻具，进复攻之，与布相守百余日。(1，12)

（6）V1 + O + A + V2

将归帝号于绍，欲至青州从袁谭，发病道死。(1，210)

绍见洪书，知无降意，增兵急攻。(1，236)

天子以绍为太尉，转为大将军，封邺侯，绍让侯不受。(1，194)

（7）V1 + O + A + V2 + O

运船自辽口径至城下。(1，254)

诏曰：若限年然后取士，是吕尚、周晋不显于前世也。(1，79)

仁激励将士，示以必死，将士感之皆无二。(1，276)

（8）A + V1 + O + V2

　　爽不悦，乃<u>引</u>军<u>还</u>。（1，283）
　　比还，城已陷，皆<u>赴</u>敌<u>死</u>。（1，237）
　　急追圭等，圭等悉<u>赴</u>河<u>死</u>。（1，189）

（9）A + V1 + O + V2 + O

　　七年，文帝寝疾，真与陈群、司马宣王等<u>受</u>遗诏<u>辅</u>政。（1，281）
　　臣辄力疾<u>将</u>兵<u>屯</u>洛水浮桥，何察非常。（1，286）
　　仁不应，遂<u>被</u>甲<u>上</u>马，将其麾下壮士数十骑出城。（1，275）

（10）V1 + O + CO + V2

　　夏四月，黑山贼张燕<u>率</u>其众十余万<u>降</u>，封为列侯。（1，27）
　　西羌恐，<u>率</u>众二万余落<u>降</u>。（1，476）

（11）V1 + O + V2 + O + CO

　　立汉二祖庙，<u>承</u>制<u>设</u>坛墠于襄平城南，郊祀天地。（1，252）
　　冬十月，殄夷将军田豫<u>帅</u>众<u>讨</u>吴将周贺于成山，杀贺。（1，99）
　　<u>横</u>山<u>筑</u>城十余里，攻之不能拔，乃引军还……（1，45）

（12）V1 + O + CO + V2 + O

　　郃至渭水上，超<u>将</u>氐羌数千<u>逆</u>郃。（1，271）

（13）A + V1 + O + V2 + CO

周朝、郭石亦**帅**徒众**起**于零、桂，与星相应。(5，1095)

(14) A + V1 + A + V2

瓒遂**止**不**出**。(1，244)

四月，以司空高柔为司徒，光禄大夫徐邈为司空，固**辞**不**受**。(1，123)

太祖乃变易姓名，间**行**东**归**。(1，5)

(15) A + V1 + A + V2 + O

而昨**出**已**见**治道，得雨当复更治，徒弃功夫。(1，121)

而权每手**击**以为乐。(1，1220)

(16) A + V1 + O + A + V2

仁径**渡**沟直**前**，冲入贼围，金等乃得解。(1，275)

秋七月壬寅，帝亲**御**龙舟东**征**，权攻新城，……议、韶等亦退。(1，104)

公乃留曹洪守，自**将**步骑五千人夜**往**，会明至。(1，21)

(17) A + V1 + O + A + V2 + O

绍闻兵渡，即**分**兵西**应**之。(1，19)

太祖乃**引**兵西**入**山，攻毒等本屯。(1，9)

仁子泰因**引**军急**攻**朱桓。(5，1129)

(18) V1 + O + CO + V2兼语式

綝**授**兵三万人**使**异死战，异不从，……会诞败引还。(5，

1447）

（19）A + V1 + O + V2兼语式

遂称病笃，权乃露檄召蒙还，阴与图计。（5，1278）
骘因承制遣使宣恩抚纳，由是加拜平戎将军，封广信侯。
（1，1237）

（20）V1 + A + V2 + C

陛下但当不懈于位。（1，123）

（21）V1 + C + A + V2

船行一年可至。（3，856）

（22）A + V1 + O + V2 + O + C

太祖遂引军攻谭于南皮。（2，346）
后从权拒曹公于濡须。（5，1275）

（23）A + V1 + O + C + V2 + O

羽以舟兵尽虏禁等步骑三万送江陵。（5，1120）
便牵咨于军门斩之。（5，1096）

（24）V1 + O + V2 + C

入谷行数百里。（1，283）

（25）A＋V1＋O＋C＋A＋V2

自<u>去</u>家四年乃<u>归</u>。（2，367）

（26）V1＋O＋C＋V2

<u>率</u>众二万余落<u>降</u>。（2，476）
又贼<u>舍</u>船二百里<u>来</u>。（3，725）

（27）V1＋O＋C＋A＋V2

<u>行</u>服三年乃<u>还</u>。（2，547）
治等<u>攻</u>之数月不能<u>下</u>。（5，1193）

（28）V1＋O＋A＋V2＋C

<u>率</u>其众东<u>入</u>于巴。（3，790）

（29）A＋V1＋C＋V2＋O

诸将皆<u>笑</u>于空地<u>待</u>贼。（3，728）

（30）V1＋C＋A＋V2＋O

<u>行</u>数十里乃<u>知</u>之。（3，727）

（31）A＋V1＋O＋V2＋O＋C

自<u>将</u>三万骑<u>围</u>豫七日。（3，839）

3. "V曰"惯用式

该类形式上的特点是后一动词或动词短语为固定言语动词"曰"。

（1） V + 曰

峻对曰："非臣愚见所能逮及。"（1，138）

诩谏曰："明公昔破袁氏，……则可不劳众而江东稽服矣。"（2，330）

恪跪曰："乞请笔益两字。"（5，1429）

（2） A + V + 曰

帝大怒曰："……当令十鼠同穴。"（2，386）

嘉出，亦喜曰："真吾主也。"（2，431）

术常叹曰："使术有子如孙郎，死复何恨！"（5，1101）

（3） V + O + 曰

太祖执登手曰："东方之事，便以相付。"（1，224）

叙母骂之曰："汝背父之逆子，……敢以面目亲人乎！"（3，702）

逊呵景曰："……不须讲也。"（5，1349）

（4） A + V + O + 曰

乃上言曰："……则无所不至矣。"（2，380）

因屏人曰："……君谓计将安出？"（4，912）

太祖尝抑之曰："……何足贵也！"（2，555）

（5） V + C + 曰

攸言于太祖曰:"……击可破也。"(2,323)

(6) V + A + 曰

众议咸曰:"田畴虽年少,多称其奇。"(2,340)
书与珪曰:"……子实为吾心膂。"(1,209)
涕泣歔唏曰:"负卿。"(5,1295)

(7) V1 + O + C + 曰

亮上言于后主曰:"臣请宣下奉行。"(4,891)

(三)连动式结构次类型

在以上各类型的基础上根据谓语部分的结构特点,宾语和附加成分分布情况再分成若干小类。我们参照古今有关句型研究的成果,结合《三国志》语料的实际情况,根据谓语部分的结构特点,大体把《三国志》书中的连动式从句法形式上概括为单纯式、附加式、带宾式和复合式四种类型,下面分别述之。

1. 单纯式

该形式上的特点是,动词单独或并列直接做谓语,不附带其他任何成分,谓语部分只有两个光杆动词。例如:

觉而走。(5,1131)
若见救以往。(5,1390)
病死。(3,631)

2. 附加式

该形式上的特点是,动词不带宾语,只带上附加成分做谓语,或者其前有状语,或者其后带补语,或者状语、补语同时出现。例如:

不<u>克</u>而<u>归</u>。(3，625)

遂<u>斩</u>以<u>徇</u>。(5，1431)

<u>战</u>则蜂<u>至</u>。(5，1431)

休深<u>入</u>与贼<u>战</u>。(2，483)

船<u>行</u>一年可<u>至</u>。(3，856)

3. 带宾式

该类形式上的特点是，动词谓语单独或并列带宾语，不附带其他任何附加成分。例如：

配<u>望</u>而<u>笑</u>之。(1，202)

<u>发</u>江边戍兵以<u>驱</u>麋鹿。(5，1457)

<u>宣</u>之则<u>恐</u>非宜。(5，1219)

权<u>跪</u><u>止</u>之。(5，1222)

布<u>得</u>诏<u>陈谢</u>。(5，1160)

4. 复合式

形式上的特点是，动词谓语不仅单独或并列带宾语，而且动词带上附加成分做谓语，或者其前有状语，或者其后带补语，或者状语、补语同时出现。例如：

不<u>终</u>朝而<u>县</u>于军门矣。(3，753)

咸未<u>受</u>命而<u>毙</u>。(3，793)

先<u>分</u>其田以<u>畀</u>宋人。(5，1135)

复急<u>还</u><u>助</u>肃。(5，1276)

即<u>得</u>首谋者<u>杀</u>之。(2，518)

二　《三国志》连动式语义特征

(一)《三国志》连动式动词的语义类别

动词是一个大类，也比较复杂，可以根据不同的标准给动词划出不同的类别。既可以从功能上根据带不带宾语把动词划为及物动词和不及物动词,或根据带体词宾语还是带谓词宾语把动词划分为体宾动词和谓宾动词,也可以从意义上根据动词所表示的意义是否具有"活动"的性质以及怎样的活动,分为动作动词、心理动词、使令动词、趋向动词、存现动词、助动词、判断动词和形式动词。本文根据动词所表示的意义状况,参考传统分法,根据动词的基本意思的不同和活动情况,把《三国志》连动式的动词分为动作动词、趋向动词、使令动词、心理动词、存现动词、性状动词等类。

1. 动作行为动词

用于连动式的动作行为除一般行为动词外,还包括短语、活用、使动意动,如:

V1:按、案、部、捕、避、背、把、奔、表、闭、保、搏、滨、备、秉、辨、白、辟召、拜、变、逼、破、拔、叛、平、剖、被、辟、评、傍、屏、佩、陈、骂、冒、募、铭、沐、埋、勉、美、抚、封、放、废、附、伏、拊、奉、发、犯、分、缝、扶持、奋、焚烧、泛、分布、分粮聚雪、扶、负、焚、分裂、缚、傅、封闭、渡、遁、得、度、断、典、登、担、答、对、代、倒、督、导、斗、略、留、连、理、临、历、勒、量、敛、逆、谏、列、纳、房、领、赖、劳、录、难、赍、燎、攻、拱、光、隔、顾、耕、改、构、广、开、考、刻、叩、跨、刊、寇钞、课、阖、困、空、落、倮、会、合、号、和、好、毁、缓、画、核、换、横、拘留、击、禁、举、拒、决、将、祭、夹、就、绝、假、济、结、据、掘、积、解、见、聚、集、教、擢、荐、建议、继、诘让、济、矫、羁、捐、坚壁清野、诘、坚、接、戒、齐、建、结厚、拘、激、竭、劫、驱、弃、潜、取、倾、挈、趣、轻、却、勤、曲、牵、袭、行、巡、修饰、循、向、选、限、县(悬)、降、输、衔、修、息、显、徙、省、挟、削、携、宣、兴、休、虚、奏、坐、作、作为、造、纵、追、椎、征、招、斩、转、执、战、置、重、凿、遮、择、载、筑、增、止、坐(犯)、逐、转、走、召、诏、震怖、终、择、振、著、驻、中、镇、折、总、遭、潛、张、资、装、佐、捉、指、撰、召募、送、祀、嗣、杀、散、烧、率、扫、致、释、守、舍、舍去、书、收、束、索、敕、射、说、受、示、摄、嗜、食、失、伸、胜、视、斥、训、随、帅、施、审、受、数、逊、升、伺候、手、赐、生、塞、审、盛、让、绕、任、然（燃）、绌、从、驰、持、垂、乘、突、统、徙、拓、退、逃、讨、屯、投、踏、推、遁、提、推转、讨击、脱、挺、斫、吞、停、承、辞、传、朝、陈（陈列）、触、摧、称、辍、刺、穿、撤、罢、操、篡、敕、亡、为、舞、谓、著、堰、卧、问、围、违、委、望见、谓、温、语、掩、引、益、依、谒、迎、用、抑、仰、御、越、拥、应、由、运、聿、逾、演、拥、倚、歆、遇、缘、言、与、喻、仪、邀、游、营、抑、养、喷、饮、要、陨、遗、幽、义、优、严、设、劝、议、黜免、深根固本、辞让、携持、资水浮谷、奔走、屏除、平定、闻、听、斥、胁、祝、咨启、咨、试、求、谲（欺诈）、乞、谢、许、讥、争、贬、诱、责、言议、格斗、望风、横刀长揖、足食足兵、敬恭、扶老携幼、造作、加诬、发篇开义、宗祀、讽喻、采择、箪食壶浆、辟召、剑履、随从、觇望、应对、赞拜、瞻望、怖摺、忧恐、购求、惊惧、叹息、欢悦、瞋目横矛、叩首、计较等。

V2：昂、安、案、遏、保、拔、奔、拜、逼、并、避、捕、表、变、别、本、白、抢、备、保护、报、奔走、罢归、补、抱、畀、背、搏战、叛、罢、辟、步、破、剽、配、扑、聘、平、募、灭、鸣、摩、骂、沐浴、免、目、封、付、附、罚、反、焚、辅、反（返）、发、伐、奉、负、浮、反叛、腹痛、傅、废、防、拊、分、对、定、断、得、董、渡、夺、登、登用、当、督、待、到、度、遁走、答、东、倒、遁逃、导、读、当（挡）、敦、蹈、吊、屯、讨、突、统、逃窜、通、托、退、逃、致、逃亡、踏、讨伐、投、填、挺、内、逆、纳、勒、理、连、领、了、历、乱、论、难、陵、溯、留、匿、礼、南、赂、览、攻、灌、顾、给、归、贡献、改、供给、告、供、观、更、革、观望、告喻、窥、开、砍、克、克捷、阖、合、害、和、会、护、获、荷、呼、环、欢宴、贺、赦、还归、挥、缓、击、教、军、集、聚、拒、举、济、记、继、降、居、汲、据、见、解喻、就、决、加、检、救、解、咨、绝、坚、接、饯、讲、矫、祭、禁、荐、践、监、纠、迁、降、救、袭、取、弃、倾覆、迁、湔洗、趣、求、截、前、切、禽（擒）、全、启、侵、劫、驱、寝、庆、幸、巡、叙、行、先、徙、向、献、县、旋、选、省、徇、修、袭、飨、许、系、写、息、休、徙、枭、陷、消、输、训、走、赠、造、作、追、战、斩、征、致、止、兆、置、助、种、掷、煮、驻、逐、制、征伐、诛、椎、正、治、至、坐、镇、奏、专、之、长、柱、总领、住、占、筑、瞻、葬、增、执、阻、转、掘、贼（杀）、振、周、资、召、指、载、赠、澡洒、招、纵、刺、从、朝、乘、成、传、除、陈、出、称、吃、冲、驰、叱、辞、充、处、辞对、辞让、藏、操、劝、窜、次、臣、送、随、守、杀、受、使、收、设、伤、示、射、说、烧、省、失、署、述、搜、赎、赦、实（充）、授、伸、率、舍、视、扫、拭、赐、救、散、戍、讼、事、施、禅、殊、食、仕、胜、数、让、然、任、扰、为、围、委、卧、卫、威、问、往来、谓、望、务、迎、用、扬、应、养、要、肆、引、远、曰、与、游学、谒、议、御、言、以为、云、殃、移、易、依、喻、掩、陨、缘、饮、异、遇、越、原、淹、援、养、耀、游、饵、请、求、赞、争、谏、诱、讥、辱、谋、服、听、乞、颂、假、谢、责、讳、谅、怀、遣还、揖让、诘让、施行、自尽、自绝、恣睢、叹息、讥短、裨补、徇示、述作、裨补、采择、徇示、资业、外交、开导、丧亡、更衣、祖饯、申喻、禽克、授教、褒扬、叹息、飨宴、救援、答拜、响应、振救、并兼、沈没、宴乐、周旋等。

2. 性状动词

用于连动式的性状动词（包括短语、活用、使动意动），如：

V1：病、死亡、死、败、默、笑、醉、痛、媚、怒、呵、哭泣、疾病、欢笑、鼓噪、跪、拜跪、抱、没（沉没）、没（死）、涕泣、流、立、露、静、泞滞、顿首、住、滞、稽首、面缚、动、号泣、号呼等。

V2：病、死亡、败、死、坐、没、泣、卒、醉、候、败绩、浮、欢笑、笑、宴乐、哭、卒、叹、叹息、俟、怒、哭泣、号泣、跪伏、跪、哀吟、沉没、动、露、立、流、住、号呼等。

3. 心理动词

用于连动式的心理动词（包括短语、活用、使动意动），如：

V1：忌、感、敬、望、赏、恃、诈、知、疑、悦、忧惧、忧、喜、恤、惜、伪、畏、畏惮、思、侍、忍、奇、迷、念、虑、惧、料、恐惧、恭、计、惊惧、觉、怀、惑、悔、恚、怪、诡、烦、忿、度、惮、惭、惭恚、宠、怖、悲、爱、哀、秘、崇、宗、亲、梦等。

V2：思、恶、以为、誓、惊、惧、恐、重、知、憎、愈、厌、宥、疑、怨、忧、悦、怿、喜、喜悦、信、图、恐、敬、悔、惑、惮、崇、悲、爱、壮等。

4. 使令动词

使令动词只出现在 V2，形成"V1 + V2 兼语"结构形式，如"令"。

5. 趋向动词

用于连动式的趋向动词（包括短语、活用、使动意动），如：

V1：上、下、赴、趋、往、去、诣、来、过、归、进、出、入、至、还、回、起、迥、到等。

V2：诣、出、去、还、至、进、上、下、退、到、归、来、入、往、往赴、赴、返、临、起、趋等。

6. 存现动词

存现动词主要表示存在、出现和领有，以及未出现、消失等。《三国志》连动式中只有"有"和"无"两个动词，如：

讨利城叛贼，斩获有功。（2，541）
壹叩头无言。（4，1226）

（二）语义类型

根据各类动词结合情况，我们把《三国志》连动式分为以下几种语义类型：

1. 承动式

前后表示动作行为的动词因时间或事理后一个动词承接前一个动作。感知动词是准动作动词，表示心理活动的不显著动作，归入动作动词类。承动式举例如下：

闻而辟。（2，367）

而诸公卿媚上以求爱。（5，1400）

围击绍三十余里营。（2，330）

拔刀欲斩之。（3，731）

2. 动趋式

该类形式上的特点是，谓语部分有一个是趋向动词，如：

归而修德。（3，615）

安士民以来。（3，780）

来追。（1，15）

开司马门出。（2，558）

3. 状动式

该类形式上的特点是，谓语部分有一个是性状动词，如：

空船而还。（5，1381）

操悉浮以沿江。（5，1261）

扶送灵柩。（5，1209）

权涕泣与别。（5，1354）

4. 存现式

该类形式上的特点是，谓语部分至少有一个是存现动词，如：

爽无功而还。（2，400）

　　<u>有</u>以<u>待</u>之。(3，636)

　　<u>有死</u>无二。(1，146)

（三）主语的语义类别

　　在以上各种结构类型的连动式中，如果从语义角度来考察，《三国志》连动句中的主语有我们应该注意到的两个方面：一是主语的语义类别；二是主语在句中充当的语义角色。

　　1. 主语的语义类别

　　（1）人物主语类

　　连动式的主语由人物类名词充当，如：

　　　　<u>忠</u>、<u>纂</u>战不利，并退还，曰："贼未可击。"(3，779)

　　　　<u>胡</u>不能进，散去。(3，726)

　　　　<u>贼</u>惊走，休军乃得还。(3，723)

　　　　而表急攻羡，<u>羡</u>病死。(3，631)

　　（2）动物主语类

　　连动式的主语由动物类名词充当，如：

　　　　<u>犬</u>衔引其衣，恪曰："犬不欲我行乎？"(5，1438)

　　　　帝将乘马，<u>马</u>恶衣香，惊啮文帝膝，帝大怒，即便杀之。(4，810)

　　　　贼来取牛，<u>牛</u>辄奔还。(2，542)

　　（3）无生命物主语类

　　连动式的主语由无生命物类名词充当，如：

　　　　<u>城门</u>噎不得开，敌乃自研杀己民，然后得阖。(5，1351)

　　　　贼还，果遇恶风，<u>船</u>皆触山沉没。(3，728)

（4）方所主语类

连动式的主语由方所类名词充当，如：

有四千余户，（户）滨山海居，草木茂盛，行不见前人。（3，854）

（五县）平定。（5，1384）

（5）抽象主语类

连动式的主语由抽象类名词充当，如：

（风）息以复起，良久乃止。（3，816）

2. 主语在语义中的角色

连动式的主语跟动词之间的语义关系是多种多样的，绝大部分表示施事，主语表示受事的较少，还有一部分表示施事和受事或受事和施事。

（1）施事类

主语对两个动词而言都为施事。格式是：S + V（VP）$1_\text{施}$ + V（VP）$2_\text{施}$，如：

真据之遂行。（3，635）
太祖潜师北伐，出其不意。（3，831）
吏畏法不受，佗亦不强，索火烧之。（3，803）
是时大司马曹真伐蜀，遇雨不进。（3，705）

（2）受事类

主语对两个动词而言都为受事。格式是：S + V（VP）$1_\text{受动}$ + V（VP）$2_\text{受动}$，如：

（舜）圣德光明，而久不进用，何也？（1，137）

（甘宁）不见进用，后转托黄祖，祖又以凡人畜之。（5，1292）

（3）施受类

主语对 V1 而言是施事，对 V2 而言是受事，或对 V1 而言是受事，对 V2 而言是施事。格式是：S + V（VP）1$_{施动}$ + V（VP）2$_{受动}$或 S + V（VP）1$_{受动}$ + V（VP）2$_{施动}$，如：

（太祖）年二十，举孝廉为郎，除洛阳北部尉，牵顿丘令，征拜议郎。（1，2）

且官以其力竭而复凝之，进退无谓，其悉遣为良民。（1，121）

（陈震）建兴三年，入拜尚书，迁尚书令，奉命使吴。（4，984）

（4）当事类

主语对两个动词而言都为当事。格式是：S + V（VP）1$_{当}$ + V（VP）2$_{当}$，如：

（盖）病卒于官。（5，1285）

是岁，谦病死。（1，249）

生惊下道入漳河中，皆即溺死也。（3，818）

（5）施事当事类

主语对两个动词而言一是施事，一是当事。格式是：S + V（VP）1$_{施动}$ + V（VP）2$_{当动}$或 S + V（VP）1$_{当动}$ + V（VP）2$_{施动}$，如：

（时人）舍去辄愈。（3，799）

凌至项，饮药死。（3，758）

（得来）遂不食而死，举国贤之。（3，762）

（6）受事当事类

主语对两个动词而言一是受事，一是当事。格式是：S＋V（VP）1_{受动}＋V（VP）2_{当动}，如：

（蘷）遂<u>黜免</u>以<u>卒</u>。（3，807）

通过对《三国志》连动句主语和谓语之间语义关系的考察发现，连动式的主语的语义角色的优先序列为：施事—受事—当事。至于感事、工具、系事、地点、对象等格式没有出现。

（四）动词之间的语义关系

《三国志》连动式除了动词组合形成的显性关系外，动词之间的还存在隐性的语义关系。也就是说，连动式的前后两个动词不是简单相加，随意拼合在一起，它们之间除动词类别的形式黏合外，它们之间有着紧密的内在联系，存在各种关系。连动式从语义关系来说，它的有序反映了行为活动的时间性。这种时间最常表现为先后关系，先发生的行为先说，后发生的行为后说。这种连动式的前后动词除表示承接外，前后两动词主要还有在行为活动的特点上对其加以说明或限制。连动式的时间性有时也表现为同时关系，连用动词所表述的行为是同时发生的。这种同时关系在语义上常表现为一种修饰关系，后面的词语往往是语义的重点。有时两个动词在时间上有先有后也是一种限制或修饰关系。

任何一个句法结构，都是形式和意义的结合体，前者属于形式范畴，后者属于意义范畴。形式和意义相融合，加上形式和意义具有若干个层面，这些层面既有联系又有区别。这使得句法结构变得复杂起来。句法结构关系和语义结构关系并不总是一致的，有时相同的句法结构表示不同的语义关系，不同的句法结构却表示相同的语义关系。句法结构关系是表层的，句法语义关系是隐性的，句法结构的语义关系就是分析其隐性语法关系，由于隐性语法关系具有潜在性和非连续性，分析起来有一定的困难。本文借鉴格语法等现代语言学的有关理论方法来分析《三国志》的连动式语义关系。在《三国志》连动式中，从连用的两个动词之间的关系来看，连动句的 V1、V2 之间语义关系存在着不同的特点，我们把动词语义关系分为四大类：一是单纯的时间先后关系；二是时间先后关系附加其他语义关系；三是表示时间的同时关系；四是时间同时关系附加其他语义关系。

1. 单纯时间先后关系

两个动词在时间上有先有后，顺递相接。谓语里几个动词或动词短语是表示连续发生的几个动作，几个动作有先有后，这是典型的连动式。例如：

> 羽以舟兵尽<u>虏</u>禁等步骑三万<u>送</u>江陵，惟城未拔。（5，1120）
> 清河王经<u>去</u>官<u>还</u>家，辂与相见。（3，815）
> 佗临死，<u>出</u>一卷书<u>与</u>狱吏，曰："此可以活人。"（3，802）

2. 时间先后关系附加其他语义关系

两个动词在时间上有先有后，顺递相接，并且附有其他语义关系。在此类中，我们分为若干类别。

（1）V1 表示方式，V2 表示目的，如：

> ……<u>兴</u>师<u>伐</u>之，不耐侯等举邑降。（3，849）
> 伏兵<u>刺杀</u>之，归勒兵守。（2，427）
> 民赖其利，<u>刻</u>石<u>颂</u>之，号曰郑陂。（2，511）

（2）V1 表示方式，V2 表示结果，如：

> 又<u>射杀</u>数人，皆应弦而倒，故无敢追者。（5，1188）
> 徽大将甘醴、桓治等率吏民攻岱，岱奋<u>击</u>大<u>破</u>之，进封番禺侯。（5，1385）

瓒击破绍军，乃遣使语岱……（2，425）①

（3）V1 表示状态，V2 表示目的，如：

闻粲在门，倒屣迎之。（3，597）
太祖改容谢之。（2，368）

（4）V1 表示动作及其处所，V2 表示目的，如：

到郡亲率将士，施设方略，旬月之间，克破星等。 （5，
1095）
太元元年，就都治病。（5，1354）
太尉也至，登床受诏，然后帝崩。（2，459）

（5）V1 表示时间，V2 表示结果或者动作，如：

往遇疫疠，……士民感戴之。（5，1312）
太祖见官属曰：（3，645）

（6）V1 表示原因，V2 表示结果，如：

邈与绍有隙，绍受谗将致罪于昭。（2，437）
魏征南将军王昶率众攻江陵城，不克而退。（5，1308）
壹无子，弟休领兵，后有罪失业。（5，1287）

---

① 有人认为"击伤"和"攻破"等此类结构应该看作动结式，早在先秦就已经产生。主张动结式产生于先秦的有余健萍，周迟明，杨建国等。但是更多的学者认为在先秦时期还没出现动结式，如王力，祝敏彻，志村良志，梅祖麟，蒋绍愚等。根据《三国志》此类结构的使用情况来看，我们认为《三国志》中的"击伤"和"攻破"等类似结构式应该看作连动式而非动结式。关于动结式，本文将在后文中讨论。

（7）V1 表示动作行为，V2 表示转折、补充、程度，如：

牧<u>闭</u>门<u>不受</u>。（5，1392）
往见太傅司马宣王，<u>有</u>忿色而<u>无言</u>。（3，693）
权谓温曰："……<u>受命不受辞</u>也。"（5，1330）

（8）V1 表示条件，V2 表示结果，如：

故<u>出</u>辄<u>有功</u>。（5，1308）
辄<u>讨</u>即<u>破</u>。（5，1352）

（9）V1 表示状态，V2 表示行为动作，如：

植<u>跪</u>曰：（2，557）
则<u>稽首</u>曰："敢以死请！"（2，493）
帝<u>怒</u>作色，罢还，即<u>出</u>勋为右中郎将。（2，385）

（10）V1 表示方式，V2 表示处所，如：

岱起，……<u>傅</u>首<u>诣</u>武昌。（5，1193）
（朗）<u>浮海至</u>东冶。（2，407）
帝东征，<u>乘</u>辇<u>入</u>逯祠。（2，484）

（11）V1 表示动作，V2 表示目的，如：

敌素惮逊，遽<u>还赴</u>城。（5，1351）
昭<u>往应</u>命。（2，326）
涣<u>往从</u>之，遂复为布所拘留。（2，333）

3. 时间同时关系

前后动词所表示的动作行为是同时发生或同时进行。两个动作，前一个动作和后一个动作同时连合着，动作处于持续中。例如：

民亡椎冰。（1，27）

应声而对。（3，557）

遂弃官去。（5，1184）

4. 时间同时关系附加其他语义关系

前后动词所表示的动作行为同时发生或同时进行，并且存在某种语义关系。

（1）V1 表示方式，V2 表示目的，如：

禁到，成举众三千余人降。（2，523）

与人书曰："……虽唐举、许负何以复加也！"（3，809）

无何弃去，留书骂之。（3，801）

（2）V1 表示动作及其对象，V2 表示动作，如：

凯说晧曰："……不知所赴。"（5，1400）

艾谓诸将曰："……维必自东袭取洮城。"（3，776）

（3）V1 表示方式，V2 表示动作，如：

太祖问济曰："……何如？"（2，450）

典与诸将议曰："……宜亟击之。"（2，533）

世子报曰："…… 蒙复诲诸。"（2，368）

（4）V1 表示状态，V2 表示行为动作，如：

内黄殷登默而记之。(1，58)

若怀贰阻兵，然后致诛，于事为难。(2，448)

太祖笑曰："卿欲慕耿纯邪?"(2，534)

(5) V1 表示动作，V2 表示状态，如：

壹叩头无言。(5，1226)

三 《三国志》连动式语用特征

从表达语气看，句子有陈述句、疑问句、感叹句和祈使句四大类。在《三国志》连动句中，陈述句占绝大部分，而疑问句、祈使句和感叹句只有一小部分，且一般出现在引语中。

1. 陈述句

陈述句是叙述或说明事实的具有陈述语调的句子，在语用功能上，一般都是对人和事件进行叙述或说明。陈述句在言语活动中出现最多，也最复杂。陈述句按照表达功能可以有叙事句、描写句、判断句三类。其划分的标准，主要是根据句子中的谓语的类型，分别用动词性词语、形容词性词语和名词性词语做谓语，可以分为叙述句、描写句和判断句。由于连动句是谓词性句子，且谓语部分是动词和动词短语联合做谓语，不宜构成判断句和描写句。但陈述句在语用功能上，一般都是对人和事件进行叙述或说明的陈述。动词不仅可以从句子、语义等方面给动词分类，而且也应该从语用平面给动词进行分类。因为在动态的句子里，动词也各有其语用特点。根据动词的动作行为、性状和助动词①的语义特征，在陈述句中，可相应分为叙述性陈述、描写性陈述和评议性陈述。

(1) 叙述性陈述。表示对人的行为、活动、变化等的陈述，如：

―――――――――

① 助动词，语法学界对助动词的句法成分主要有三种意见：一是合成谓语说；二是谓语说，如陈望道等；三是状语说，如黄伯荣、廖序东等。本文采用状语说。

故遂<u>广</u>其理而<u>赞</u>其旨也。(5,1433)

洪<u>从</u>歆言而<u>止</u>。(2,401)

<u>烧</u>营而<u>退</u>。(5,1313)

半<u>济</u>而后<u>击</u>。(3,733—734)

《三国志》的语言特点主要是叙事,所以,《三国志》中叙事句数量最多。连动句属于动词谓语句,由于它的谓语比一般动词谓语句的谓语复杂,因此,在叙事句中,它们更能够表现出人类行为活动的多样性和复杂性。

叙事句是陈述客观存在的事实,主要是叙述人、物的行为、活动和变化等,句子的末尾一般不使用语气助词,如:

十六年,超与关中诸将及遂等反,太祖<u>征破</u>之。(1,187)

太祖之征陶谦,敕家曰:"我若不还,<u>往依</u>孟卓。"　(1,221)

及董卓为乱,太祖微服东<u>出避</u>难。(1,156)

如果叙事句用来说明看法、介绍情况时,往往使用语气词,常用的语气词有"也"、"矣"、"焉"等,如:

后太子又<u>往庆</u>焉。(5,1226)

而质已<u>入为</u>侍中矣。(5,1417)

招先斩乃白,绍<u>奇</u>其意而不<u>见</u>罪也。(3,730)

在《三国志》中连动式主要是用肯定的语气正面进行叙述。绝大多数用直接肯定,如:

于是敷演旧章,<u>奏</u>而<u>改</u>焉。(3,712)

臻曰:"且<u>为</u>势以缀<u>征</u>南耳。"(3,648)

中领军桓范荐宣曰:"高祖<u>用</u>陈平之智而<u>托</u>后于周勃也。"

（3，646）

个别用双重否定来进行肯定，在一句话里用两个相呼应的否定词来陈述，意思跟直接肯定差不多，但双重否定句比较委婉些。例如：

以此乘吴，无往而不克矣。（3，776）

在表意上，双重否定句等于肯定句，但语气比肯定句强，有明显的强调肯定意义的作用。

否定式叙述句在连动式中不多。例如：

非求颜色而取好服、捷口、容悦者也。（5，1402）

散骑常侍高堂隆奏："时风不至，……必有司不勤职事以失天常也。"（3，657）

劭议以为"……必震怖遁走，不战自破贼矣。"（3，619）

有的连动式 A 段表示肯定，B 段表示否定，所陈述的内容有的是相关的两个方面，有的是同一个内容。这类连动式是从不同的角度对一件事情加以陈述或说明的。如果是同一个内容，则连用的两个有相互补充和相互规定的作用，本来只留下 A 段完全可以，不过加上 B 段后，同义连用，更有强调的意味。例如：

遂固辞不受。（3，740）

屡让不受。（3，787）

牧闭门不受。（5，1392）

（2）描写性陈述。表示对人的行为状态、性质和特征等的陈述，句子的末尾一般不使用语气助词。有时使用语气词，常用的语气词有"焉"等。

①带语气词，如：

祭而哭焉。(1,9)

望风而从矣。(3,780)

仰高天而叹息耳。(2,573)

②不带语气词,如:

载祸而归。(3,777)

空船而还。(5,1381)

祕而不露。(2,440)

(3)评述性陈述。表示对人物行为动作的评判或议论,句子的末尾一般不使用语气助词。偶有使用语气词"矣"。

①不带语气词,如:

攻不可卒拔。(1,271)

袭之可禽也。(1,174)

得之不足为益。(2,444)

②带语气词,如:

无往而不克矣。(3,776)

可坐克也。(1,200)

可烧而走也。(5,1262)

2. 疑问句

疑问句是用来提问,并要求对方回答的句子,它本身无所肯定或否定,所以没有真或假的问题,也就不用来表述命题。常见的疑问句可以分为三类:第一类是有疑而问的询问句,第二类是无疑而问的反问句,第三类是半疑半问的测问句。询问句是最常见的疑问句,又可以分为四类:是非问、选择问、特指问和正反问。《三国志》中的疑问句多表示对人物性状的问询，都出现在对话里，一般带语气词。

（1）询问句

疑问句主要是用来询问的，而询问总是希望被问人就提出的问题作出回答，所以询问句的问和答是紧密联系在一起的。

①是非问

是非问就是把一件事全部说出，要求对方作出或肯定或否定的回答。连动句的是非问，基本上相当于一个叙事句加上一个疑问语气词或者语气语调。例如：

> 会移檄蜀将吏士曰：……怀禄而不变哉？（3，789）
> 中护军蒋济遗臻书曰："……试而后用？"（3，648）

②特指问

特指问中没有给对方提供回答问题时用到的答案内容，这种句子要使用疑问代词，要求对方答出与疑问代词有关的人、物、原因、处所、事实等。连动句属于谓词性特指问句，主要是要求回答的一方叙述事实，经常不用语气词，如果使用语气词则经常用"乎"等。句中的疑问代词一般作状语，多问事状，有"如何"、"怎样"之义。也出现问事由，有"为什么"之义。还有问方式、方法，有"怎样"之义。一般来说，特指句以自身特殊的疑问形式来负载疑问信息，疑问代词就是句内自身的疑问形式，是疑问焦点。例如：

> 蒙母徒跣出谏蒙曰："……何有以私怒而欲攻杀甘宁？"（5，1295）
> （权）曰："……何知缓急而便出兵乎？"（5，1145）
> 蒙未据郡城而作乐沙上，翻谓蒙曰："……城中之人岂可尽信，何不急入城持其管龠乎？"（5，1320）

（2）反问句

反问句是一种特殊的问句，它用问的形式来表述命题。反问句的语用功能主要体现强调。所有的反问句都有强调的语用功能，但在不同的类属的句子中，强调的重心不同。连动式的重心在前一动词。连动句反问句由语气副词"岂"、"宁"等和疑问代词"何"构成，"何"在用做宾语时，"何"给动词做前置宾语。例如：

顾谓之曰："……救死不给，岂<u>有</u>余力复<u>营</u>此哉？"（5，1277）

权报曰："……宁得以人<u>废</u>言而不<u>采择</u>乎？"（5，1133）

逊正色曰："……<u>用</u>此何<u>为</u>？"（5，1349）

琮曰："……何<u>向</u>而不<u>克</u>？"（5，1383）

（3）测问句

测问句是一种介于陈述句和疑问句之间的句子，说话人对于所说的内容已经有了初步的看法，只是还不能确定，要求对方加以确认、证实。测问句有时也用来表示商量。常用语气词"与"、"耶"和"乎"等。例如：

术谓曰："陆郎<u>作</u>宾客而<u>怀</u>橘乎？"（5，1328）

今猥<u>割</u>土地以<u>资</u>业之？（5，1264）

3. 感叹句

感叹句的主要作用是表达情感，在表达感情的同时，也间接地表述了命题。在感叹句中经常使用语气词"哉"。例如：

会移檄蜀将吏曰：……况巴蜀贤知<u>见</u>机而<u>作</u>者哉！（3，789）

胤谏恪曰："……则何<u>往</u>而不<u>克</u>哉！"（5，1444）

4. 祈使句

祈使句是用祈使的语气表示希望、要求别人去做某事，或劝阻、禁止别人去做某事，表示要求、平缓，语气稍委婉。祈使句多用否定式，大约因为禁止的语调短促，一般不用语气词表达建议、请求和态度的语气。

（1）肯定性祈使句

①表示命令，如：

挟天子而令诸侯。（4，912）

乃脱帻令亲近将祖茂著之。（5，1096）

羽便伸臂令医劈之。（4，941）

②表示请求、劝阻的祈使句包括请求、敦促、商议、建议和劝阻等等。不带语气词，如：

皆叩头愿致死。（3，666）

保城请降。（5，1447）

宜遵仁义以彰德音。（5，1349）

当得重将以镇汉川。（4，1002）

须当用武治而平之。（5，1328）

（2）否定性祈使句

没有表示命令的祈使句，只见表示请求、劝阻的祈使句，包括请求、推测、敦促、商议、建议和劝阻等语气的祈使句，均不带语气词。例如：

请和而不得。（1，212）

不必取孙吴而闇与之合。（2，573）

击之必无利矣。（5，1346）

综合以上，《三国志》连动式的分类结果如下：

　　　　　　　　　　　　　　　　　　↗ 而–单纯式、附加式、带宾式、复合式
　　　　　有标志〈谓语结构〉→ 以–单纯式、附加式、带宾式、复合式
　　　　　↗　　　　　　　　　↘ 则–单纯式、附加式、带宾式、复合式
　　句法〈有无连词〉
　　　　　　　　　　　　　　　　↗ "VV" 黏合式
　↗　　　　↘　　无标志〈黏合程度〉→ "VV" 间合式
↗　　　　　　　　　　　　　　　　↘ "V曰" 惯用式
　　　　　　　　　　　　　　　　↗ 承动式
连动式–〈三个平面〉→ 语义〈根据动词所表示的意义状况〉→ 动趋式
　　　　　　　　　　　　　　　　↘ 状动式
　　↘　　　　　　　　　　　　　　　↘ 存现式
　　　↘
　　　　↘　　　　　　　　↗ 陈述句
　　　语用–〈表达语气〉→ 疑问句
　　　　　　　　　　　　↘ 感叹句
　　　　　　　　　　　　↘ 祈使句

第二章 《三国志》"而、以、则"链接式连动式

第一节 《三国志》"而"、"以"、"则"的分布及结构特点

据我们的统计，《三国志》中由连词构成的连动式有 658 例，占全部连动句的 14%。《三国志》连动句中起关联作用成为标志的连词主要有"而"、"以"、"则"。在《三国志》中，"而"、"以"、"则"的使用呈现不平衡的状态。"而"字句有 393 例，占有标志连动句的 60%，占全部连动式的 8%；"以"字句有 231 例，占有标志连动句的 35%，占全部连动式的 5%；"则"字句有 34 例，占有标志连动句的 5%，占全部连动式的 0.1%。

一 "而"、"以"、"则"的分布

（一）"而"的分布

"而"是古代汉语里最常用的一个连词，它连接形容词、动词或动词性词组，表示两种性质或两种行为的联系，就其连接的前后两部分的意义关系来说，有并列、承接、转折、假设、修饰和进层等关系。"而"用于连动式，通常表示 V1 和 V2 两个动作行为的先后联系。如果进一步从语义上分析，它前后的动词或动词短语之间还有承接、补充和修饰等多种语义关系：有的 V2 是 V1 在情理之内的发展，有的 V2 是对 V1 的补充，有的 V1 是 V2 的方式或情状，有的 V1 是 V2 的原因，等等。例如：

十二年，假维节，复出西平，不克而还。（4，1064）

是故废而复起。（4，1025）

先主然之，溯江而西，与璋会涪。（4，957）

客不忍刺，语之而去。（4，872）

靖拒而不许。（4，964）

维化亦舍阴平而退……（4，1066）

率将士而还。（4，1050）

（二）"以"的分布

"以"字用作连词，用法和"而"相似，但不如"而"使用得广泛。在连动式里，连词"以"前后的V1和V2，既有先后关系，又有同时关系。在"以"表示先后关系时，V1常常是V2的方式、手段或原因，V2则常常是V1的目的或结果；在表示同时关系时，V1是表示动作行为的方式或情态。例如：

将东征孙权以复关羽之耻……（4，961）

大兴兵众以图攻取。（4，1053）

亮拔西县十余家，还于汉中，戮许谡以谢众。（4，922）

曹公尽收其众，虏先主妻子，并禽关羽以归。（4，875）

（三）"则"的分布

"则"主要用作连词，既可以连接词与词、词组与词组，也可以连接分句与分句，表示顺承、转折等关系。"则"在连动式里，主要用来连接条件与结果。例如：

会与维出则同舆，坐则同席……（4，1067）

伐则掩人，矜则陵人。（3，745）

扰之则动其逆心。（3，679）

以上情况表明，"而"、"以"、"则"的承接能力呈现由强至弱的趋势，所以在连动式中的表现为"而—以—则"由多到少的分布。

二 "而"、"以"、"则"连动式的结构特点

汉语最初的连动式里是不用连词的。根据张玉金（2001）的考察，甲骨卜辞中的连动式都没有使用连词①。先秦以后，连词用于连动式才普遍起来。"而"、"以"、"则"所以能够成为连动式里的连接词，是因为它们有较强的介接性作用。与此同时，我们还应该看到，使用"而""以""则"的连动式，在句法结构上有一些值得注意的特点，这些特点集中地表现在 V1 和 V2 上面。

（一）在这样的连动式里，"而"前后的 V1 和 V2 同时为光杆动词的少见，同时为短语的也不太多，如：

顺流而奔孙权。（4，944）

比较多的情况是 V1 和 V2 一为光杆动词，一为短语，即下面两种情形：

1. V1 而 V2P，如：

帝善而从之。（3，696）
诱而致之，使来入侍。（4，776）
嘏常论才性同异，钟会集而论之。（3，627）

2. V1P 而 V2，如：

……摧破诸屯，焚烧谷物而还。（3，725）
帝竟伐吴，至江而还。（3，697）
表纳其言而止。（3，806）

---

① 张玉金：《甲骨文语法学》，学林出版社 2001 年版，第 221—229 页。

"以"前后的 V1 和 V2 以同时是动词短语的情况为多，即 V1P 以 V2P，如：

> 基著《时要论》以切世事。(3，751)
> 时初治官室，发美女以充后庭，数出入弋猎。(3，704)

(二) V1 和 V2 通常不同时出现附加成分，如：

> 一战而定之。(3，831)
> 时将军许攸拥部曲，不附太祖而有慢言。(3，667)
> 有飘风高三尺余，……息以复起，良久乃止。(3，816)
> 招闻之，间行而去，道隔不得追尚。(3，730)
> 权果更来，到合肥城，不克而还。(3，723)

(三) 部分连动句中，V1 和 V2 共用附加成分。即附加成分虽然在 V1 之前，但它不仅管着 V1，而且也管着 V2，如：

> 全围而取之，可不血刃而拔其城……(3，639)
> 乃举长沙及旁三郡以拒表，遣使诣太祖。(3，631)
> 内人共举机以柱门，兵斫门，不能破。(3，729)
> ……竟不烦攻而走。(3，773)
> 遂不食而死，举国贤之。(3，762)

第二节　《三国志》"V 而 V" 链接式连动式

一　"V 而 V" 链接式连动式形式特征

《三国志》"V 而 V"式结构有 393 例，根据论元、状元和补元分布情况，可分为单纯式、附加式、带宾式和复合式四大类。具体讨论如下：

（一）单纯式

共21例。该形式的特点是，谓语部分只有两个光杆动词，谓语部分不带宾语，没有附加成分。有时动词谓语后面带语气词。此式是"V而V"的基本式。例如：

众乃刻木如信形状，<u>祭</u>而<u>哭</u>焉。（1，9）

义或时以谏不纳，<u>涕泣</u>而<u>起</u>。（1，285）

则畏威怀德，<u>望风</u>而<u>从</u>矣。（3，780）

<u>见</u>而<u>遣还</u>。（2，723）

此式V1单音节动词和双音节动词相当，均为10个。V1单音节动词均为一般动词，主要有"弃、奏、闻$_2$、作（制作，著）、祭、从、谏、惭、觉、见"等；双音节动词或词组主要有10例：联合式（9）——言议、推转、涕泣、鼓噪、资水浮谷、格斗、拜跪、横刀长揖；动宾式（1）——望风。V2多为单音节动词（14个），一般动词如"去$_2$、改、勤、哭、笑、死$_2$、起$_2$、退、从、走、请、法（效法）"等；使动动词有"下"；活用动词如"下、前"等。偶有双音节动词或词组：联合式——哭泣；兼语短语——遣还。从动词分布状况上看，该类有以下几个特点：

1. 双音节动词多出现在V1上，并且多于V2。

2. 单音节动词V1出现的数量为10个，V2为14个，V2略多于V1。同一动词在V1和V2重复出现的有1例，但不同句。

3. 词类活用动词均出现在V2上。

4. 趋向动词出现在V2，V1未见。

（二）附加式

共80例。该类形式上的特点是，动词谓语部分不带宾语，前后有附加成分。此式是"V而V"的扩展式。根据附加成分的分布状况，本结构有如下类型：

Ⅰ. AV1而V2（38例），如：

将军拥十万之众，安<u>坐</u>而<u>观望</u>。（1，212）

乃<u>释</u>而<u>去</u>。（3，730）

深与统相<u>结</u>而<u>还</u>。（4，953）

Ⅱ. AV1 而 AV2（7 例），如：

半<u>济</u>而后<u>击</u>。（3，733—734）

无<u>往</u>而不<u>克</u>矣。（3，776）

而君子或<u>得</u>而不<u>处</u>。（3，745）

Ⅲ. V1 而 V2C（1 例）

<u>坐</u>而<u>自绝</u>于时。（3，614）

Ⅳ. V1 而 AV2（30 例），如：

术恶其反覆，<u>拒</u>而不<u>受</u>。（1，220）

<u>迷</u>而不<u>反</u>。（3，789）

<u>舍</u>而<u>南征</u>。（2，434）

Ⅴ. AV1 而 V2C（1 例）

必<u>惧</u>而<u>听</u>于固。（2，494—495）

Ⅵ. AV1C 而 AV2（1 例）

皆先<u>咨启</u>于太后而后<u>施行</u>。（1，169）

Ⅶ. V1C 而 V2C（1 例）

军国之饶，<u>起</u>于枣祗<u>而</u><u>成</u>于峻。（2，489）

VIII. V1C 而 V2 （1 例）

<u>战</u>于荥阳<u>而</u><u>卒</u>。（3，647）

1. 此式 V1 多为单音节动词。一般动词主要有"坐₃、知、笑₄、征、推、进₂、战₄、将₃、烧、行、释、食₂、驱₂、克₅、负、期、结、袭、载、携、攻、枕、往、混、济、得、至、拒₄、毁、祕₂（隐藏）、立、逼、县（悬）、废₂、许、试、迷₂、虑、畏、循、制、敬、降、疑、舍、作（效法）、惧、喜₂、起"等。偶有双音节动词或词组（4例）：联合式（2）——惭怒、咨启；状中式（2）——揖让、诘让。V2 多为单音节动词。一般动词主要有"灭、退₄、得（得出）、来、去、死₃、还₅、归、治、败、取₂、出、至、禽、制、克、蒙、击、处（居）、救、受、修、露、跪、展、继、应、害、用₂、夺₃、犯₂、返₂、受（授）、行、许₃、起、革、违、叛、告、悦、当（挡）、反、征、听、成、卒、拒、法、泄、答"等；活用动词有"前₂"；使动动词有"定、去、走"等。偶有双音节动词或词组（4例）：联合式（2）——观望、施行；状中式（2）——自尽、自绝。从动词分布状况上看，该类有以下几个特点：

（1）双音节动词多出现在 V1 上，略多于 V2。单音节动词 V1 出现的个数为 71 个，V2 为 70 个，V2 与 V1 分布几乎均衡。动词 V2 和 V1 重复出现有 9 个，如"征、行、克、往、得、至、拒、许、制"等，但同一个动词在句中不同现。

（2）词类活用出现在 V2 上，V1 未见。

（3）连动式表示被动没有形式标志，只是意念上的被动。有的只出现在 V1 或 V2 上，有的是双被动，即 V1、V2 均为被动，如"废而不用（398 页）"。

（4）趋向动词出现在 V1 为 3 个，出现在 V2 为 12 个，V2 明显多于 V1。

2. 附加成分以状语和补语两种形式出现。状语一般以单个成分出现，主要由形容词、副词、名词等充当。A1：形容词——安、阴、长$_2$；名词——禩；数词——一、半；代词——或；助动词——可、敢$_6$；副词——不$_{11}$、无、未、乃、相$_3$、因、必、先、常；介词短语——由是、于是。A2：形容词——难；名词——后$_4$、南；助动词——敢；副词——不$_{24}$、弗、复$_2$、相、间。复合状语有：A1：助动词＋副词——能否、必不；介词短语＋否定词——何以不；副词词＋助动词——不得、不敢；助动词＋代词——必自；副词＋副词——遂不；副词＋形容词——遂长。A2：副词＋助动词——不可$_2$；副词＋代词——不自。补语只有介词短语：C1——于太后、于太后、于枣祗。C2——于固、于时、于峻。从状语分布情况看，有以下几个特点：

（1）状语可以分为两类，一类是单向修饰 V1 或 V2，此式为：【（A1）V1 而（A2）V2】，如"一战而败（1050 页）"、"半济而后击（733—734 页）"、"畏而不犯（979 页）"等。另一类是状语修饰整个连动式，其中，V1 或 V2 有时带有自己的状语，此是为：【A｛（A1）V1 而（A2）V2｝】，如"必不战而定（476 页）"、"相结而反（953 页）"、"遂长驱而前（789 页）"等。

（2）否定类状语是对动作、行为表示否定，出现在 V2 多于在 V1。V1、V2 同时为否定式仅有 1 例，其为"无往而不克矣（776 页）"，表示肯定。

（三）带宾式

共 176 例。该类形式上的特点是，动词谓语部分带宾语，前后没有附加成分。此式是"V 而 V"单纯式的扩展式。根据宾语分布的状况，本结构有如下类型：

Ⅰ. V1 而 V2O（69 例），如：

吾得而用之。（1，32）

孙策见而异之。（5，1309）

丞相亮闻而善之。（4，1073）

Ⅱ．V1O 而 V2（66 例），如：

　　车驾临江而还。（2，412）
　　回车而反。（3，644）
　　循水而东。（3，639）

Ⅲ．V1O 而 V2O（41 例），如：

　　百姓感旧而增哀。（1，310）
　　有仇而长之。（5，1436）
　　置石而投之哉！（5，1461）

　　1．V1 多为单音节动词。一般动词主要有"望、默、争、得₂、见₇、迎、削（去官）、亲、悦、坐₅、闻₇、感₃、休、出₂、乘（乘坐）、乘（乘着）、涕、思、归、举₃、求、袭、收（纳）、仰、荡、携、进、勉₂、死、退₃、诈、构、惧、哀、和、生、埋、幽、据、随₂、集、怒、诱、善、引₄、拯、受、爱、畏、挞、无₃、度、任₂、垂（落下）、入、视、循₂、为、济、临₈、知、应₄、凿、从（听从）、营（建）、舍、率₂、奉₂、观₃、省、振₂、塞、烧、结、饮、载₂、讨、至、纳、滨、如（像）、仗、屯、语、诉、失、负、溯、有₄、杀₂、抱、还、画、遗、作₂、触、宠、舞、择、释、连、历、因（凭借）、就、数、背₂、顺、授、秉、弃、扶、要（邀）、委、置"等，词类活用和使动意动有"空、回、壮、怪、安、义"等。偶有双音节动词或词组：联合式——焚烧₂、横刀长揖、平定；动宾式（1）——结厚。V2 多为单音节动词。一般动词主要有"笑、记、取₂、用₇、无₅、投、惮、赦、论₄、辟（避）、受₃、嫁、斩、爱₂、说、得、除、击、克、住、坐、待₃、致₃、间、听、舍、失₂、掘、发₂、有₂、为、引（提起）、杀₂、从、伸、救₂、与、宥、修、释、问、恶、信、书、虑、去₅、让、行₄、出₂、变、反₃、屯、进₂、退₂、对、还₆、前、济、守₃、止、居、动₃、归₃、下、别₂、走、生、胜、旋、至、死₂、教、起、来、据（占）、制₂、增、搹（据持）、任（胜任）、收、讨、置、诛、诣"等；词类活用和使动意动有"正、息、服、长₂、异₃、伟、奇、悔、悲、善、东₃、西₂、南₂、北、近"等。从动词分布状况上看，该类有以下几个特点：

（1）双音节动词出现在 V1 上，V2 上未见。单音节动词 V1 出现的个数为 114 个，V2 为 98 个，V1 略多于 V2。动词 V2 和 V1 皆出现的有 29 个，如"得、坐、出、归、收（纳）、进、死、退、生、据、善、引、受、爱、无、任、为、济、从、舍、讨、至、屯、失、有、杀、还、释、置"等，但不同句。

（2）词类活用出现在 V2 上多于 V1。

（3）未见被动式。

（4）趋向动词出现在 V1 为 4 个，出现在 V2 为 6 个，V2 略多于 V1。

2. 宾语有单宾和双宾两种形式。单宾占优势，共 57 例。在单宾语中，呈现如下几种情况：

（1）使动宾语有及物动词使动宾语和形容词使动宾语两类。及物动词使动宾语其格式为"及物动词＋宾语"。宾语是动作的施行者，主语是主使者。例如：

　　　回车而反。（3，644）
　　　故虞舜舞干戚而服有苗。（3，788）
　　　休而息之。（2，415）

　　形容词使动宾语其格式为"形容词＋宾语"。宾语是动化形容词所表示的动作的是施动者，主语是主使者。例如：

　　　触类而长之。（3，747）
　　　就太师而正《雅颂》。（1，77）

（2）意动宾语有 9 例，其格式为"形容词＋宾语"。意动宾语就是主语主观上认为后面的宾语具有这个形容词的性质或状态。例如：

> 孙策见而异之。(4，872)
> 飞壮而释之。(4，943)
> 北海相孔融闻而奇之。(5，1187)

（3）为动宾语 1 例，就是"为宾语而动"，其例为：

> 太祖闻而悲之。

（4）谓词宾语有 8 例，由动词、助动词和形容词充当宾语，如：

> 百姓感旧而增哀。(2，310)
> 尤弃弊蹻而获珠玉。(4，979)
> 死而无悔也。(5，1266)

（5）活用动词宾语有 1 例，其为形容词用如动词，后带宾语，例为：

> 承相亮闻而善之。(4，1073)

双宾形式只有一例，其例为：

> 引其贤俊而置之列位，使海内回心。(3，598)

3. 附加式式很少用语气词。使用语气词有"耳、也、矣"等。

（四）复合式

共 116 例。该类形式上的特点是，动词谓语部分带宾语，前后有附加成分。此式是"V 而 V"的扩展式。根据附加成分的状况，本结构有如下类型：

Ⅰ. AV1O 而 V2 (27 例)，如：

　　不易民而治。(2，502)
　　或不远千里而造焉。(5，1235)
　　欲决围而出。(3，772)

Ⅱ. AV1O 而 V2C (1 例)

　　不终朝而县（悬）于军门矣。(3，753)

Ⅲ. V1O 而 AV2 (30 例)，如：

　　持疑而不进。(1，8)
　　闻善而不能纳。(1，217)
　　出关而复还。(2，414)

Ⅳ. V1O 而 AV2O (2 例)

　　夫趣（趋）一朝之权而不虑远计。(2，426)
　　飞爱敬君子而不恤小人。(4，944)

Ⅴ. AV1O 而 V2O (23 例)，如：

　　徒独望青云而拊心。(2，573)
　　不敢忘恩而遣力也。(5，1332)
　　故遂广其理而赞其旨也。(5，1433)

Ⅵ. V1OC 而 V2O (2 例)

　　若绥之以事德而俟其变。(2，331)

夫<u>修</u>德于身而<u>感</u>异类。(5,1466)

Ⅶ. V1OC 而 AV2 (1 例)

朕<u>求</u>贤于君而<u>未得</u>。(2,411)

Ⅷ. AV1O 而 AV2O (5 例),如:

吾固<u>忧</u>之而<u>未有</u>计。(4,881)
果<u>得</u>地而<u>不得</u>民也。(4,1020)

Ⅸ. AV1O 而 AV2 (8 例),如:

先<u>知</u>动静而<u>为</u>之备。(5,1216)
不必<u>取</u>吴孙而<u>闇</u>与之合。(2,573)

Ⅹ. AV1 而 V2O (13 例),如:

于是<u>悔</u>而<u>罢</u>之。(2,558)
必<u>惧</u>而<u>拒</u>境。(3,672)
一<u>举</u>而<u>降</u>张鲁。(4,961)

Ⅺ. AV1 而 AV2O (1 例)

何以<u>不降</u>而<u>敢拒</u>战?(4,943)

Ⅻ. AV1O 而 V2OC (1 例)

蒙<u>未据</u>郡城而<u>作</u>乐沙上。(5,1320)

i. V1C 而 V2O（1 例）

言<u>发</u>于口而<u>通</u>神明。（5，1466）

ii. V1O 而 AV2C（1 例）

夫<u>举</u>事而不<u>本</u>于义（3，631）

1. 此式 V1 为单音节动词。一般动词主要有"封、舍₃、收、夹、将、守、分₂、易、临（碰到）、拊、见、无、受₃、同（同乘）、应、弃、溃、委（委身）、潜、考（考绩）、附、忘、乘（趁）、授、决（突围）、终、放₂、辞、持、请、闻₄、引、有、出₂、扼、怀、释、爱₂、嗜、泛、好（喜欢）₂、修₂、恶（嫉妒）、向、往、获、援、为（成为）、为、趣（趋）、举₂、假（借）、忧、得、知₂、过、作（变）、禽、试、遭、望、辍、征、求₂、用、冒、顾（顾及）、喜、绥、发、取₂、惧₂、悔、负（背）、战、围、救、责、去、降"等；词类活用和使动意动有"正、广、劳、远、甘、奇、远、安、勤₂"等。V1 未有双音节动词或词组。V2 多为单音节动词。一般动词主要有"去₂、还₃、军（驻扎）、食、治₂、惧、作、毙、载、退、居、倒、赴、造（到）、出₃、降、上、遣₂、加（加以）、有₂、救、赞、别、进₄、县（悬）、至₂、助、得₄、渡₂、用₃、纳、死₂、变、乘、咎、下₂、征₆、信、克₂、害、遑、恤、决、求、问、示、违、拊₂、挥、耀、取₂、忘、献、为₂、敬、俟、感、通、备、合、结、藏、罢（免职）、拒₂、随、伐、从、行"等；词类活用和使动意动有"平、降₂、定₂、难、先、绝、西、本、罪"等。V2 偶有双音节动词或词组（3）：联合式——倾覆、恣睢、叹息。从动词分布状况上看，该类有以下几个特点：

（1）双音节动词只出现在 V2 上。单音节动词 V1 出现的个数为 91 个，V2 为 71 个，V1 多于 V2。动词 V2 和 V1 皆出现有 18 个，如"拊、忘、乘、决、有、出、为（成为）、为、得、作、征、求、用、取、惧、救、去、降"等，但同一个词一般在句中不同现。此式同现 1 例，其为"果得地而不得民也（1020 页）"。

（2）词类活用出现在 V1 上略多于 V2。

（3）被动式 1 例。该式借助助词"见"形式标志来表示被动，也就是在动词前加"见"，组成"见 + 动词"格式。其为"奇其意而不见罪（730 页）"。

（4）趋向动词出现在 V1 为 3 个，出现在 V2 为 8 个，V2 多于 V1。

2. 附加成分以状语和补语两种形式出现。状语一般以单个成分出现，主要由形容词、名词、助动词、副词、代词等充当。A1：形容词——多、先、忿然；名词——今$_2$；数词——一$_2$；助动词——可、宁、须、欲$_2$、果、敢、必$_2$；副词——胜、不$_{10}$、殆、皆$_4$、遂$_2$、亦、或、乃、固、未、非、诚、岂$_2$、将、然后；代词——何；介词短语——与 –$_2$、于是$_1$、从 – 下、以 –$_2$。A2：助动词——愿；副词——弗 2、不 17、未 2、便、复；名词——水、山、北；介词短语——为之。复合状语有：A1：副词 + 副词——徒独、咸未、岂白；副词 + 助动词——不敢、不必；助动词 + 副词——可不；代词 + 副词——何不；副词 + 形容词——又生；助动词 + 助动词——须当；否定副词 + 时间副词 + 否定副词——未尝不 2；助动词 + 指代副词——必各；形容词 + 副词——尽复；副词 + 介词——遂与。A2：副词 + 助动词——不能 5、不得 2；形容词 + 介词短语——阇与之。补语只有介词短语充当。V1 有"于 –$_3$、以 –$_1$"充当；V2 两例，为"于 –"。从状语情况看，有以下几个特点：

（1）状语可以分为两类，一类是单向修饰 V1 或 V2，此式为：【（A1）V1（O）而（A2）V2（O）】。此类共有 43 例，A2 多为否定性状语，且 V2 一般不带宾语，如"不敢忘恩而遗力也（1332 页）"、"修德而不征（618 页）"、"闻流言而不信（741 页）"等。另一类是状语修饰整个连动式，其中，V1 或 V2 有时带有自己的状语，共有 39 例，此式为：【A ┊（A1）V1（O）而（A2）V2（O）┊】。词语有"遂、今、常、与、胜、皆、亦、乃、欲、果、可"等，如"欲征之

而难其人（728 页）"、"军今舍之而去（244 页）"、"皆应弦而倒
（1188 页）"等。

（2）否定状语出现在 V2 多于出现在 V1。此式未见双重否定式。

3. 此式宾语只有单宾。在单宾语中，呈现如下几种情况：

（1）使动宾语（7 例）。此有两种情况：

①及物动词的使动宾语。其格式为"及物动词＋宾语"。宾语是
动作的施行者，主语是主使者。例如：

> 可不劳众而定。（1，240）
> 又生禽黄中大帅吴霸而降其属。（2，535）

②形容词使动宾语。其格式为"形容词＋宾语"。宾语是动化形
容词所表示的动作的是施动者，主语是主使者。例如：

> 须当用武治而平之。（5，1328）
> 一战而定之。（3，831）

（2）意动宾语（9 例）。其格式为"形容词＋宾语"。主语主观
上认为后面的宾语具有这个形容词的性质或状态。例如：

> 岂甘锋刃而忘安宁哉？（5，1437）
> 绍奇其意而不见罪。（3，730）
> 或不远千里而造焉。（5，1235）
> 今舍此急而先宫室。（3，636）

（3）谓词宾语，即动词、助动词和形容词充当宾语（8 例），
例如：

> 须考绩而加黜陟。（3，648）
> 岂甘锋刃而忘安宁哉？（5，1437）

何<u>知</u>缓急而便出兵乎？(5，1145)

<u>持</u>疑而不进。(1，8)

岂<u>好</u>为夸主而耀世哉？(2，566)

（4）活用动词宾语有 4 例，其为形容词用如动词，后带宾语，如：

策以书责而<u>绝</u>之。(5，1104)

昔冥<u>勤</u>其官而水死，稷<u>勤</u>百谷而山死。(2，497)

不终<u>朝</u>而县于军门矣。(3，753)

此式在对话性连动式中出现 2 例宾语前置，如：

则<u>何</u>向而不克？(5，1383)

<u>何</u>往而不克哉！(5，1444)

4. 此式一般不用语气词，使用语气词有"焉、也₅、矣₂、乎、哉₂、耳₂、者也"等。

二 "V 而 V"链接式连动式语义特征

根据连动式的两个动词的语义关系，"V 而 V"链接式可分为承动式、动趋式、状动式和存现式等几个语义类型。一般说来，主语的语义类型与动词谓语的语义类别之间往往有一种相互选择相互制约的关系。因此，根据主语和谓语的论元关系，该类句子又有施事、受事、当事、当事受事等类别。在"V 而 V"链接式语义类型中内部还存在如下语义关系：（1）单纯时间先后关系。两个动词在时间上有先有后，顺递相接。谓语里几个动词或动词短语是表示连续发生的几个动作，几个动作有先有后，这是典型的连动式。（2）时间先后关系附加其他语义关系。两个动词在时间上有先有后，顺递相接，并且附有其他语义关系。

（3）时间同时关系。（4）同时关系附加其他语义关系。具体讨论如下：

（一）承动式

1. 语义类型

共 207 例。此式特征是两个动作动词不可逆向的承接，如：

> 闻而辟。（2，367）
> 获于禁而不害。（5，1123）
> 备必喜而从命。（5，1269）
> 故委心而服事焉。（5，1116）

2. 语义角色

（1）施事类

Ⅰ. 人物主语类

该类句子的主语大多数由人名充当，少数由代词及表示人的词语充当，语义特点是【有生＋具体＋人】。由于主语在前面的句子中已经出现，往往承前省略，如：

> （汉武帝闻其述《史记》……）削（去官）而投之。（2，418）
> （惠与麾下将一人……）立而不跪。（2，546）
> 门惭而退。（3，726）
> 百姓感旧而增哀。（2，310）
> 时人怪而问之。（4，953）
> 不肖者勉而致之。（5，1141）
> 足下失据而还。（4，992）

Ⅱ. 无生命类主语类

该类句子的主语由表无生物类义的名词及其短语充当，语义特点为【无生具体物】，如：

粮县（悬）而难继。(2，414)

车载其母而走。(5，1441)

Ⅲ. 抽象主语类

该类句子的主语大多数由抽象名词及短语构成，语义特点是【无生抽象事】，如：

宣发于口而通神明。(5，1466)

Ⅳ. 方所主语类

南土爱而信之。(4，979)

（2）受事施事类

人物主语类

该类句子的主语由人名充当，语义特点是【有生＋具体＋人】。由于主语在前面的句子中已经出现，往往承前省略，如：

（旧臣）是故废而复起。(4，1025)

（3）受事类

Ⅰ. 人物主语类

该类句子的主语均表人物义，由人名充当，语义特点为【有生＋具体＋人物】，如：

（懿欲轻减大辟之条……）是以废而不用。(2，398)

Ⅱ. 方所主语类

该类句子的主语均表方位处所义，由地点名词充当，语义特点为【无生＋具体＋地点】，如：

弋阳可袭而取。（5，1165）

在《三国志》"V而V"链接式承动式中，施事类占据绝对数量，共有203例，其中，人物主语类有199例，无生命类主语类2例，抽象主语类、方所主语类各有1例。受事施事类有2例，为人物主语类。受事类有2例，其中，人物主语类1例，方所主语类1例。

3. 语义关系

（1）单纯时间先后关系

两个动词在时间上有先有后，顺递相接。谓语里几个动词或动词短语是表示连续发生的几个动作，几个动作有先有后，这是典型的连动式。例如：

北海相孔融闻而奇之。（5，1187）

埋而掘之。（5，1125）

皆受而藏诸。（2，356）

（2）时间先后关系附加其他语义关系

两个动词在时间上有先有后，顺递相接，并且附有其他语义关系。

Ⅰ. V1表示方式，V2表示目的，如：

摧而克之。（5，1361）

扶天子而令诸侯。（4，912）

须用武治而平之。（5，1328）

Ⅱ. V1表示方式，V2表示结果，如：

可推而得。（2，502）

一战而定之。（3，831）

尤弃弊蹻而获珠玉。（4，979）

Ⅲ. V1 表示方式，V2 表示动作，如：

> 引日而后北渡。（1，35）
> 奉王命而讨有罪。（3，631）
> 观隙而动。（5，1444）

Ⅴ. V1 表示原因，V2 表示结果，如：

> 畏而不犯。（4，979）
> 见女乐而弃朝事。（4，974）
> 太祖爱其才而不咎。（3，600）

Ⅵ. V1 表示动作行为，V2 表示转折、补充，如：

> 晧阴喜而不敢泄。（5，1162）
> 闻流言而不信。（3，741）
> 释骐骥而不乘。（3，666—667）

Ⅵ. V1 表示动作，V2 表示结果，如：

> 求而得之。（2，492）
> 讨之而胜。（2，494—495）
> 宠其名王而收其精骑。（3，831）

Ⅶ. V1 表示动作，V2 表示目的，如：

> 营地而居。（2，341）
> 触类而长之。（3，747）
> 收其豪杰而用之。（3，598）

（3）时间同时关系，如：

　　陆郎作宾客而怀橘乎？（5，1328）
　　飞爱敬君子而不恤小人。（4，944）
　　应声而对。（2，557）

（4）同时关系附加其他语义关系
Ⅰ. V1 表示动作，V2 表示补充，如：

　　拒而不受。（1，220）
　　是以废而不用。（2，398）

Ⅱ. V1 表示原因，V2 表示结果，如：

　　太祖悦而赦之。（2，347）
　　感而虑之。（4，1080）

Ⅲ. 表示动作，表示转折，如：

　　夫举事而不本于义。（3，631）
　　不正其本而救其末。（3，712）

Ⅳ. 表示动作，表示结果，如：

　　一举而降张鲁。（4，961）

　　在《三国志》"V 而 V"链接式承动式中，单纯时间先后关系有 50 例，时间先后关系附加其他语义关系有 139 例，时间同时关系 5 例，同时关系附加其他语义关系 13 例。此式例数表明在承动表示语义关系时，往往多数并不单纯表示时间的先后和同时，还隐含着其他语义关系。

（二）动趋式

共 123 例。该类形式上的特点是，谓语部至少分有一个是趋向动词。在此式中不包括含有存现动词。根据趋向动词在结构中的位置，此式有趋动、动趋和趋趋等三种类型，分别举例如下：

今何不相率还城而守之？（2，425）

举天下而来。（4，1002）

出关而复还。（2，414）

1. 语义角色

（1）施事类

Ⅰ. 人物主语类

超闻之，间行而去。（3，730）

帝竟伐吴，至江而还。（3，697）

义或时以谏不纳，涕泣而起。（1，285）

Ⅱ. 无生命类主语类

车驾临江而还。（2，412）

车驾出镮辕而东。（1，13）

Ⅲ. 抽象主语类

（答问）应声而出。（4，976）

（2）施受类

此类只有抽象主语类。

故<u>难</u>至而不可救。(5,1437)

在《三国志》"V 而 V"链接式动趋式中,施事类占据绝对数量,共有 121 例,其中,人物主语类有 109 例,无生命类主语类 2 例,抽象主语类 1 例。施事受事类有 1 例,为抽象主语类。

2. 语义关系

(1) 单纯时间先后关系,如:

烧营而退。(5,1313)
仁尽复收诸叛县而还。(1,274)
归而说之。(2,426)

(2) 时间先后关系附加其他语义关系

Ⅰ. V1 表示方式,V2 表示目的,如:

扼其喉而不得进。(2,314)

Ⅱ. V1 表示方式,V2 表示动作,如:

凿路而前。(2,414)
塞江而下。(5,1347)
欲决围而出。(3,772)

Ⅲ. V1 表示原因,V2 表示结果,如:

不克而归。(3,625)
表纳其言而止。(3,806)
迷而不返也。(2,430—431)

Ⅳ. V1 表示动作,V2 表示结果,如:

嗜食而不得下。(3,801)

V. V1 表示动作,V2 表示目的,如:

退而书之。(4,1029)
今何相率还城而守之?(2,425)

(3)时间同时关系,如:

振旅而归。(5,1435)
引军而还。(5,1435)
见可而进。(2,400)

(4)同时关系附加其他语义关系
Ⅰ. V1 表示方式,V2 表示动作,如:

必自将而来。(2,446)
泛舟而下。(3,776)
循水而东。(3,639)

Ⅱ. V1 表示原因,V2 表示结果,如:

不知而往。(1,299)
持疑而不进。(1,8)
仗义而起。(3,631)

Ⅲ. V1 表示动作,V2 表示目的,如:

回车而反。(3,644)
孔子历级而救之。(1,81)

Ⅳ. V1 表示假设，V2 表示动作，如：

进而不可犯耳。（3，753）

则何往而不克哉！（5，1444）

Ⅴ. V1 表示假设，V2 表示结果，如：

故难至而不可救。（5，1437）

Ⅵ. V1 表示动作，V2 表示转折，如：

然好贤而不能用。（3，598）

在《三国志》"V 而 V"链接式动趋式中，单纯时间先后关系有 28 例，时间先后关系附加其他语义关系有 31 例，时间同时关系 5 例，同时关系附加其他语义关系 59 例。此式例数表明在动趋表示语义关系时，往往多数并不单纯表示时间的先后和同时，而含有其他语义关系。

（三）状动式

共 45 例。该类形式上的特点是，谓语部分有一个是性状动词。根据性状动词在结构中的位置，此式有状动、动状两种类型，分别举例如下：

禁涕而斩之。（2，523）

敌人从而笑焉。（1，130）

1. 语义角色

（1）施事类

本类只有人物主语类，如：

购求信丧不得，<u>众</u>乃刻木如信形状，祭而哭焉。(1，9)

<u>惠</u>与麾下将一人，……为羽所得，立而不跪。(2，546)

(<u>楚</u>) 涕而斩之。(2，523)

(2) 当事受事类

本类只有无生命类主语类，如：

<u>庙</u>毁而不修。(1，77)

在《三国志》"V 而 V"链接式状动式中，语义角色只有人物主语施事类和无生命类主语当事受事类，人物主语施事类占据绝对数量，共有 44 例。无生命类主语当事受事类有 1 例。

2. 语义关系

(1) 单纯时间先后关系，如：

闻而哭泣。(5，1452)

觉而走。(5，1131)

(2) 时间先后关系附加其他语义关系

Ⅰ. V1 表示原因，V2 表示结果，如：

遂不食而死。(3，762)

未尝不闻乐儿拊心。(2，507—517)

Ⅱ. V1 表示方式，V2 表示目的，如：

故虞舜舞干戚而服有苗。(3，788)

荡而除之。(1，296)

(3) 时间同时关系，如：

不终朝而县于军门矣。(3,753)

皆应弦而倒。(5,1188)

(4) 同时关系附加其他语义关系

Ⅰ. Ⅵ 表示方式，V2 表示状态，如:

敌人从而笑焉。(1,130)

未尝不拊心而叹息也。(2,567)

相枕而死。(1,236)

Ⅱ. V1 表示动作，V2 表示状态，如:

立而不跪。(2,546)

望而笑。(1,202)

Ⅲ. V1 表示动作，V2 表示转折，如:

生而失父。(5,1267)

众逼而不展。(2,414)

为人主而不恣睢。(3,715)

Ⅳ. V1 表示预测，V2 表示结果，如:

如言而死。(3,801)

Ⅴ. V1 表示状态，V2 表示动作，如:

禁而斩之。(2,523)

默而记之。(1,58)

Ⅵ. V1 表示方式，V2 表示动作，如：

> 临江而济。（2，414）
> 拜跪而请。（5，1424）

在《三国志》"V 而 V"链接式状动式中，单纯时间先后关系有13 例，时间先后关系附加其他语义关系有 10 例，时间同时关系 2 例，同时关系附加其他语义关系 20 例。此式例数表明在状动表示语义关系时，同时关系附加其他语义关系占优势。单纯时间先后关系和时间先后关系附加其他语义关系相当，时间同时关系极少。

（四）存现式

共 18 例。该类形式上的特点是，谓语部分至少有一个是存现动词。根据存现动词在结构中的位置，此式有状存、存动、动存、存存、存趋等五种类型，分别举例如下：

> 死而无悔也。（5，1266）
> 有才而不能用。（1，217）
> 迎而无符。（1，166）
> 有愧色而无言。（3，693）
> 无功而还。（2，400）

1. 语义角色

在《三国志》"V 而 V"链接式存现式中，只有人物主语类施事类，共有 18 例。例如：

> （绍）有才而不能用。（1，217）
> （成汤）睹野鱼而有猎逐之失。（4，974）
> （诸葛瑾、步骘）死而无悔也。（5，1266）

2. 语义关系

（1）时间先后附加其他语义关系

表示时间先后中的其他语义关系只有 V1 表示原因，V2 表示结果，如：

据而有之。（1，126）

（2）同时关系附加其他语义关系

Ⅰ. V1 表示状态，V2 表示转折，如：

死而无悔。（5，1266）

Ⅱ. V1 表示存在，V2 表示结果，如：

有才而不能用。（1，217）
有仇而长之。（5，1436）

Ⅲ. V1 表示原因，V2 表示结果，如：

无手足而动摇。（1，260）
无功而还。（2，400）

Ⅳ. V1 表示动作，V2 表示结果，如：

观野鱼而有之失。（4，974）
其和而有正。（5，1250）

Ⅴ. V1 表示动作，V2 表示转折，如：

吾固忧之而未有计。（4，881）

抱利器而无所施。(3，565)

Ⅵ. V1 表示存在，V2 表示转折，如：

有忿色而无言。(3，693)

有直质而无流心。(3，752)

在《三国志》"V 而 V"链接式存现式中，由于受到存现动词的限制，本式只有时间先后关系附加其他语义关系和同时关系附加其他语义关系。时间先后关系附加其他语义关系有 1 例，同时关系附加其他语义关系 17 例。同时关系附加其他语义关系占优势。

三 "V 而 V"链接式连动式语用特征

从语用功能考察，此类句子的表达功能及使用情况如下：

（一）陈述句

陈述句在语用功能上，一般都是对人和事件进行叙述或说明的陈述句。动词不仅可以从句子、语义等方面给动词分类，而且也应该从语用平面给动词进行分类。因为在动态的句子里，动词也各有其语用特点。根据动词的动作行为、性状和助动词的语义特征，在陈述句中，可相应分为：（1）叙述性陈述：表示对人的行为、活动、变化等的陈述，句子的末尾一般不使用语气助词。有时使用语气词，常用的语气词有"矣"、"焉"等。（2）描写性陈述：表示对人的行为状态、性质和特征等的陈述，往往用性状类动词。句子的末尾一般不使用语气助词。有时使用语气词，常用的语气词有"焉"等。（3）评述性陈述：表示对人物行为动作的判断或议论，往往用助动词"可、足、必"和"无……非……"格式等，说明行为动作是否可行和难易。句子的末尾一般不使用语气助词。偶有使用语气词"矣"。具体讨论如下：

1. 描写性陈述

（1）不带语气词，如：

载祸而归。(3，777)

空船而还。(5，1381)

庙毁而不修。(1，77)

祕而不露。(2，440)

(2) 带语气词，如：

祭而哭焉。(1，9)

望风而从矣。(3，780)

仰高天而叹息耳。(2，573)

2. 评述性陈述

(1) 不带语气词，如：

可不劳众而定。(1，240)

必惧而拒境。(3，672)

故难至而不可救。(5，1437)

不必取吴孙而闇与之合。(2，573)

(2) 带语气词，如：

无往而不克矣。(3，776)

进而不可犯耳。(3，753)

3. 叙述性陈述

(1) 不带语气词，如：

洪从敱言而止。(2，401)

烧营而退。(5，1313)

半济而后击。(3，733—734)

皆先咨启太后而后施行。(1,169)

蒙未据郡城而作乐沙上。(5,1320)

(2)带语气词,如:

权闻而勤焉。(5,1224)

故遂广其理而赞其旨也。(5,1433)

表恶其能而不能用也。(5,1269)

(二)疑问句

1. 反问句

(1)不用语气词,如:

吾岂安乘此而行?(1,121)

谁敢依违而不自尽?(2,503)

何向而不克?(5,1383)

(2)使用语气词,如:

岂好为夸主而耀世哉?(2,566)

陆郎作宾客而怀橘乎?(5,1328)

怀禄而不变哉?(3,789)

2. 是非句

此类不用语气词,如:

试而后用?(3,648)

(三)感叹句

此类均带有语气词,表示对动作行为的肯定语气,如:

置石而投之哉！（5，1461）

况巴蜀贤知见机而作者哉！（3，789）

则何往而不克哉！（5，1444）

（四）祈使句

1. 表示命令

挟天子而令诸侯。（4，912）

2. 表示请求、劝阻的祈使句包括请求、敦促、商议、建议等。此类均不带语气词，如：

拜跪而请。（5，1424）

须当用武治而平之。（5，1328）

望风而愿治。（3，598）

不去何为！

在《三国志》"V而V"链接式中，描写性陈述类为71例，评议性陈述共16例，叙述性陈述共283例。疑问句、感叹句和祈使句少见，共为23例，大多出现在人物对话里。从数据可以看出，V而V链接式叙述性陈述占绝对优势。这也与连动式的陈述性重在叙事特点相一致。

第三节　《三国志》"V以V"链接式连动式

一　"V以V"链接式连动式形式特征

《三国志》"V以V"式结构有231例。根据论元、状元和补元分布情况，可分为单纯式、附加式、带宾式和复合式四大类。具体讨论如下：

（一）单纯式

共 3 例。该形式的特点是，谓语部分只有两个光杆动词，谓语部分不带宾语，没有附加成分。此式是"V1 以 V2"的基本式。如下：

结草以报（3，717）

积以见责（5，1453）

若见救以往（5，1390）

V1 单音节动词有"积、救"等；双音节动词或词组：动宾式（1例）——结草。V2 全部为单音节动词，如"报、责、往"等。

（1）双音节动词只出现在 V1 上。单音节动词 V1 和 V2 相当，未出现同动词。

（2）词类活用未见。

（3）被动式 2 例。该式借助虚词"见"形式标志来表示被动。在动词前加"见"，组成"见 + 动词"格式。

（4）趋向动词出现在 V2 只有 1 个，且未出现在 V1。

（二）附加式

共 9 例。该类形式上的特点是，动词谓语部分不带宾语，前后有附加成分。此式是"V 以 V"的扩展式。根据附加成分的分布状况，本结构有如下类型：

Ⅰ. AV1 以 AV2（1 例）

琬常足食足兵以相供给。（4，1057）

Ⅱ. AV1 以 V2（6 例）

遂斩以徇。（5，1431）

左右因反缚以出。（5，1193）

Ⅲ. V1 以 AV2（2 例）

息以复起。(3，816)

欺以欲降。(5，1263)

1. V1 多为单音节动词。一般动词主要有"斩、缚、赖、绳、息、欺"等；少有双音节动词或词组（2 例）：联合式——足食足兵、封闭。V2 多为单音节动词。一般动词主要有"徇、出、待、免、法、起、降"等；偶有双音节动词或词组（1 例）：联合式——供给。

（1）双音节动词在 V1 和 V2 各出现 1 例。单音节动词 V1 出现的个数和动词 V2 出现的个数相当。

（2）未见词类活用。

（3）未见被动式。

（4）趋向动词只出现在 V2，共 2 例。

2. 附加成分以状语形式出现。状语一般以单个成分出现，主要由形容词、副词等充当。V1：形容词——常₂；副词——终、皆、遂、乃。V2：副词——相。复合状语有：V1：副词 + 副词——因反；副词 + 助动词 + 副词——不可卒。V2 未见复合状语。从状语情况看，有以下几个特点：

（1）状语可以分为两类，一类是单向修饰 V2，此式为：【V1 而 A2V2】，V2 不带宾语。另一类是状语修饰整个连动式，其中，V1 或 V2 有时带有自己的状语，此式为：【A（A1）V1 而（A2）V2】，词语有"遂、常、终"等。

（2）否定类状语出现在 V2 上 1 例，未见双否定式。

（三）带宾式

共 137 例。该类形式上的特点是，动词谓语部分带宾语，前后没有附加成分。此式是"V 以 V"的扩展式。根据宾语分布状况，本结构有如下类型：

Ⅰ. V1O 以 V2（11 例），如：

燎鹊以祭。(5，1147)

韩遂杀刺史郡守以叛。(1，5)

收其珍宝以归。(5,1104)

Ⅱ. V1 以 V2O（16 例），如：

收以付狱。(2,387)
归以告蒙母。(5,1273)
载以还官。(5,1223)

Ⅲ. V1O 以 V2O（110 例），如：

姜叙起兵卤城以应之。(1,271)
造作道书以惑百姓。(1,263)
发美女以充后庭。(3,704)
作（造）堂邑涂塘以淹北道。(5,1148)

1. V1 多为单音节动词（126 个）。一般动词主要有"燎、举（率领、发动）₇、任、仰、杀₃、索（求）、得、禽（擒）、收（取）₃、收（拘捕）、执₂、将、封、有、承、忿、激、乞、欢、败、还、归、载、起₂、释、求、置、作（制作、造）₃、作（改变）、遮（遏止）、立（设立、建立）、审₃、舞、陈、决（导引）、设₂（设立）、贬₂、择、奉（奉献）₂、奉（捧）、守₂、集、徙、斩、扶₂、损、观、称（称重）、兴、辨、制、据、为（造）、训、示、发₂（发出）、率、散、依、伏、著、连、显、振、开（前往）、开（打开）、戮、察、讬、拊、潜、饰、挟₃、诡、播、召、宥、割、弃、黜、伪、修₃、推、屯、媚、崇、县（悬）、捝、失、抱、上（进献）"等；词类活用和使动意动动词有"重、盛、安、严、困、美、虚₂"等。偶有双音节动词（7）：联合式——号泣、敬恭、扶老携幼、造作、加诬、分粮聚雪、分裂。V2 多为单音节动词（134 个）。一般动词主要有"祭、闻、降、丧₂、成、叛、和、归₃、入、诛₃、示₂、请、诣、付（交付）、奉、待₃、退₂、改、动、伐、诱₂、内（纳）、授、告、还、征₂、拒₂、附、候、令₄、致（召）、求₄、阙、载、平、逼、缀、移、易、击、见₂、供、应₅、教₂、切、白、稽、纳、御₂、谢、济（救）、保、仇、干（求）、要、投、就、备、扫、防、赦、敦、禁、纵、从、修、逆（迎）、淹、救₂、振、驱、消、显、威₂、兴、陷、让、谋、迎、使（用）、聚、灌、给、董（监督）、统、训、肆、临"等；词类活用和使动意动动词有"后、居、惑、明₂、舍、光、芳、飞、流、来₂、误、殊、服、充₂、闻、王"等。双音节动词有联合式（1）：——讥短。

（1）双音节动词在 V1 多于 V2。单音节动词 V2 出现的个数略多于动词。同一动词重现在 V1、V2 有"归、示、奉、还、求、载、修、振、显、兴、训"等，但不同句。

（2）词类活用 V2 多于 V1。

（3）未见被动式。

（4）趋向动词出现在 V1 有 3 例，出现在 V2 有 5 例，V2 略多于 V1。

2. 此式宾语以单宾占绝大多数。在单宾语中，除一般动词宾语，还呈现如下几种情况：

（1）使动宾语，共 24 例，如：

　　　　安士民以来远人。（3，780）
　　　　度虚馆以候之。（2，354）
　　　　发美女以充后庭。（3，704）
　　　　制三典之刑以平治乱。（2，380）

（2）词类活用和使动意动宾语，共 3 例，如：

　　　　经传美之以光国。（5，1333）
　　　　严刑法以禁直辞。（5，1456）
　　　　分裂膏腴以王八姓。（5，1121—1122）

（3）谓词性宾语，共20例，如：

县赏以显善。（5，1239）
索割地以和。（1，33）
或饰真以仇伪。（4，1036）

双宾语有三例，均出现在 V1，如：

姜叙起兵卤城以应之。（1，271）
示之轨仪以易其俗。（3，790）
训之德礼以移其风。（3，790）

3. 语气词偶有使用，共2例，语气词为"耳"。

（四）复合式

共82例。该类形式上的特点是，动词谓语部分带宾语，前后有附加成分。此式是"V 以 V"的扩展式。根据附加成分的状况，本结构有如下类型：

Ⅰ. AV1 以 V2O（10例），如：

躬耕以养父母。（2，341）
皆封闭以待权至。（5，1279）

Ⅱ. AV1O 以 V2（6例），如：

但当拱手以待耳。（5，1254）
故策敢据险以守。（2，444）

Ⅲ. AV1O 以 V2O（55例），如：

时取农民以治官室。（3，761）

大<u>兴</u>兵众以<u>图</u>攻取。(4,1053)
多<u>出</u>弩以<u>射</u>其营。(2,445)

Ⅳ. V1OC 以 V2O (3 例),如:

<u>得</u>杂畜千余头以<u>赠</u>卓。(1,171)
<u>宗祀</u>文皇帝于明堂以<u>配</u>上帝。(1,92)
<u>积</u>谷于许都以<u>制</u>四方。(3,775)

Ⅴ. V1O 以 AV2 (5 例),如:

昔西门<u>佩</u>韦以<u>自缓</u>。(2,377)
<u>割</u>骨肉以<u>相明</u>。(4,1014)
惟<u>冀城</u>奉州郡以<u>固守</u>。(3,701)

Ⅵ. AV1C 以 V2O (1 例),如:

已而<u>自拘</u>于武昌以<u>听</u>刑。(5,1141)

Ⅶ. AV1OC 以 V2O (1 例),如:

于是<u>引</u>军由广汉、郪道以<u>审</u>虚实。(4,1067)

Ⅷ. AV1O 以 AV2 (1 例),如:

孤岂不<u>乐</u>忠言以<u>自裨补</u>邪?(5,1133)

1. V1 多为单音节动词。一般动词主要有"称、举、举(推荐、选用)、举(举起)、引(率领)、引(引用)、出、上(进献)、起₂(发动、兴建)、选、督、挈、崇、置、掘、取₂、著₂、兴、乐、决

（决开）、合、作、杀₂、为₂（做、建）、结（结成）、循、就、辞、得₃、毁、设、赍、县、建、赐、遵、待₂、割₂、分、御、有、耕、征、拔、浮、夺、拘、执、宗、据₂、讥、拱、佩、奉、嘉、伐、承、积、斩"等；词类活用和使动意动动词有"坚、出、起、绝、屈、劳、乐、勤₂"等；双音节动词或词组都为联合式，如"发篇开义、坚壁清野、深根固本、宗祀、讽喻、采择、箪食壶浆、修饰"等。V2 多为单音节动词。一般动词主要有"御（抵御）、应₂、射、讽、入、检（约束、限制）、拒₂、率、治、喻、复（报复）、图₂、顾、灌、讨、当（抵挡）、立、配₂、居、待₂、虑、忌、镇、知、罗、协、援、奉、矫、威₂、树、赠、供、彰、褒、崇、致₂、纳、界、制₂、养、遣、沿、迎、要、听、胜、叛、对、守₂、走、缓、益（帮助）、让、厌、审、干（枯竭）"等；词类活用和使动意动动词有"勤、柱、正、充₂、绝、明₃、安、干、乱、利、优、存、定、一"等；偶有双音节动词或词组（6）：联合式——总领、述作、裨补；动宾式——资业；状中式——外交。

（1）双（多）音节动词出现在 V1 略多于 V2。单音节动词 V1 出现的个数为 66 个，V2 为 71 个，V2 略多于 V1。动词 V2 和 V1 皆出现有 6 个，如"御、待、奉、崇、勤、绝"等，但同一个词一般在句中不同现。

（2）词类活用出现在 V2 略多于 V1。使动用法多于意动用法和活用动词，使动 17 例，意动 1 例，活用动词 4 例。

（3）未见被动式。

（4）趋向动词出现在 V1 为 1 个，出现在 V2 为 1 个，两者均等。

2. 附加成分以状语和补语充当。状语一般以单个成分出现，主要由形容词、名词、助动词、副词、介词短语等充当。A1：形容词——多、常、大₂、先、简；副词——共₂、又₂、各₂、不₉、乃₂、遂₂、将、皆₂、亦、复、悉、躬；名词——今₂、时、郊、力；代词——自₃；助动词——当₂、欲₄、宜₄、敢；介词短语——以﹣、与﹣、A2：在"以"之前有：介词短语——由道、在朝、于是；在"以"之后：副词——固、相₂、不、实；代词——自₂。复合状语：

A1：副词＋形容词——皆高、乃多；代词＋副词——自不；形容词＋副词——常欲；副词＋介词短语——辄于内；副词＋副词——岂不；副词＋助动词——岂敢、诚能、宁能、诚欲；助动词＋副词——宜勿、可不；副词＋副词＋代词——乃躬自；副词＋助动词＋副词——焉得不；副词＋副词＋助动词——遂不敢等。补语只出现在 C1：数量词——千余、五千斛、由道；介词短语——于 $-_3$。从状语情况看，有以下几个特点：

（1）状语可以分为两类，一类是单向修饰 V1 或 V2，此式为：【（A1）V1（O）而（A2）V2（O）】，共有 35 例，如"大兴兵众以图攻取（1053 页）"、"嘉其能以实让（1237 页）"、"不出户牖以知天道（1425 页）"等。另一类是状语修饰整个连动式，其中，V1 或 V2 有时带有自己的状语，此是为：【A ｛（A1）V1（O）而（A2）V2（O）｝】，共有 48 例，如"各起兵以应之（427 页）"、"又得恶民以供赋役（1385 页）"、"遂不敢取牛而走（542 页）"等。

（2）否定类状语主要出现在 V1，未见双否定式。

3. 此式宾语以单宾占绝大多数。在单宾语中，除一般动词宾语，还呈现如下几种情况：

（1）使动宾语，共 4 例，如：

> 欲屈己以<u>存道</u>。（1，77）
> 常引纲维以<u>正言</u>。（2，498）
> 不鬻誉以<u>干泽</u>。（4，1037）
> 欲讥喻以<u>明治乱</u>。（5，1249）

（2）意动宾语，2 例。

> 不乐<u>前</u>以顾轩。（4，1037）
> 孤岂不乐<u>忠言</u>以自裨补邪？（5，1133）

（3）词类活用动词宾语，3 例，如：

共举机以柱门。(3，792)

故力征以勤世。(4，1037)

（4）谓词性宾语，8 例，如：

大兴兵众以图攻取。(4，1053)

不辞怨以忌绌。(4，1037)

宜赐爵士以褒勤劳。(4，986)

双宾只有 1 例，其为：

皆置兵诸国以御外敌。(4，1065)

4.语气词使用很少，共 11 例。使用语气词为"耳、也、邪、乎"。

二 "V以V"链接式连动式语义特征

根据动词的语义关系，"V以V"链接式可分为承动式、动趋式、状动式和存现式等几个语义类型。具体讨论如下：

（一）承动式

1. 语义类型

共 183 例。此式特征是两个动作动词的承接，如：

华皆自称太守以应之。(2，492)

有司不勤职事以失天常也。(3，657)

其在朝也竭命以纳忠。(5，1461)

2. 语义角色

（1）施事类

Ⅰ. 人物主语类，如：

（<u>圣哲</u>）择其令淑以统六宫。（1，165）

（<u>太祖</u>）守延津以拒绍。（2，523）

<u>军</u>遮要以临汉中。（1，52）

Ⅱ. 抽象主语类，如：

<u>经传</u>美之以光国。（5，1333）

Ⅲ. 方所主语类，如：

<u>西楚</u>失雄俊以丧成功。（5，1238）

惟<u>冀城</u>奉州郡以固守。（3，701）

（2）受事类

此式只有人物主语类：

<u>应死者</u>乃斩以徇示众。（3，740）

（3）当事施事类

此式只有无生命类主语类：

（<u>风</u>）息以复起。（3，816）

（4）施事受事类

此式只有人物主语类：

<u>羞</u>体气高亮，……时或迕意，积以见责。（5，1453）

在《三国志》"Ｖ以Ｖ"链接式承动式中，施事类占据绝对数量，共有179例，其中，人物主语类有176例，抽象主语类一例，方所主

语类两例。受事和当事施事类各一例，一为人物施事类，一为无生命
主语类。施事受事类有两例，为人物主语类。

3. 语义关系

（1）单纯时间先后关系，如：

息以复起。（3，816）
遂斩以徇。（5，1431）
得杂畜千余头以赠卓。（1，171）

（2）时间先后关系附加其他语义关系

Ⅰ. V1 表示方式，V2 表示目的，如：

播秋兰以芳世。（4，1035）
斩其首以令其军。（2，443）
收其粮谷以给军士。（1，270）
作玄武池以肄舟师。（1，30）

Ⅱ. V1 表示原因，V2 表示结果，如：

西楚失雄俊以丧成功。（5，1238）
积以见责。（5，1453）
有司不勤职事以失天常也。（3，657）

Ⅲ. V1 表示动作，V2 表示转折，如：

任业以丧。（4，1085）

（3）时间同时关系，如：

或挟邪以干荣。（4，1036）

且君子之居室也勤身以致养。(5，1461)

（4）同时关系附加其他语义关系

Ⅰ. V1 表示方式，V2 表示目的，如：

发兵以驱麋鹿。(5，1457)
或陈师旅以威暴慢。(1，152)
太祖守地以拒绍。(2，523)
躬耕以养父母。(2，341)

Ⅱ. V1 表示修饰，V2 表示动作，如：

敬恭以奉之。(3，711)
忿以改规。(5，1338)
激以动众。(5，1338)

Ⅲ. V1 表示原因，V2 表示结果，如：

辅得书以闻。(3，839)
若逊复毁式以乱圣德。(5，1344)
融常赖修以免。(2，345)

Ⅳ. V1 表示动作，V2 表示目的，如：

辰张琰各起兵以应之。(2，472)
积谷于许以制四方。(3，775)

Ⅴ. V1 表示动作，V2 表示转折，如：

不乐前以顾轩。(4，1037)

在《三国志》"V 以 V"链接式承动式中，单纯时间先后关系有 9 例，时间先后关系附加其他语义关系有 23 例，时间同时关系 2 例，同时关系附加其他语义关系 149 例。此式例数表明在承动表示语义关系时，表示时间的同时并隐含着其他语义关系的数量最多。这与 V 而 V 链接式承动式中的表示时间的先后附加其他语义关系例数相当，可以推断在表达连动式时，"而"和"以"在功能上有着明显的不同。

（二）动趋式

1. 语义类型

根据动词的语义关系分为趋动式、动趋式、状趋式几个语义类型，共 18 例。依次举例如下：

> 还以授登。（5，1363）
> 收其珍宝以归。（5，1104）
> 左右因反缚以出。（5，1193）

2. 语义角色

（1）施事类

此类只有人物主语类，共 17 例，如：

> （叁）不出户牖以知天道。（5，1425）
> 庐江太守刘勋要击，收其珍宝以归。（5，1104）

（2）受事施事类

此类只有人物主语类：

> （周鲂）若见救以往。（5，1390）

在《三国志》"V 以 V"链接式动趋式中，施事只有人物主语类，共有 17 例。受事施事类有 1 例，为人物主语类。

3. 语义关系

(1) 单纯时间先后关系，如：

还以授人。(5，1363)
归以告之。(5，1273)
收其珍宝以归。(5，1104)

(2) 时间先后关系附加其他语义关系
Ⅰ. V1 表示方式，V2 表示目的，如：

安士民以来远人。(3，780)

Ⅱ. VI 表示原因，V2 表示结果，如：

若见救以往。(5，1390)

Ⅲ. V1 表示动作行为，V2 表示转折，如：

不出户牖以知天道。(5，1425)
而大起宫殿以厌之。(3，710)

Ⅳ. V1 表示动作，V2 表示目的，如：

多出弩以射其营。(2，445)

(3) 同时关系附加其他语义关系
Ⅰ. V1 表示状态，V2 表示动作，如：

或自挈壶餐以入宫寺。(3，655—656)

执其手以入。(5,1297)

左右因反缚以出。(5,1193)

Ⅱ.V1 表示方式,V2 表示目的,如:

宋景崇德以退荧惑之变。(5,1457)

则修文德以来之。(5,1328)

亮承以退军。(4,999)

在《三国志》"V 而 V"链接式动趋式中,单纯时间先后关系有 6 例,时间先后关系附加其他语义关系有 5 例,时间同时关系 7 例。

(三)状动式

1. 语义类型

根据动词的语义关系分为状动式、状状式两个语义类型共 27 例。依次举例如下:

号泣以请其命。(2,535)

艾据武城山以相持。(3,778)

2. 语义角色

此类都是人物主语施事类,共 27 例,如:

是故或舞干戚以训不庭。(1,152)

孝子抱仁以陷难。(4,992)

3. 语义关系

(1)单纯时间先后关系

作色以见之。(3,696—697)

（2）时间先后关系附加其他语义关系

V1 表示原因，V2 表示结果。

败以内（纳）船。(5，1435)

（3）同时关系附加其他语义关系

Ⅰ. V1 表示动作，V2 表示结果，如：

薛烛察宝以飞誉。(4，1038)
瓠梁讬铉以流声。(4，1038)

Ⅱ. V1 表示方式，V2 表示目的，如：

伏肥城隐处以待之。(3，725)
振长策以御敌之余烬。(3，625)
诸公卿媚上以求爱。(5，1400)

Ⅲ. V1 表示方式，V2 表示动作，如：

仰其圣以成谋。(1，77)
齐隶拊髀以济文。(4，1038)
当拱手以待耳。(5，1254)

Ⅳ. V1 表示方式，V2 表示转折，如：

抱仁以陷难。(4，992)

　　在《三国志》"V 以 V"链接式状动式中，单纯时间先后关系有
1 例，时间先后关系附加其他语义关系有 1 例，同时关系附加其他语
义关系 25 例。时间同时关系没有出现。此式例数表明在承动表示语

义关系时，状态动词在 V1，主要表示原因和方式。

（四）存现式

1. 语义类型

此式存现动词只出现在 V1，共有 3 例，如：

> 有以待之。（3，636）
> 焉得不有刑罚以威小人乎。（5，1133）
> 有余材辄以分施。（1，268）

2. 语义角色

此类都是人物主语施事类，如：

> （竝）宜及其未动，讲武劝农，有以待之。（3，636）

3. 语义关系

（1）单纯时间先后关系，如：

> 焉得不有刑罚以威小人。（5，1133）
> 有余材辄以分施。（1，268）

（2）时间先后关系附加其他语义关系

V1 表示存在，V2 表示目的。

> 有以待之。（3，636）

此式语义关系只有单纯时间先后关系和时间先后关系附加其他语义关系两种。单纯时间关系 2 例，时间先后附加其他语义关系 1 例。

三 "V 以 V" 链接式连动式语用特征

从语用功能考察，此类句子的表达功能及使用情况如下：

（一）陈述句

1. 描写性陈述

（1）不带语气词（26 例），如：

瓠梁讬铉以流声。（4，1038）
齐隶拊髀以济文。（4，1038）
王昶据夹石以逼江陵。（3，750）

（2）带语气词（1 例），如：

盛重兵以防之耳。（5，1315）

2. 评述性陈述

此类不带语气词（2 例），如：

不可拘常以失事机。（3，780）
不可卒绳以法。（2，380）

3. 叙述性陈述

（1）不带语气词（177 例），如：

发兵以驱动物。（5，1457）
设刑以威奸。（5，1239）
西楚失雄俊以丧成功。（5，1238）
造作道书以惑百姓。（1，263）

（2）带语气词（4 例），如：

且为势以缀征南耳。（3，648）
有司不勤职事以失天常也。（3，657）

诚欲混同宇内以致太和也。（2，566）

（二）疑问句

1. 反问句（7例）

此类疑问句均使用语气词，如：

> 焉得不有刑罚以威小人乎？（5，1133）
> 宁能御雄才虎将以制天下乎？（5，1234）
> 岂不乐忠言以自裨补邪？（5，1133）
> 不箪食壶浆以迎将军者乎？（4，913）

2. 是非句

不使用语气词，其为：

> 今猥割土地以资业之？（5，1264）

（三）祈使句

1. 表示命令（4例），如：

> 夫曹公奉天下以令天下。（2，329）
> 斩其首以令其军。（2，443）
> 显其罪恶以令众。（3，727）
> 今曹公挟天子以令天下。（2，337）

2. 表示请求、劝阻的祈使句包括请求、敦促、商议、建议和劝阻等。

（1）不带语气词（7例），如：

> 严刑法以禁直辞。（5，1456）
> 号泣以请其命。（2，535）

当得重将以镇汉川。（4，1002）

宜赐爵士以褒勤劳。（4，986）

宜勿夺以优其节。（2，343）

（2）带语气词，以示强调（2例），如：

当拱手以待耳。（5，1254）

在《三国志》"V 以 V"链接式中，描写性陈述类为 27 例，评议性陈述共 2 例，叙述性陈述共 181 例。疑问句和祈使句少见，共为 21 例。此式未见感叹句。

第四节　《三国志》"V 则 V"链接式连动式

一　"V 则 V"链接式连动式形式特征

《三国志》"V 则 V"式结构有 34 例，根据论元、状元和补元分布情况，可分为附加式、带宾式和复合式三大类。具体讨论如下：

（一）附加式

该形式的特点是谓语部分不带宾语，有附加成分。根据附加成分的状况，本结构只有"V 则 AV"类型，共 4 例，如：

过则不可不攻。（2，428）

战则蜂至。（5，1431）

饱则扬去。（1，225）

V1 全部为单音节动词，如"过（经过）、战、败、饱"等；V2 同为单音节动词，如"攻、至、窜、去"等。状语只出现在 V2 前：名词——蜂、鸟、膝；动词——扬。

单音节动词 V1 出现的个数与 V2 相当。动词 V2 和 V1 没有重复出现。未有词类活用和使动意动出现。趋向动词出现在 V1 和 V2 均为 1 个。

状语只有单向修饰 V2，此式为：【V1 而（A2）V2】。否定状语出现在 V2，是双否定，表示肯定。

（二）带宾式

共 24 例。该类形式上的特点是，动词谓语部分带宾语，前后没有附加成分。根据附加成分的状况，本结构有如下类型：

Ⅰ. V1O 则 V2O（10 例），如：

> 听汝则违令。（1，27）
> 扰之则动其逆心。（3，679）
> 争名势则败友。（5，1240）

Ⅱ. V1O 则 V2（5 例），如：

> 有罪则去也。（2，503）
> 见草则悦。（2，573）
> 无钱则取。（5，1406）

Ⅲ. V1 则 V2O（9 例），如：

> 入则事父。（3，565）
> 太祖言则流涕。（2，325）
> 饿则为用。（1，225）

1. V1 多为单音节动词（19 个）。一般动词主要有"听、杀、扰、任、惑、宣、争、有₂、见₂、无、出₂、言、舍、伐、矜、闲、逼、坐、饿"等；词类活用和使动意动动词有"急、重"等。V2 多为单音节动词（21 个）。一般动词主要有"违、入、诛、为₃（成为）、恐、伤、败、蔽、去、悦、战、舍、取、事₂、流、掩、陵、有、及、伤、同"等；使动动词有"动"。

（1）双音节动词未出现。单音节动词 V2 出现的个数略多于 V1。动词 V2 和 V1 皆出现为动词"有"，但在句中不同现。

（2）词类活用出现在 V1 上略多于 V2。

（3）被动式 1 例。该式不借助虚词形式标志来表示被动，是意念上的被动。

（4）趋向动词 V1 和 V2 相当，各为 1 个。

2. 宾语以单宾形式出现，没有双宾句。除一般动词宾语外，还呈现以下特点：

（1）使动宾语

　　　扰之则动其逆心。（3，679）

（2）意动宾语

　　　急论议则伤人。（5，1240）
　　　重朋友则蔽主。（5，1240）

（3）谓词性宾语

　　　逼则伤侵。（4，1085）
　　　宣之则恐非宜。（5，1219）
　　　舍则入凶。（4，1085）

3. 使用语气词只有一例，语气词为"也"。

（三）复合式

共 6 例。该类形式上的特点是，动词谓语部分带宾语，前后有附加成分。根据附加成分的状况，本结构有如下类型：

Ⅰ. AV1 则 V2O（1 例），如：

会与维<u>出</u>则<u>同</u>舆。(4，1067)

Ⅱ. AV1O 则 V2O (3 例)，如：

欲<u>署</u>潞则<u>失</u>涿。(4，1021)
重<u>任</u>之则<u>恐</u>不能制。(2，434)
轻<u>任</u>之则<u>备</u>不为用。(2，434)

Ⅲ. V1O 则 V2OC (1 例)，如：

昔魏豹<u>闻</u>许负之言则<u>纳</u>薄姬于室。(4，870)

Ⅳ. A1V 则 AV2O (1 例)，如：

虎不<u>饱</u>则将<u>噬</u>人。(1，225)

1. V1 多为单音节动词 (5 个)，均为一般动词，如"出、署、任2、闻、饱"等。未有双音节动词或词组。V2 多为单音节动词 (6 个)，均为一般动词，如"同、失、恐、备、纳、噬"等；没有双音节动词或词组。

(1) 双音节动词未出现。单音节动词 V2 出现的个数略多于 V1。

(2) 词类活用和被动式均未出现。

(4) 趋向动词出现在 V1，只有 1 例。

2. 附加成分以状语和补语两种形式出现。状语一般以单个成分出现，主要由形容词、副词、助动词等充当。A1：形容词——重、轻；助动词——欲；副词——不；介词短语——与 - 。A2：副词——将。补语只有介词短语"于室"充当，出现在 V2 后。从状语情况看，有以下几个特点：

(1) 状语可以分为三类，一类是单向修饰 V1 或 V2，此式为：【(A1) V1 (O) 则 (A2) V2 (O)】，共有 3 例。A1 和 A2 为否定性状语，且不带宾语，如"重任之则恐不能制也（434 页）"、"虎不饱则将噬人（225 页）"等。另一类是状语修饰整个连动式，此式为：【A ｛V1（O）则 V2（O）｝】，共有 2 例，为"会与维出则同舆（1037 页）"、"欲署潞则失涿（1201 页）"。另一类是状语修饰整个句子，此式为：【A ｛S［V1（O）则 V2（O）］｝】，其为"昔魏豹闻许负之言则纳薄姬于室（870 页）"。

（2）否定状语出现在 V2 多于出现在 V1，未见双否定式。

3. 宾语只有单宾，多为一般动词宾语，除此有 3 例谓词性短语宾语，如下：

> 欲署潞则失涿。（4，1021）
> 重任之则恐不能制。（2，434）
> 轻任之则备不为用。（2，434）

二　"V 则 V"链接式连动式语义特征

根据动词的语义关系分为承动式、动趋式、状动式、存现式几个语义类型。具体讨论如下：

（一）承动式

1. 语义类型

动词之间是一种时间或事理承接，共 18 例，如：

> 败则鸟窜。（5，1431）
> 伐则掩人。（3，745）
> 自知才不足以御备，重任之则恐不能制，轻任之则备不为用。（2，434）

2. 语义角色

（1）施事类

此类均为人物主语，如：

威<u>公</u>猖狭，……逼则伤侵，闲则及理。(4，1085)

夫<u>人</u>有善鲜不自伐，……伐则掩人，矜则陵人。(3，745)

时<u>人</u>与书，欲署潞则失涿。(4，1021)

（2）施事受事

此类均为人物主语类，如：

（<u>公</u>）杀汝则诛首。(1，27)

在"V则V"链接式承动式中，施事类占据绝对数量，共有17例。施事受事类有1例。此式均为人物主语类。

3. 语义关系

（1）时间先后关系附加其他语义关系

Ⅰ. V1表示假设，V2表示结果，如：

后主任贤相则为循理之君。(4，902)

见豺则战。(2，573)

伐则掩人。(3，745)

矜则陵人。(3，745)

（2）同时关系附加其他语义关系

Ⅰ. V1表示假设，V2表示结果，如：

听汝则违令。(1，27)

争名势则败友。(5，1240)

重（意动）朋友则蔽主。(5，1240)

轻任之则备不为用。(2，434)

Ⅱ. V1表示动作，V2表示转折，如：

宣之则恐非宜。（5，1219）

重任之则恐不能制。（2，434）

欲署潞则失涿。（4，1021）

在"V 则 V"链接式承动式中，语义关系简单，只有时间先后关系附加其他语义关系和同时关系附加其他语义关系，分别为 6 例和 12 例。

（二）动趋式

1. 语义类型

根据动词的语义关系分为动趋式、趋动式两种语义类型。依次举例如下：

战则蜂至。（5，1431）

入则事父。（2，565）

2. 语义角色

本式均为人物主语施事类，共 6 例，如：

其战则蜂至。（5，1431）

（袁绍）过则不可不攻。（2，428）

（士）入则事父。（3，565）

3. 语义关系

（1）表示时间先后的动作趋向或表示状态趋向，如：

战则蜂至。（5，1431）

饱则扬去。（1，225）

（2）表示时间先后的趋向动作或状态，如：

过则不可不攻。(2,428)

入则事父。(2,565)

出则事君。(2,565)

本式受到趋向动词的语义限制,语义关系比较单纯,只有时间先后关系的趋向性,分别为2例和4例。

(三)状动式

1.语义类型

根据动词的语义关系分为状动式、动状式两个语义类型。依次举例如下:

虎不饱则将噬人。(1,225)

太祖言则流涕。(2,325)

2.语义角色

此式只有施事类。

Ⅰ.人物主语类,如:

(太祖)言则流涕。(2,325)

先主坐则同席。(4,1067)

Ⅱ.动物类主语类,如:

虎不饱则将噬人。(1,225)

此式中,只有施事类,共6例。人物主语类5例,动物主语类1例。

3.语义关系

此类语义关系只有同时关系附加其他语义关系。

Ⅰ.V1表示假设,V2表示方式,如:

饿则为用。(1，225)

Ⅱ. V1 表示假设，V2 表示结果，如：

急论议则伤人。(5，1240)
虎不饱则将噬人。(1，225)
见草则悦。(2，573)

Ⅲ. V1 表示假设，V2 表示状态，如：

太祖言则流涕。(2，325)
坐则同席。(4，1067)

(四) 存现式

1. 语义类型

根据动词的语义关系分为趋存式、存趋式、存动式几个语义类型。依次举例如下：

出则有章。(3，822)
有罪则去也。(2，503)
无钱则取。(5，1406)

2. 语义角色

此类均为人物主语施事类，共 4 例，如：

(印囊) 出则有章。(3，822)
(黄门) 有钱则舍。(5，1406)
(黄门) 无钱则取。(5，1406)

3. 语义关系

（1）时间先后关系附加其他语义关系

Ⅰ. V1 表示假设，V2 表示结果，如：

有罪则去也。（2，503）

（2）同时关系附加其他语义关系

Ⅰ. V1 表示假设，V2 表示结果，如：

出则有章。（3，822）

Ⅱ. V1 表示原因，V2 表示结果，如：

有钱则舍。（5，1406）
无钱则取。（5，1406）

在"V 则 V"链接式存现式中，只有时间先后关系附加其他语义关系和同时关系附加其他语义关系，分别为 1 例和 3 例。

三 "V 则 V"链接式连动式语用特征

从语用功能考察，此类句子的表达功能及使用只有陈述句，均不带语气词。叙述性陈述 26 例，如：

战则蜂至。（5，1431）
重朋友则蔽主。（5，1240）
出则事君。（2，565）
闻许负之言则纳薄姬于室。（4，870）

描写性陈述 7 例，如：

太祖言则流涕。(2，325)

坐则同席。(4，1067)

昭尝枕则膝卧。(2，492)

评述性陈述 1 例，其为：

过则不可不攻。(2，428)

附录

一 "V 而 V" 链接式①

1. 单纯式

V 而 V	祭、涕泣、谏、弃、奏、鼓噪、惭、资水浮谷、望风、格斗、觉、闻 2、拜跪、鼓噪、从、言议、作、见、推转、横刀长揖	哭 2、起 2、死 2、去 2、改、退、下 2、从、走、哭泣、请、前、笑、勤、法、遣还

2. 带宾式

类型	V1	V2
(1) V 而 VO	见 6、望、默、争、得 2、迎、削、亲、悦、坐 5、闻 4、感 2、休、出、乘、涕、思、归、举、求、袭、收、荡、携、进、勉、死、退 3、诈、构、惧、哀、和、生、埋、觉、幽、据、随 2、集、怒、诱、善、引、拯、义、受、壮、怪、爱、畏、挞	记、取 2、用 5、亲爱、无 2、投、惮、赦、论 4、辟、受 2、息、嫁、斩、爱 2、悲、说、得、除、击、克、住、待 3、间、伟、听、舍、有 2、失、异 3、奇、掘、发、为、引、杀 2、致 3、从、伸、救、与、宥、修、释、问、恶、信、书、善、虑

---

① 在统计时，我们没有对同一个词划分若干义项，只是抓住主要的语法作用，一并统计。表中如出现相同的词，说明意义不同，不再具体标识，详见文中解释。后面所有附表同此。

续表

类型	V1	V2
（2）VO 而 V	泝、无 3、仰、横刀长揖、度、任、垂、入、庚、视、出、循2、济、知、应、临7、鑿、从、营、乘（乘着）、舍、率 2、奉、观 2、省、振、引 2、空、塞、烧、结 2、饮、应 3、讨、振、焚烧、至、回、纳、滨、如、载、举 2、仗、屯、语、诉、失、负、泝	还6、动摇、叹息 2、去 5、让、出 2、变、反 3、东 3、南 2、屯、退 2、对、前、济、守、止、居2、进 2、行 4、动 3、归 3、下、别、死 2、走、生、胜、旋、至、教、起、西、发、来、上、北、近、搤、笑、结厚
（3）VO 而 VO	杀 2、抱、还、画、感、临、有 2、遗、作 2、触、闻 3、宠、舞、奉、择、引、释、连、历、因、就、评定、数、背、顺、授、秉、弃、扶、观、见、委、任、得、置	据、无 3、守 2、制 2、增、扼、任、殃及、长 2、悔、收、服、讨、用 2、置、失、救、正、受、诛、诣、奔、挟、驰、获、令、有、处、怀、使、并、投、别、坐、还

3. 附加式

（1）AV1 而 V	坐 2、知、利、笑 2、征、惭怒、推、进、将 3、行、释、食 2、揖让、负 2、期、克 5、结、驱 2、战 3、袭、载、携、攻、枕、烧	至、观望、征、还5、恶、灭、退 4、得、定、来、去 2、死 3、归、治、前 2、败、取 2、出、走、禽、制、自尽、夺2、往、拒
（2）V 而 AV	至、毁、祕 2、立、逼、县、笑、诘让、废 2、许、迷 2、试、进、拒 4、虑、畏、循、制、敬、降、疑、辞、假、舍	救、受、修、露、跪、展、继、应、害、用 2、夺、返 2、犯 2、受（授）、行、许 3、起、革、违、叛、告、悦、当、反、征
（3）AV 而 AV	喜 2、笑、往、混、济、得	泄 2、答、克、蒙、击、处
（4）V 而 AVC	坐	自绝
（5）AV 而 VC	惧	听
（6）AVC 而 AV	咨启	施行
（7）VC 而 VC	起	成
（8）VC 而 V	战	卒

4. 复合式

类型	V1	V2
（1）AVO 而 V	安、封、舍 2、收、夹、将、守、分 2、易、临、拊、见、无、受、同、应、弃、远、溃、委、潜、劳 2、授、决	行、去 2、还 2、军、西、倾覆、食、治、惧、叹息、作、毙、退、居、倒、赴、造、出 2、降、上、定 2、进

类型	V1	V2
(2) AVO 而 VO	出、考、附、正、舍、忘、广、乘、过、为、作、禽、试、遭、望、辍、好、征、求、甘、用、冒、闻	遭、加、有、救、先、遣、赞、别、决、求、问、降、示、违、拊2、挥、耀、难、取、忘、平、献
(3) VO 而 AV	放2、远、辞、持、请、引、有、闻2、出、扼、勤2、怀、释、爱、嗜、奇、泛、好、望风、修、恶、向、往、受、获、援、为	进3、至2、助、得、渡、用3、纳、还、死2、变、乘、咎、下2、治、征、信、克2、害、遑、恣睢、载、罪
(4) VO 而 AVO	趣、爱敬	远、恤
(5) AVO 而 AV	顾、爱、依违、闻、引、废、知、取	敬、尽、登、用、渡、采择、备、合
(6) AV 而 AVO	降	拒
(7) AVO 而 AVO	假、忧、得、知、血	为、有、得、出、拔
(8) VOC 而 VO	绥、修	俟、感
(9) VOC 而 AV	求	得
(10) VC 而 VO	发	通
(11) AV 而 VO	惧2、受、悔、负、战、围、取、救、举、责、喜、去	结、藏、罢、拒、随、定、取、伐、降、绝、从、为
(12) AVO 而 VOC	据	作
(13) AVO 而 VC	终	县
(14) VO 而 AVC	举	本

二 "V 以 V" 链接式

1. 单纯式

类型	V1	V2
V 以 V	结草、积、救	报、责、往

2. 带宾式

类型	V1	V2
(1) VO 以 VO	举5、起2、释、扶老携幼、重、造作、求、置、作4、遮、立2、审3、舞、陈、收3、决、杀2、设2、贬2、择、奉3、守2、集、徙、虚、斩、扶2、损、观、称、兴、申明、辨、制、据、为、加诬、训、示、发2、率、散、依、伏、著、连、分布、逐、显、振、安、开、戮、察、讬、拊、潜、饰、挟3、诡、播、分裂、盛、召、宥、虚、严、割、美、弃、黜、伪、推、修3、屯、勤、开、媚、困、崇、县、揽、失、抱、上	诛2、应5、谋、迎、明2、惑、后、教2、肄、临、居、使、训、威2、聚、灌、给、董、救2、统、征2、归、拒2、讥短、附、候、令4、服、致、求4、阘、载、督、殊、平、逼、缀、误、移、易、充2、击、见2、供、待2、白、安、处、稽、纳、御2、来、谢、飞、流、济、保、仇、干、要、振、驱、退、显、兴、丧、陷、让、致、投、芳、就、备、扫、王、防、赦、敦、禁、示、纵、从、光、修、逆、诱、淹、舍、来
(2) VO 以 V	燎、举2、任、仰、杀、索、得、禽、收、执	成、叛、和、闻、归2、入、祭、闻、降、丧
(3) V 以 VO	分粮聚雪、将、封、号泣、执、敬恭、有、承、忿、激、乞、欢、败、还、归、载	诛、示、请、诣、付、奉、待、退、改、动、伐、诱、内、授、告、还

3. 附加式

类型	V1	V2
(1) AV 以 V	斩2、缚、封闭、赖、绳	徇2、出、待、免、法
(2) AV 以 AV	足食足兵	供给
(3) V 以 AV	息、欺	起、降

4. 复合式

类型	V1	V2
(1) AVO 以 VO	坚、称、引、出2、上、起3、选、督、勤、挈、崇、举2、置、掘、取2、著、兴、乐、决、合、作、杀2、发篇开义、结、为2、循、坚壁清野、就、辞、得2、毁、设、赉、县、绝、著、建、遵、赐、待2、割、分、御、有、伐、混同	御、应3-1、正、射、讽、充、绝、入、检、拒、柱、率、治、喻、复、图2、顾、灌、讨、当、立、配、明、安、居、待、虑、干、忌、镇、知、乱、罗、协、援、奉、矫、威2、树、供、彰、褒、崇、致2、纳、资业、畀、制、一、厌、总领
(2) VOC 以 VO	得、宗祀、积	赠、配、制

续表

类型	V1	V2
(3) AV 以 VO	耕、深根固本、征、拔、浮、讽喻、夺、采择、箪食壶浆、修饰	养、利、勤、遣、沿、明、优、充、迎、要
(4) AVC 以 VO	拘	听
(5) AVO 以 V	执、宗、据2、讥、屈	叛、对、外交、守、存、述作
(6) VO 以 AV	佩、奉、举、割、嘉	缓、守、益、明、让
(7) AVOC 以 VO	引	审
(8) AVO 以 AV	乐	裨补

三 "V 则 V" 链接式

1. 带宾式

类型	V1	V2
(1) VO 则 VO	听、杀、扰、任、惑、宣、急、争、重、救	违、诛、动、为2、恐、伤、败、蔽、击
(2) VO 则 V	有2、见2、无	去、悦、战、舍、取
(3) V 则 VO	出、言、伐、矜、闲、逼、坐、入、饿	事2、流、掩、陵、有、及、伤、同

2. 附加式

V 则 AV	过、战、败、饱	攻、至、窜、去

3. 复合式

(1) AV 则 VO	出	同
(2) AVO 则 VO	署、任2	失、恐、备
(3) VC 则 VOC	闻	纳
(4) AV 则 AVO	饱	噬

第三章 《三国志》"VV"式连动式

第一节 《三国志》"VV"黏合式连动式

一 "VV"黏合式连动式形式特征

《三国志》"VV"黏合式结构有1784例,根据论元、状元和补元分布情况,可分为单纯式、附加式、带宾式和复合式四大类。具体讨论如下:

(一)单纯式

共173例。该式为"VV",形式的特点是谓语部分只有两个光杆动词,谓语部分不带宾语,没有附加成分。该式句尾一般不带语气词,偶有句末带语气词。此式是"VV"式连动式的基本式。例如:

> 会明,贼谓公为道也,悉军<u>来追</u>。(1,15)
> 惇不听,与于禁追之,典<u>留守</u>。(2,534)
> 十二年春正月,魏诛大将军曹爽等,右将军夏侯霸<u>来降</u>。
> (4,890)
> 中郎将秦晃等十余人<u>战死</u>。(5,1144)
> 登不敢辞,<u>拜受</u>而已。(5,1365)

1. V1多为单音节动词共有51个。一般动词主要有"来$_{16}$、退$_{23}$、出$_{10}$、病$_4$、逆$_2$(迎)、起$_4$、败$_{20}$、转$_2$、从$_4$、击$_{20}$、遁$_5$、往$_7$、就、坠、亡(逃)、引(率领)$_5$、驰$_2$、据、破$_3$、罢$_2$、坐、迎$_4$、收、

诣₂、攻₂、邀、执、还₄、扶、谏、脱、进₂、留、斗、惊₂、追₃、坐（归罪）、忧、战₂、要₂（截）、畏、归、召、散₂、扰"等。词类活用和使动意动动词有"败、破、平、转"等。偶有双音节动词或词组（3）：联绵词（1）——流离；联合式（2）——往赴、绥怀。V2单音节动词占优势共有50个。一般动词有"追₂、还₁₉、战₅、死₁₀、走₂₄、朝₅、出₃、攻₃、袭₂、奔₅、破₂₁、退₈、钦₂、保、坏、叛、见₃、游、守₂、迎、降₅、治、救₃、没（灭）、归₃、立、击₆、讨₂、留、送、定₂、聘、坐₃、谏、伐、动、败、附、服₂、围、杀₂、行、去"等；词类活用和使动意动动词有"破、止、乱"等。有不少是双音节动词或词组（8）：联合式（6）——征伐₂、讨击、解喻、往赴、开导、丧亡；动宾式（1）——更衣。

（1）双音节动词V2多于V1。单音节动词V1出现的个数为51个，A2为50个，V1略多于V2。动词V2和V1皆出现有12个，如"还、战、出、攻、破、退、迎、归、击、坐、败、破"等，但同一个词在句中不同现。

（2）词类活用出现在V1上略多于V2。

（3）被动式。一类是意念被动句。该式没有形式标志，共6例，如"坐死（558页）"、"扶出（1435页）"等。另一类是标志被动式。该式借助虚词"见"形式标志来表示被动，在动词前加"见"，组成"见+动词"格式，共有2例，如"追见杀（1200页）"。

（4）趋向动词出现在V1为9个，出现在V2为4个，V1多于V2。

2. 该式使用语气词1例，语气词为"而已"。

（二）附加式

共245例。该类形式上的特点是，动词谓语部分不带宾语，前后有附加成分。该式句尾一般不带语气词，偶有句末带语气词。此式是"VV"式连动式的扩展式。根据附加成分的分布状况，本结构有如下类型：

1. AV1V2（235例），如：

而久不<u>进用</u>。(1，137)

大军南<u>征还</u>。(2，450)

从他道<u>引去</u>。(3，727)

又<u>往庆</u>焉。(5，1226)

2. V1V2C（9例），如：

<u>斩获</u>甚众。(1，2 71)

<u>归耕</u>于野。(1，171)

<u>追斩</u>数百级。(3，749)

3. AV1V2C（1例）

亲<u>拜送</u>于庭。(5，1371)

1. V1多为单音节动词，共87个。一般动词主要有"进$_{13}$、胁、收、诛、赦、引（率）$_{20}$、引（引见）、荐、用、捕$_{28}$、苟、败$_4$、出$_7$、缚$_2$（绑）、亡、来$_8$、会、破$_7$、迎、坐$_3$、归$_5$、散$_2$、逆、往$_7$、临$_3$、征$_3$、还$_8$、追$_5$、溺、镇$_3$、退、战$_4$、游、顾、突$_3$、挟、逃、斩$_4$、连、去、要（迎）、要（邀）、降$_3$、拒$_3$、奔、入、敬$_2$、闻、趋、赴$_5$、下、走、随$_2$、从、病$_5$、辞、对、忧、克、载、奉、驰、攻$_3$、建、验、扰、悼、交$_3$、平、摧、呼、禁$_3$、袭、叛、奏、驻、拜"等。偶有双音节动词或词组（6）：联合式——废黜、战斗；状中式（2）——朝谒、征召；动宾——出祖、坐过。V2多为单音节动词，共82个。一般动词主要有"得、责、走$_{21}$、还$_{27}$、退$_9$、战$_7$、奔、出$_7$、叙、见、斩$_2$、归$_3$、降$_7$、去$_{10}$、击$_8$、死$_8$、败$_4$、往、克$_5$、集、用$_3$、黜、拔、破、服$_5$、从、攻、赴、吊、待、据、灭、谒、迎$_2$、观、谢$_3$、诈、守、获$_4$、和、送$_5$、坐$_3$、改、散、救$_3$、问$_3$、诣、讨$_{16}$、偪、入、卒$_2$、庆、泣、附、没、进、围、置、伤、起、取$_3$、惮、制、通、誓、请、耕、止、返"等；活用动词有"定、乱$_3$、止"

等。偶有双音节动词或词组（6）：联合式——吊祭、咨访、寇害、征伐$_3$、叹息、迁转。

（1）单音节动词 V1 出现的个数为 87，V2 为 82，V1 略多于 V2。动词 V2 和 V1 皆出现有 23 个，如"走、还、退、战、奔、出、斩、归、降、去、败、往、克、用、破、从、攻、赴、迎、坐、散、入、进"等，但同一个词在句中不同现。

（2）词类活用出现在 V2。

（3）被动式。一类是意念被动句，共 10 例，如"多引为部曲（610 页）"、"久不进用（137 页）"等。另一类是标志被动式。该式借助虚词"见"形式标志来表示被动，在动词前加"见"，组成"见+动词"格式，共有 2 例，如"不降见斩（773 页）"。

（4）趋向动词出现在 V1 为 10 个，出现在 V2 为 8 个，V2 略多于 V1。

2. 附加成分以状语和补语两种形式出现。状语一般以单个成分出现，主要由形容词、副词、名词等构成。V1：形容词——后、大$_3$、毕、先、亲、逡巡、周旋$_2$、奋命；名词——力、道$_2$、前、南、素服、城中、汉末、晨夜、方船、内祖；数量词——四时；代词——自；助动词——可$_4$、得、当$_2$、欲$_2$、果$_2$；副词——便$_4$、因$_4$、乃$_{15}$、不$_5$、皆$_{10}$、遂$_{11}$、数$_5$、复$_4$、每、亦$_2$、又$_3$、辄$_2$、悉$_3$、并、寻、即$_3$、率、已、连、竟、重、将、各、尝、各、相、俱、一道；介词短语——所-、以-$_3$、自-、从-$_2$、在-、与-$_6$、为-$_2$。复合状语有：名词+副词——后竟、今皆、粮尽；副词+副词——莫相、乃各、不复、乃复、咸悉、皆不、皆已、数相；形容词+副词——久不；副词+代词——便自、不自、将自、皆自、遂自；助动词+形容词——宜早$_2$；副词+助动词——不可$_2$、乃得、乃敢、遂得、益克；副词+形容词——遂大$_2$；副词+名词——遂道路；副词+助动词——助动词——未必能；助动词+副词+副词——必轻易不；副词+副词+副词——乃即相率。补语出现在 V2：介词短语——于-$_4$；状中式——甚众；名词——舍前殿；数量结构——数重、数日、七里、数百级。从状语情况看，有以下几个特点：

（1）状语可以分为三类，第一类是单向同时修饰 V1V2，此式为：【A｛V1V2｝】。此式占绝对多数，如"乃要击（323 页）"、"自出迎（881 页）"、"悉归降（766 页）"等。第二类是状语修饰 V1，此式为：【｛AV1｝V2】。该式为数不多，如"大呼起（544 页）"、"城中出战（1380 页）"、"重用叹息（1385 页）"等。第三类是状语修饰整个连动式，其中，V1 带有自己的状语，此式为：【A（A1V1）V2】。该类共 2 例，如"必轻易不来攻（428 页）"、"皆面缚降（773页）"等。

（2）否定状语出现在 V1，未见双否定式。

3. 该式使用语气词 6 例，语气词为"矣、也$_4$、焉"等。

（三）带宾式

共 1094 例。该类为"VVO"，形式上的特点是动词谓语部分带宾语，前后没有附加成分。此式是"V V"的扩展式。例如：

走保平原。（2，434）

密往攻其梁营。（2，438）

备引为部曲。（2，610）

拔出余众。（2，519）

贬为镇军将军。（4，949）

扶送灵柩。（5，1209）

割有淮南。（5，1313）

亮留镇荆州。（4，954）

1. V1 多为单音节动词。一般动词主要有"走$_{17}$、从$_{64}$、表$_{13}$、诏、往$_{23}$、进$_{29}$、转$_{10}$、斥$_2$、屯$_5$、还$_{71}$、引（率领）$_{12}$、引（引见）、按、案、逼$_3$、拔$_3$、逋、保$_2$、部、败$_3$、病、避、捕$_2$、闭、贬、罢（除）、出$_{24}$、承$_2$、驰$_3$、嗣、陈、理、摧$_4$、督、渡、断、代、盗、答、遁$_2$、奉$_4$、封$_6$、抚$_3$、缚（绑）$_3$、分$_2$、扶、放、逢、刺、攻$_{33}$、顾（回头）、干、过$_3$、跪、怪、归$_5$、割$_3$、改$_8$、感、更$_2$、合$_3$、呼、剪、敬$_3$、禁、击$_{21}$、缴、纠、谲、惊、继、据、驾、觊、救、就$_3$、

聚、加$_2$、建、劫$_2$、简（选拔）、接、克（胜）$_3$、跨、呵、开、溃$_2$、来$_{12}$、略$_5$、留$_8$、流$_2$、立、连、临、沐、虐$_2$、怒$_5$、逆（迎）、破$_9$、叛$_{12}$、平$_4$、辟（提拔）$_{10}$、侵$_5$、迁$_{10}$、卻$_2$、遣、起$_3$、趣、驱、请、入$_{47}$、绕、扰、让、束、杀$_2$、收（获得）$_6$、收（拘捕）$_2$、施$_3$、随$_2$、射、摄$_2$、烧$_2$、丧、输、送$_3$、扇、扫$_2$、侍$_2$、散、绥$_3$、释、上、讨$_{16}$、退$_{19}$、逃$_4$、统、拓$_3$、偷、突、推、听、涉、亡$_9$、伪$_3$、围、闻、袭$_5$、行$_{16}$、循、谢、徙$_{15}$、下、胁、巡$_2$、兴$_2$、陷、选$_3$、戏、修、仰、掩$_2$、谒$_2$、诱$_6$、迎$_3$、怨、移$_3$、议、抑、追（追加）$_9$、征$_{14}$、执、斩$_8$、纵、招$_6$、佐、作、折、擢、召$_3$、奏$_4$、坐$_9$、择、镇$_6$、诈$_3$、造$_2$、著（著作）、战、逐、诛、振、争、拒、弃、废、拜、总、聘、摇、征、解、伏$_2$、涌、图、恐、危"等；活用词类活用和使动意动动词有"破、止、乱、走、伤、降、破$_2$"等。少有双音节动词或词组：联合式（13）——鼓噪、辟召、奔走、惭恚、号泣、剑履、疾病、随从$_2$、望见、觇望；定中式（2）——应对、面缚；动宾式（1）——顿首。V2多为单音节动词。一般动词主要有"走$_{13}$、从$_4$、表$_2$、往$_8$、进$_5$、屯$_{21}$、还$_{27}$、引、逼、拔$_4$、保$_{18}$、部、败、避、出、陈、理、渡、断（绝）、断（判断）、代、封$_{113}$、抚$_2$、分、放、遣$_2$、攻$_{16}$、过$_5$、归$_6$、改$_3$、合、呼$_2$、击$_{20}$、继（继承）、据$_8$、救$_3$、就$_3$、加$_2$、略$_2$、留、立、临$_2$、沐、虐、怒、破$_{15}$、叛$_2$、平$_7$、侵、迁（升迁）$_2$、趣、请$_3$、入$_{37}$、扰、杀$_{12}$、随$_2$、射、烧、送$_{10}$、散、上（走上）、讨$_{25}$、退$_2$、统$_4$、围$_{14}$、袭$_2$、袭（沿袭）、行$_3$、谢、降、徙、下（下狱）、巡、选$_2$、修、诱$_4$、迎$_{10}$、议、追（追赶）、征$_{15}$、执、斩$_{10}$、作（制作）、作（改变）、作、召、奏、镇$_6$、诛$_5$、争、拒$_2$、废（罢免）、拜（拜见）、拜（拜官）$_{16}$、恐、定$_{12}$、荐、免$_2$、到$_4$、见$_{10}$、为$_{25}$、为（准备）、为（做、造）、为（做官）$_{65}$、取$_{14}$、勒、奔$_{10}$、言$_3$、赦$_2$、卒（结束）、止（阻止）、止$_3$、至$_{24}$、补$_2$、驻$_2$、历、守$_{10}$、当（挡）$_2$、养、发（发作）、发（发表）$_5$、白$_2$、赴$_4$、帅$_2$、无$_3$、乘$_2$、许$_3$、除$_3$、给$_3$、屠、剽（抢劫）、指、知$_2$、登、附$_2$、服$_3$、剥、有$_5$、葬$_4$、动、灭$_3$、求$_3$、军、居$_{10}$、遇$_2$、启（开导）、近、欧、问、覆、住、伐$_2$、得$_2$、去（罢免）、去、说、吃、俭、赐$_2$、置$_4$、

夺₅、恤（安抚）、纳₄、黜（废黜）₂、蹈、通、诣₆、视、贺、用₂、应₄、应（接受）、治₁₀、如、截（拦截）7、率、抱、害₆、获₃、付（拘捕）、付₂、载、设、导、敛、讲、舍（住）、填、虏、匿、依3、践、省（看）₃、对（回答）、幸₇、占、刑、举、广、次（驻扎）、观₄、祭、致、挫、赠₁₇、思₁₁、念₂、录₅、蹙、禽、惧、论、慕、投、恣、领、衞、食、待₂、安、增、贷、顺、揽、延、尊₂、溢、计、叹"等；词类活用和使动意动动词主要有"败（坏）、败、出₇、还₂、流（流放）、破₂₃、入、伤、下、降₂、定₅、见、全、远、没₅、乱₂、附、近、动、礼、绝、椎、异、致、枭、坏"等。偶有双音节动词：联合式（2）——往赴、疾病；主谓式（1）——祖饯。

（1）双音节动词 V1 多于 V2。单音节动词 V1 出现的个数为 215 个，A2 为 235 个，V2 多于 V1。动词 V2 和 V1 皆出现有 101 个，如"走、从、表、往、进、屯、还、引、逼、拔、保、部、败、避、出、陈、理、渡、断、代、封、抚、分、放、遣、攻、过、归、改、合、呼、击、继（继承）、据、救、就、加、略、留、立、临、沐、虐、怒、破、叛、平、侵、迁（升迁）、趣、请、入、扰、杀、随、射、烧、送、散、上、讨、退、统、围、袭、袭、行、谢、降、徙、下、巡、选、修、诱、迎、议、追、征、执、斩、作、召、奏、镇、诛、争、拒、废、拜、恐、败、出、还、流、破、入、伤、降"等，但同一个词一般在句中不同现。

（2）词类活用和使动意动动词出现在 V2 多于 V1。

（3）被动式 72 例。该式不借助形式标志来表示被动，是意念上的被动句，如"引为部曲（610 页）"、"攻没诸郡县（1184 页）"等。

（4）趋向动词出现在 V1 为 8 个，出现在 V2 为 8 个，V2 与 V1 相当。

2. 宾语均为单宾，出现在 V2，未见双宾例。单宾除一般动词宾语外，汉语活用动词所带宾语以及动词和形容词宾语；具体如下：

（1）使动宾语，共 59 例，如：

拔出余众。（2，519）

摧破隗嚣。（4，885）

击走之。（2，528）

所过烧绝阁道。（4，1004）

则推下之。（2，492）

（2）意动宾语，1 例，如：

权望见异之。（5，1201）

（3）活用动词宾语，共 4 例，如：

干乱吏政。（3，721）

权起礼之。（5，1270）

亡椎冰。（1，27）

骑士冯则追枭其首。（5，1117）

（4）谓词性宾语，共 3 例，如：

表言逐捕。（3，689）

讨治深险。（5，1343）

移徙求安。（3，636）

3. 此式使用语气词有"耳、也、乎、邪"等。

（四）复合式

共 272 例。该类形式上的特点是，动词谓语部分带宾语，前后有附加成分。此式是"VV"黏合式的扩展式。根据附加成分的状况，本结构有如下类型：

Ⅰ. AV1V2O（251），如：

甚<u>爱待</u>之。(4,1076)

皆<u>惊走</u>吴。(2,450)

悉<u>椎破</u>铜人。(1,177)

Ⅱ. V1V2OC（15），如：

<u>斩获</u>首虏以千数。(3,762)

<u>出住</u>江诸月。(5,1438)

<u>增封</u>邑千八百户。(1,268)

Ⅲ. AV1V2OC（6），如：

乃<u>聚围</u>辽数重。(2,519)

又<u>略得</u>饥民数千人。(4,873)

1. V1 多为单音节动词。一般动词主要有"爱₂、拔₂、保、病₂、避、出₂、参（参酌）、次、从₁₂、驰、绌、渡、遁₄、登₅、封₂、焚、辅、攻₅、过₂、改₂、耕、还₂₁、毁、敬₄、击₄、进₁₂、劫₂、惊、谏、拒₃、截、见、举（举兵）、将、交、开、钞、来₈、略、留₂、临、流、募、梦、叛₂、迫₃、漂、迁₂、遣、驱₃、趋、入₆、杀、收₃、射、收（捕获）、烧、送₂、上、守、申、赦、书（写）、讨、退、逃₂、亡、往₁₅、袭、行₄、向、诮、引₃、掩、诱₂、迎、移、抑、歆、诣、缢、追₂（追思、追封）、追₄、征₃、征（调动）、走、斩₃、转（居）、转、至、坐、镇、遮（遏止、拦住）、战₇、装、资、纵、起、增、聚、略"等；活用动词和使动意动有"破、降、奇、椎"等。双音节动词或词组：联合式（2）——奔走、沉没。V2 多为单音节动词。一般动词主要有"待₂、有₆、还₅、下、为（成为）、为₅、为（对待）、为（做官）、奔₅、至₁₂、出₃、迎、视、避、争、拜、拜（拜见）、犯、报、逆、拒、充、赴₃、往₂、分₂、征₃、战₂、攻₉、取₈、见₆、屯₃、入₇、匿、陷₃、灭₂、导、拔₂、围₄、并、诣₅、就、乐、保$_4$、击$_4$、救$_5$、突$_2$、作（作贼）$_2$、图、领、助、闻、住$_3$、杀$_7$、讨$_7$、临、恐、逃、迁、止、责、拓、归$_3$、从$_2$、应（响应）、应、省、烧、镇、宿、授、得$_2$、逐、居$_3$、率、上、度、缚、斩$_4$、捕、送$_4$、免、敕、请、平、载、依、受（授）、随、夺、到、无、称（称帝）、让、立、治、加、刺、思、封、增、据、守$_2$、抚、决（突）、遣、破、及、获$_2$、怨、封"等；活用动词和使动意动有"破$_{10}$、进、伤$_2$、善$_3$、定$_3$、败、绝、降、出$_4$、走、上、流、黜、重"等；偶有双音节动词或词组（4）：联合式——倾覆、登用、恣睢、申喻。

（1）双音节动词出现在 V2 略多于 V1。单音节动词 V1 出现的个数为 118 个，A2 为 126 个，V2 多于 V1。动词 V2 和 V1 皆出现有 40个，如"还、至、出、迎、避、拒、往、征、战、攻、见、入、拔、诣、保、击、杀、讨、临、逃、迁、从、烧、镇、上、斩、送、封、增、守、遣、破、封、破、进、降、出$_4$、走、上、流"等，但同一个词一般在句中不同现。

（2）词类活用出现在 V2 上多于 V1。

（3）被动式 6 例。该式未见形式标志，均为意念被动式，如"悉遣为良民（121 页）"、"稍迁至骠骑将军（1084 页）"等。

（4）趋向动词出现在 V1 为 9 个，出现在 V2 为 12 个，V2 略多于 V1。

2. 附加成分以状语和补语两种形式出现。状语一般以单个成分出现，出现在 V1、V2 之前，主要由形容词、名词、数词、助动词、副词、介词短语充当。单用：副词——尽$_3$、径$_4$、俞、甚、因$_7$、皆$_7$、俱$_4$、不、数$_4$、乃$_{15}$、又$_{12}$、遂$_{10}$、别$_2$、共$_3$、便$_3$、复$_6$、悉$_3$、既、并、即$_2$、稍、固、辄、间$_2$、再、独、亦、连；形容词——空、先$_3$、私、躬、徐、潜、急$_3$、远$_2$、多$_2$、长、大、密$_2$、疾、始、生；代词——自$_2$；助动词——欲$_{10}$、必$_3$、得；名词——基、夜$_4$、南、后$_3$、东$_2$、西$_2$、今$_5$、货、城、手、舆、道、力$_3$；数词——一$_2$；介词结构——与 -$_2$、以 -$_5$、从 -$_3$；复合状语有：既不能、不能$_2$、内欲、欲以$_2$、自 -$_5$、乃自、皆先、终不、今不、于是、无不、寻复、乃前、后与、后渐、岁时、昨夜复、身与 -、即日、是夜、轻军晨夜。补语出现在动宾后，有数量短语和介词短语充当。数量短语——三千余人、数十日$_2$、千八百户、数重、数千人、百里；介词结构——于－$_{11}$、以－、诸月。从状语情况看，有以下几个特点：

（1）状语可以分为两类，一类是单向修饰 V1，此式为：【（A1V1）V2O】，共有228例，如"深入征之（29页）"、"不下山据城（526页）"、"一焚灭之（1354页）"等。另一类是状语修饰整个连动式，其中，V1带有自己的状语，此式为：【A ｜（A1V1）V2O｝】，共有4例，如"又手书申喻（790页）"、"皆先登有功（521页）"等。

（2）双否定式1例，例为"无不追思（987页）"。

3. 宾语只有单宾，未见双宾例。单宾除一般动词宾语外，单宾有如下类型：

（1）使动宾语共22例，如：

质乃进破贼。（3，645）
辄杀流之。（5，1173）
诱降北地反者数百人。（1，176）

（2）意动宾语1例，如：

又奇重之。（1，232）

（3）活用动词宾语4例，如：

并敬善陈仲弓。（2，354）
悉椎破铜人。（1，176）

（4）谓词性宾语，2例，如：

密书请降。（4，1054）

私从<u>有求</u>。（5，1311）

4. 此式未见语气词。

二 "VV" 黏合式连动式语义特征

《三国志》"VV 黏合式"连动式根据动词的语义关系分为承动式、动趋式、状动式和存现式等几个语义类型。

（一）承动式

共 961 例。此式特征是两个动词是时间或事理不可逆向的承接。例如：

策又追击。（2，407）

贼惊走。（3，724）

捕斩首虏。（3，757）

诱纳后进。（4，1010）

盛攻取诸屯。（5，1298）

1. 语义角色

（1）施事类

Ⅰ. 人物主语类

该类句子的主语大多数由表人名词及短语充当，小部分由人称代词充当，语义特点是【有生＋具体＋人】，如：

（<u>宣</u>）<u>潜见</u>责之。（3，645）

<u>民</u>输置道旁。（5，1392）

<u>贼</u>攻围之。（3，724）

<u>诸亡</u>逃至其中。（3，852）

Ⅱ. 动物主语类

（<u>马</u>）惊啮文帝膝。（3，810）

Ⅲ. 无生命类主语类

<u>车架</u>巡省洛阳界秋稼。（1，119）

Ⅳ. 处所主语类

<u>郡县</u>振给之。（1，121）
<u>辽东</u>斩送袁尚首。（2，343）
<u>淮</u>逆击之。（3，735）

（2）施事受事类
Ⅰ. 人物主语类

（<u>张既</u>）从封西乡侯。（2，475）
<u>诞麾下数百人</u>，坐不降见斩。（3，773）

Ⅱ. 官职主语类

<u>公车令</u>坐死。（2，558）

Ⅲ. 抽象主语类

<u>所值</u>皆摧碎。（2，542）

（3）受事类
Ⅰ. 人物主语类，如：

诸叛亡虽<u>亲戚</u>不敢藏匿，咸悉收送。（3，732）

<u>尚</u>将家属徙零陵，追见杀。（5，1200）

（<u>陶谦</u>）征拜议郎。（1，247）

Ⅱ. 处所主语类，如：

（<u>五县</u>）平定。（5，1384）

（4）受事施事类

此类只有人物主语类，如：

（<u>燕王</u>）青龙三年，征入朝。（2，582）

（<u>巖</u>）屡乞求还，乃征诣成都。（4，1054）

（5）受事当事类，如：

（<u>羡</u>）竟诛死。（4，997）

大将军司马宣王辟<u>基</u>，未至，擢为中书侍郎。（3，751）

<u>其</u>悉遣为良民。（1，121）

在《三国志》"Ｖ Ｖ"黏合式承动式中，语义角色丰富。施事类占据绝对数量，共有961例，其中，人物主语类有899例，无生命类主语类、动物主语类各有1例，方所主语类3例。施事受事类共7例，其中，人物主语类5例，抽象主语类和官职主语类各1例。受事类14例，其中，人物主语类13例，处所主语类1例。受事施事类有12例，为人物主语类。受事当事类有24例，其为人物主语类。

2. 语义关系

（1）单纯时间先后关系，如：

便收送之。（3，802）

追渡汉水。(5, 1100)

宣潜见责之。(3, 645)

(2) 时间先后附加其他关系

Ⅰ. V1 表示原因, V2 表示结果, 如:

以谏见诛。(2, 314)

皆惊走吴。(2, 450)

权怒废畯。(5, 1248)

Ⅱ. V1 表示方式, V2 表示目的, 如:

偷取天位。(5, 1134)

则绥定下辩诸氏。(2, 491)

Ⅲ. V1 表示方式, V2 表示结果, 如:

召为丞相军谋掾。(3, 739)

先登陷阵。(2, 519)

一焚灭之。(5, 1354)

Ⅳ. V1 表示方式, V2 表示动作, 如:

颂等六人肉袒奉迎。(5, 1193)

侍讲诗书。(5, 1363)

温伪许之。(2, 550)

Ⅴ. V1 表示动作, V2 表示结果, 如:

又射杀数人。(5, 1188)

皆收斩之。（2，546）

追见杀。（5，1200）

（3）单纯同时时间关系，如：

民亡椎冰。（1，27）

不复追奔。（3，755）

吏民奔走随之。（2，425）

（4）时间同时附加其他关系

Ⅰ. V1 表示方式，V2 表示目的，如：

蒙迎执其手。（5，1277）

侵虐百姓。（5，1252）

保全土境。（2，539）

Ⅱ. V1 表示方式，V2 表示动作，如：

转击高平屠各。（1，271）

屯据江陵。（5，1264）

从攻合肥。（5，1295）

Ⅲ. V1 表示方式，V2 表示结果，如：

破走之。（3，839）

客击伤策。（5，1109）

烧败浮桥。（5，1300）

Ⅳ. V1 表示动作，V2 表示目的，如：

留镇荆州。(4,954)

移屯江州。(4,999)

V. V1 表示原因,V2 表示结果,如:

嗣为散骑常侍。(2,319)

溃奔巴中。(1,45)

在《三国志》"VV"黏合式承动式中,单纯时间先后关系有69例,时间先后关系附加其他语义关系有242例,时间同时关系73例,同时关系附加其他语义关系577例。此式例数表明在承动表示语义关系时,往往多数并不单纯表示时间的先后和同时,往往含着其他语义关系。在具体的关系中,"V1 表示方式,V2 表示动作"、"V1 表示方式,V2 表示结果"、"V1 表示方式,V2 表示目的"的数量分别为219、257、100 例,占到整个语义关系的60%。表明该式的大多表示某种方式下所进行的动作,或者产生的结果,或者达到的目的。这也是连动式的一个显著的特点。

(二)动趋式

1. 语义类型

该式共752 例。该类形式上的特点是谓语部分有一个是趋向动词。根据趋向动词在结构中的位置,此式有趋动、动趋、趋趋和状趋等四种类型,分别举例如下:

今皆来集。(1,35)

便驰进。(5,1299)

便还入殿。(2,543)

大呼起。(2,544)

2. 语义角色

(1)施事类

Ⅰ. 人物主语类，如：

（先主）进围成都数十日，璋出降。(4，882)
疾者前入坐。(3，801)
诸亡逃至其中。(3，852)

Ⅱ. 动物类主语，如：

又鸟来入室中。(3，813)
犬衔引其衣。(5，1438)

Ⅲ. 无生命类主语类，如：

吴将吕范等船漂至北岸。(3，757)
方船载还。(5，1274)

Ⅳ. 抽象人物主语类，如：

大军南征还。(2，450)
宜兵一道引去。(2，441)
罕还入塞。(2，342)

Ⅴ. 官职主语类

剑阁之守必还赴涪。(3，778)

（2）受事类
此类只有人物主语类，如：

舜年在既立，圣德光明，而久不进用。(1，137)

岱奋击大破之,进封番禺侯。(5,1385)

(3)受事施事类

Ⅰ.人物主语类,如:

刘道得赦还。(1,239)

(宣王)引入卧内,执其手曰……(1,114)

天纪二年,(式)召还建业。(5,1410)

Ⅱ.抽象人物主语类

军旅皆已引出。(5,1295)

(4)施事受事类

此类只有人物主语类,如:

坚薨,还葬曲阿。(5,1101)

(5)受事当事类

此类只有人物主语类:

(伏氏)废黜死。(1,44)

在《三国志》"ⅤⅤ"黏合式动趋式中,语义角色较为丰富。施事类占据绝对数量,共有 698 例,其中,人物主语类有 688 例,动物主语类有 2 例,无生命类主语类有 2 例,抽象主语类有 4 例,官职主语类 1 例。施事受事类共 1 例。受事类 50 例。受事施事类有 3 例。

3. 语义关系

(1)单纯时间先后关系,如:

进叙。（1，283）

便还入殿。（2，543）

径往至郡。（4，1012）

（2）时间先后关系附加其他关系

Ⅰ．V1 表示动作，V2 表示目的，如：

峻起如厕。（5，1439）

璋自出迎。（4，881）

又往庆焉。（5，1226）

出射之。（5，1187）

Ⅱ．V1 表示动作，V2 表示结果，如：

出为爪牙。（5，1266）

还迁太守。（4，979）

进破乌程、石木、波门、陵传、余杭。（5，1283）

Ⅲ．V1 表示方式，V2 表示动作，如：

叛入众中。（3，834）

稍迁至骠骑将军。（4，1084）

Ⅳ．V1 表示原因，V2 表示结果，如：

复征诣京都。（2，582）

刘道得赦还。（1，239）

军遂败退。（5，1263）

（3）单纯同时时间关系，如：

壹亡归乡里。(5,1191)

弃去。(4,877)

招乃还坐。(3,731)

(4)同时时间关系附加其他时间关系

Ⅰ.V1 表示方位,V2 表示动作,如:

东向称帝。(3,615)

Ⅱ.V1 表示动作,V2 表示方式,如:

出奔南阳。(1,207)

入抱无聊之感。(5,1458)

Ⅲ.V1 表示动作,V2 表示目的,如:

逐出恭。(5,1252)

召还据等。(5,1153)

Ⅳ.V1 表示方式,V2 表示动作,如:

曹公引归。(4,878)

逡巡走出。(5,1423)

河驰赴宛陵。(5,1214)

Ⅴ.V1 表示动作,V2 表示结果,如:

拔出余众。(2,519)

则推下之。(2,492)

不能拔进良才。(5,1178)

Ⅵ. V1 表示动作，V2 表示补充，如：

　　贼果退还。（3，619）
　　武卫之士皆趋上殿。（5，1439）
　　往返七里。（3，732）

Ⅶ. V1 表示动作，V2 表示转折，如：

　　退恐寿春见袭。（3，765）

此式中，单纯时间先后关系有 71 例，时间先后关系附加其他语义关系有 526 例，时间同时关系 19 例，同时关系附加其他语义关系136 例。此式例数表明在承动表示语义关系时，往往多数并不单纯表示时间的先后和同时，往往含着其他语义关系。在具体的关系中，"V1 表示动作，V2 表示目的"、"V1 表示动作，V2 表示结果"分别为 389、103 例，占到此式整个语义关系的 65%。这表明该式的大多表示某种动作下的目的或结果。

（三）状动式

1. 语义类型

该式共 51 例。该类形式上的特点是谓语部分有一个是性状动词。根据情状动词在结构中的位置，此式有状状、动状、状动等类型，分别举例如下：

　　皆即溺死也。（3，818）
　　遂道路忧死。（5，1202）
　　扶送灵柩。（5，1209）

2. 语义角色

（1）施事类

Ⅰ. 人物主语类，如：

唐咨、王祚及诸裨将皆面缚降。(3，773)

（宣女）怨呼道路。(5，1406)

Ⅱ. 动物主语类

犬衔引其衣。(5，1438)

（2）受事施事类

只有人物类主语类，如：

虽有随者，率胁从。(2，510—511)

时思近出，习代往对，已被收执矣。(2，470)

（3）受事类

只有人物类主语类：

余（指代兵）分给诸侯。(5，1432)

（4）当事类

Ⅰ. 人物主语类，如：

武先病没。(5，1192)

权掷刀致地，与昭对泣。(5，1223)

（盖）加偏将军，病卒于官。(5，1285)

Ⅱ. 动物主语类

（生）皆即溺死也。(3，818)

Ⅲ. 自然主语类

水泉涌溢。(5，1159)

(5) 施事当事类

只有人物主语类：

(牧) 遂道路忧死。(5，1202)

(陈武) 奋命战死。(5，1289)

(6) 受事当事类

只有人物主语类：

(羡) 竟诛死。(4，997)

(7) 当事受事类

只有人物主语类：

(贾羽) 疾病去官。(2，326)

在《三国志》"V V"黏合式状动式中，语义角色数量不多，但相当丰富。施事类占据绝对数量，共有 25 例，其中，人物主语类有 24 例，动物主语类有 1 例。受事类 1 例。受事施事类有 2 例。此式中出现了多样性当事类情况，纯当事类有 14 类。语义角色出现了新的类别，如自然主语类。复合当事类有施事当事类 7 例，受事当事类 1 例，当事受事类 1 例。

3. 语义关系

(1) 同时关系，如：

道病卒。(5，1145)

遂道路忧死。(5，1202)

力战斗死。(1，9)

（2）同时关系附加其他语义关系

Ⅰ. V1 表示方式，V2 表示状态，如：

> 侍坐。（4，1021）
> 以鹿车推载母。（2，386）
> 与昭对泣。（5，1223）

Ⅱ. V1 表示状态，V2 表示动作，如：

> 传送其首。（3，835）
> 然坐食官廪。（5，1402）
> 呼问占梦赵直。（4，1057）

Ⅲ. V1 表示动作，V2 表示状态，如：

> 诱呼鲜卑，侵扰北方。（1，254）
> 怨呼道路。（5，1406）

此式语义关系相对简单，只有同时关系和同时关系附加其他语义关系两类。同时关系 6 例，同时关系附加其他语义关系 45 例。

（四）存现式

1. 语义类型

该式共 20 例。该类形式上的特点是谓语部分有一个是存现动词。根据存现动词在结构中的位置，此式有状存、动存、趋存等类型，分别举例如下：

> 谌顿首无二心。（1，16）
> 战有功。（5，1288）
> 退无私交。（4，981）

2. 语义角色

此类只有人物施事主语类，如：

> 武征讨有攻。（5，1289）
> 吴贼内欲保有淮南。（3，770）
> 巴退无私交。（4，981）

此式语义角色比较简单，只有人物主语施事类，共 20 例。这与连动式的存现动词使用频率和与其他词语搭配限制有关。

3. 语义关系

（1）先后时间关系附加其他关系

此类只有 V1 表示方式；V2 表示结果，如：

> 拓有荆州。（5，1267）
> 力战有功。（5，1301）
> 皆先登有功。（2，521）

（2）同时关系附加其他关系

Ⅰ. V1 表示状态，V2 表示转折，如：

> 顿首无二心。（1，16）

Ⅱ. V1 表示动作，V2 表示转折，如：

> 应对无次。（3，690）
> 西行无依。（5，1095）
> 退无私交。（4，981）

Ⅲ. V1 表示方式，V2 表示原因

私从有求。（5，1311）

此式语义关系不多，只有时间先后关系附加其他语义关系（15 例）和同时关系附加其他语义关系（5 例）。此式例数表明在承动表示语义关系时，往往多数并不单纯表示时间的先后和同时，还隐含着其他语义关系。

三 "VV" 黏合式连动式语用特征

从语用功能考察，此类句子的表达功能及使用情况如下：

（一）陈述句

1. 描写性陈述

（1）不带语气词，如：

因病还家。（5，1438）
吴将吕范等船漂至北岸。（3，757）
病死。（3，631）

（2）带语气词，以示强调，如：

已被收执矣。（2，470）
皆即溺死也。（3，818）

2. 评述性陈述

（1）不带语气词，如：

必轻易不来攻。（2，428）
未必能进取。（1，44）
兵果叛乱。（3，669）

（2）带语气词，如：

　　可袭取也。（3，749）
　　可坐克也。（1，200）

3. 叙述性陈述

（1）不带语气词，如：

　　乃还屯方城。（2，526—627）
　　遂大斩获。（2，342）
　　屯据险要。（2，464）
　　盛攻取诸屯。（5，1298）
　　以谏见诛。（2，314）

（2）带语气词，如：

　　扫灭巴蜀也。（1，149）
　　不往偪也。（4，1050）
　　但来视章通舆未耳。（5，1187）

（二）疑问句

1. 反问句，使用语气词：

　　坐观汝邪？（5，1423）

2. 是非句，使用语气词：

　　故往保焉？（4，963）

（三）感叹句

带有语气词，表示感慨：

敬服朕命！（1，39）

坐待来世之傿义乎！（2，503）

（四）祈使句

表示请求、劝阻的祈使句包括请求、敦促、商议、建议等，均不带语气词，如：

表请其罪。（4，1021）

当伏诛。（3，793）

当引还。（5，1314）

此式中，描写性陈述类为 67 例，评议性陈述共 20 例，叙述性陈述共 1679 例。疑问句、感叹句和祈使句少见，共为 18 例。此式叙述性陈述出现了较多的语气词，共有 175 例。

附录

一 "VV" 黏合单纯式

V1V2	来16、退23、出10、病4、败21、逆2、起4、转2、从4、击20、遁5、往7、就、坠、亡、引5、驰2、据、破3、罢2、坐、迎4、收、诣2、攻2、邀、往赴、执、平、定、还4、扶、谏、脱、进2、留、斗、惊2、归2、忧、战2、要2、畏、归、召、散2、扰、走、绥怀、流离、表、拜、露	追2、还19、战5、死10、走24、朝5、败、出3、往赴、攻3、袭12、奔5、破21、退10、钦2、征伐2、保、坏、叛、见3、游、守2、迎、降5、治、没、归3、立、击6、救3、讨2、留、送、定2、聘、坐3、止、谏、伐、动、附、服2、更衣、围、杀2、行、解喻、去、乱、开导、丧亡、遣、受

二 "VV" 黏合式附加式

1. AVV	捕27、苟、败4、引21、惊、出7、进13、亡、来15、会、黜、破7、迎、坐3、战斗4、掩、胁、被、收、散2、逆、往6、临3、征4、还8、追3、朝谒、镇2、退5、伏2、战4、游、诛、顾、突3、挟、逃、斩3、连、赦、弃、要2、降3、拒3、缚2、奔、入、敬2、服、闻、趋、下、走、荐、随2、从、赴5、病4、辞、对、忧、克、见、奉、驰、攻3、用、建、验、抚、悼、征召、交3、罢、平、摧、呼、禁3、叛、返、露、溺、去、载、袭、出祖、坐过	得、责、走21、还27、退9、战7、奔、出7、叙、见、归3、降7、去10、击8、死8、败4、往、集用3、从、攻、执、赴、吊祭、吊、待、朝、谒、据、灭、定、诛2、迎2、克5、观、咨访、谢3、诈、守、获3、和、见、斩、寇害、送4、坐3、改、服5、散、救3、问3、讨16、偪、入、拔、祖送、征伐2、征、伐、卒2、庆泣、附、没、托、进、围、叹息、置、乱2、伤、迁、转、破、起取3、惮、制、通、止、誓、请、令、使、止、黜、诣
2. VVC	斩、奏、归、追2、驻、病、围、往	获、请、耕、击、止、卒、绕、返、斩
3. AVVC	拜	送

三 "VV" 黏合式带宾式

VVO	走18、诏、往3、进81、表13、转33、斥2、屯5、还71、引13、辟召、从64、往按、案、逼3、拔、逋、保2、部、败5、奔走10、病1、避、捕2、闭、贬、罢、出54、入47、徙15、征14、选3、迁10、改8、招6、聘、分2、镇6、追9、伪3、劫2、摇、侵5、伏2、涌、巡2、施3、图、讨16、恐、危、奔、更2、解、驰3、嗣、陈、促、理、摧4、督、顿首、渡、断、代、盗、答、逋2、奉4、封6、抚3、缚3、扶、放、逢、刺、攻33、顾、干、过3、跪、怪、鼓噪、归5、割3、感、拜、总、合、号泣、呼、剪、敬3、服2、禁、击21、缴、剑履、疾病、纠、谪、惊、继、据、驾、观、救、就3、聚、加2、建、简、接、克3、跨、呵、开、溃2、考、来12、略5、留9立、连、临、流2、沐、面缚、虐2、怒5、逆、破12、叛12、平4、辟10、却2、遣、起3、趣、驱、请、绕、扰、让、束、杀6、伤、随2、随从2、射、收8、摄2、烧2、丧、输送2、扇、扫2、侍、散、绥2、释、上、退19、逃4、统、拓3、偷、突、推、听、涉、亡9、围、巫、闻、望见、袭5、行16、循、谢、降、下、胁、兴2、陷、戏、修、仰、掩2、谒2、诱6、迎3、怨、移3、议、应、抑8、执、斩8、纵、佐、作、折、擢、奏、坐9、择、诈3、造2、著、觇、战、振、诛、争、承、召3、拒、弃、废、涌、止、乱、惭忐、觇望、应对	保18、定17、荐、拜17、攻16、封113、免2、据8、还29、到4、见11、为137、征15、从、杀12、行3、出8、取14、诛5、全2、勒、走13、奔10、奏、言2、请3、敕2、卒、止4、至23、斩10、过5、补2、驻2、屯21、历、守10、迎10、射、当2、送10、养、代、击20、延、求3、抚2、叛15、尊、赠17、动3、夺5、破28、讨25、镇6、溢、计、平7、选2、议、害、叹、入37、进5、散、远、围14、救3、召、白2、赴4、发6、帅2、无3、乘2、许3、退2、除3、扬、临2、给3、烧、拔4、屠、没5、剿、指、乱2、知2、登、附3、服3、谢、剥、葬3、顺、揽、加2、灭6、往8、修、军居10、袭3、迁2、遇2、启、近2、归6、欧、问、覆、信、断2、伤、降3、住、伐2、得2、上、去5、合、说、啗、俭、赐2、恤、纳4、黜3、蹈、通、追、视、争、引、贺、流、用、作2、废、坏、败3、应5、扰、虐2、付3、载、设、诣6、导、敛、绝、置4、讲、放、治2、恐、就3、趣、舍、填、理逼、下2、虏、椎、匿、依3、践、祖饯、省3、拒、对、观4、怒、异、幸7、遣2、占、立、刑、举、弄、广、用、次、祭、致2、执、呼2、挫、赠17、思11、念2、录5、蹈3、禽、惧、随2、论、枭、渡、分、慕、改3、投、获3、恣、诱4、领、避、侵、衞、陈、食、待2、留、安、增、贷、统4、表2、部、沐、徙、巡、疾病、往赴

四 "VV"黏合式复合式

1. AVVO	爱2、谋、拔2、保、奔走、病2、避、出、参、次、从、驰、绌、沉没、渡、遁奔2、遁4、登5、封2、焚、辅、攻65、过2、归、改2、耕、还21、毁、敬4、击4、进9、继、据、驾、觑、救、就2、聚、加、建、劫2、简、接、惊、谏、拒、截、见、举、将、交、开、钞、来8、略、留2、临、流、募、梦、叛2、迫3、漂、迫、迁、遣、奇、驱3、趋、入6、杀、射、收3、烧、送2、上、守、申、敕、书、讨、退、逃2、推、斫、亡、往15、袭3、行3、降、向、逍、引3、掩、诱、迎、移、抑、歇、诣、绕、追6、征4、走、斩2、转2、至、坐、镇、战7、遮、遏、止、拦、住、装、资、纵、椎	待2、得2、出7、进、有6、还5、下、为7、奔5、至11、视、避、争、拜、犯、报、逆、拒、充、赴3、往2、分2、征3、战2、攻7、取7、定3、见8、屯5、入7、匿、陷3、灭2、导2、破10、拔2、围2、并、诣5、就、乐、保4、击、救5、突2、作2、图、领、助、闻、住2、伤2、信、善、杀7、讨4、临、统、守2、过、请、乘、俭、赐、置、夺、恐、恤、纳、逃、迁、止、败、责、分、拓、绝、归3、从2、应2、省、烧、镇、宿、授、逐、居3、重、率、上、走、度、流、缚、捕、送4、免、敕、申喻、平、载、依、受、随、到、无、称、让、立、治、加、刺、思、增、据、决（突）、斩4、遣、迎、抚、黜、倾覆、登用、恣睢
2. VVOC	追2、从4、诱、斩2、进3、起、出、增	及、破、征、降、击2、获2、围、怨、讨2、攻、住、封
3. AVVOC	从2、聚、略、拒、行	讨、围、取、攻、破、至

第二节 《三国志》"VV"间合式连动式

一 "VV"间合式连动式形式特征

《三国志》"VV"间合式结构有1385例，根据论元、状元和补元分布情况，可分为附加式、带宾式和复合式三大类。具体讨论如下：

（一）附加式

共133例。该类形式上的特点是，动词谓语部分不带宾语，前后有附加成分。该式句尾一般不带语气词，少有句末带语气词。根据附加成分的分布状况，本结构有如下类型：

Ⅰ. V1AV2（73例），如：

　　　洪<u>疑</u>不敢<u>受</u>。（2，324）
　　　布<u>退</u>固<u>守</u>。（2，432）
　　　<u>闻</u>大<u>怒</u>。（5，1371）

Ⅱ．AV1AV2（57 例），如：

　　　远<u>来</u>相<u>救</u>。（2，341）
　　　招先<u>斩</u>乃<u>白</u>。（3，730）
　　　已<u>降</u>复<u>叛</u>。（5，1385）

Ⅲ．V1AV2C（2 例）

　　　陛下但当不<u>懈</u>于<u>位</u>。（1，123）
　　　<u>入</u>与褚相<u>见</u>于殿外。（2，543）

Ⅳ．V1CAV2（1 例）

　　　船<u>行</u>一年可<u>至</u>。（3，856）

　　1．V1 多为单音节动词（61 个）。一般动词主要有"行₄、进₄、疑₂、至、诱、辞₂（让）、辞₉（拒）、辞₈、退₂、释（放）、还₆、闻₂、卧₂、住、追₂、出₅、议、救、攻₃、用、废、来₂、去₂、往₂、守₆、收、击、死、走₂、引、惧₄、入₄、迎、求、病、败、止₃、复（回）、胜、临、举（起兵）、战₄、散、留、斩、见、推、讨、坐、抑、降、谏、痛、让、起、原（追究）、惠、从、当（担当）、拘"等；活用动词主要有"前"；少有双音节动词或词组：联合式（13）——往来、伺候、涕泣₂、辞让、死亡、赞拜、瞻望、泞滞、畏惮、舍去、恐惧、怖摺、鼓噪；状中式（1）——沉吟。V2 多为单音节动词（70 个）。一般动词主要有"巡₃、克₄、渡₅、见₃、受₁₁、守₂、诛₂、杀₂、休、别₂、怒、起₃、击、拘、坐、与、归₃、名（写）、遣、得（成）、破₄、留₂、济、修、叹、骂、住、免、从、拔、出₃、下₃、赦、败₂、通、战₆、还₅、载、降₂、斗、愈、议、得 2、去₃、绥、走₃、受（接受）、合、决（别）救、动₃、入₂、白、就、欢、行、惊、叛、止、举（抬起）、随、伐、问、讬、往、懈、至"等；活用动词有"后、近"等。少有双音节动词或词组：联合式（6）——禽克、授教、保护、倾覆、登用、恣睢。

（1）双音节动词出现在 V2 上多于 V1。单音节动词 V1 出现的个数为 61 个，A2 为 70 个，V2 多于 V1。动词 V2 和 V1 皆出现有 18 个，如"见、守、起、击、坐、留、住、从、出、败、战、还、降、去、走、救、入、行、止、往、至"等，但同一个词在句中不同现。

（2）词类活用出现在 V2 略多于 V1。

（3）趋向动词出现在 V1 为 10 个，出现在 V2 为 8 个，V1 略于 V2。

2. 附加成分以状语和补语两种形式出现。状语一般以单个成分出现，主要由形容词、名词、数词、助动词、副词、介词短语充当。V1 前：副词——必₆、遂₃、专、连、不₃₆、未、悉、皆₃、相、便、辄₃、已、竟、重、屡、俱、特、即、亦；代词——自₄；形容词——远、坚₄、深₂、守₂、固₆、直、先₂、大、常；名词——时、城、后、今、北、晨₂。V2 前：副词——未、辄、共、相₃、乃₂、不、甚、乱、即、固、复₃；名词——东₂、夜₃、后₂、兵、北、南；形容词——大、长、疾₂（快速）；蹙、暂；助动词——得、可₄、欲₅；介词结构——与–₆、……中。状语连用 V1 前：于是遂；V2 前：不能₉、不敢₃、不得₃、与相、便自₂、莫能、不肯、俱东₂、不可卒、当与–、与–相。补语只有介词短语"于–₂"充当。从状语情况看，有以下几个特点：

（1）状语可以分为两类，一类是单向修饰 V1 或 V2，此式为：【（A1）V1（O）（A2）V2（O）】，共有 273 例。A2 多为否定性状语，如"奋击大破之（1385 页）"。一类是状语修饰整个连动式，其中，V1 或 V2 有时带有自己的状语，此是为：【A〔（A1）V1（O）（A2）V2（O）〕】，共有 39 例，词语有"遂、便、辄、皆、今"等，如"便<u>下</u>山<u>趣</u>城（425 页）"、"即<u>止</u>不<u>杀</u>金母、弟（684 页）"、"每手<u>击</u>以<u>为</u>乐（1220 页）"等。

（2）否定状语出现在 V2 多于出现在 V1，未见双否定式。

3. 使用语气词共 6 例，语气词为"也₄、耳₂"等。

（二）带宾式

共 593 例。该类形式上的特点是动词谓语部分带宾语，前后没有附加成分。此式是"VV"间合式的扩展式。根据宾语成分的状况，本结构有如下类型：

Ⅰ. V1OV2O（463 例），如：

　　乘<u>辇入</u>达祠。（2，484）
　　<u>登</u>床<u>受</u>诏。（2，459）
　　<u>开</u>城门<u>迎</u>超。（3，701）
　　<u>拔</u>刀<u>砍</u>石。（4，1067）

Ⅱ. V1OV2（130 例），如：

　　<u>将</u>骑<u>还</u>。（2，423）
　　<u>饮</u>药<u>死</u>。（3，758）
　　<u>闻</u>之<u>叹息</u>。（5，1386）

1. V1 多为单音节动词（187 个）。一般动词主要有"背（违背）、背₂、避₂、被（带）₂、被（披）、保₂、闭、拔、从₁₀、持₅、乘（趁）₅、乘（乘坐、驾）₁₁、承（继）₂、称₄、出₁₀、驰、除、垂₂、策、处、渡₁₂、登₂、睹、倒、得₃、发₂₇、奉₂（捧）、奉（遵守）、浮₂、废（废黜）、放（放纵，放任）、负（凭借）、归、改、割、观₂、刮、贯、还₂、好（喜欢）、怀、号、合、进₁₅、决（决开）、掘₂、举（推举）、举（领）₁₇、举₃、矫、将₂₉、据₂、劫、踞、假₃（借）、见、聚、解、解（消除）₂、结（结交）、羁、建（建议）、就、击（敲）、刻₂、开₆、跨、叩₂、尅、来、连、临₁₅、量（考量）₂、勒₃、立（建

立）、立（竖立）、论、列$_2$、留$_3$、留（留心）、敛、领、流、免、鸣（击鼓）、纳、剖、弃$_6$、起（兴、举）、取（争取）、去（辞）、去、遣、清、入$_3$、上（上奉）$_9$、手$_2$、嗣、受$_6$、率$_{69}$、帅 4、升、逊、束$_2$、杀、送$_4$、收（得到）、设$_3$、随$_{14}$、索、恃、顺、舍（宿）$_2$、摄、逃、突$_2$、脱、讨$_2$、统、挺、为（造）、亡（丢掉）$_3$、违$_2$、闻、温、委、兴$_6$、袭（承袭）$_2$、下$_5$、胁、引（领）$_{26}$、引（承担）$_3$、引（开、拉）、射$_2$、诣$_{16}$、越、依$_3$、运、说、踰$_5$、应$_3$、有$_7$、约（节约）、缘$_3$、隐、阴、用、至$_2$、斩$_3$、追$_3$、凿、执$_2$（拘）、走、置$_2$（办）、诏、诈、坐$_3$（犯罪）、召、住、振、仗、施、赴、抚、扶$_2$、遇$_2$、征$_2$、烧、饮、滨、衔、止、捐、中、服、拒、穿、彻、勤、到、积、刺、叛"等；活用动词和使动意动有"伏、归、横、破$_3$、轻$_2$、曲、徙、正、退、行、飞"等。V2 多为单音节动词（102）。一般动词主要有"还$_{34}$、击$_9$、送$_3$、临$_4$、入$_{14}$、立（站立）、立（设立）、归$_7$、受、受（授）、收（捕获）、去$_2$、渡$_5$、来$_4$、解、得、背$_{11}$、从$_2$、出$_{13}$、开、承$_3$、杀$_7$、奉、聚、驰、拔$_2$、领（接受）、领、劫、据、登、流$_2$、贼（杀）、进$_2$、拒$_{10}$、谢、谢（道歉）$_4$、越、依$_2$、索（求）、征$_4$、袭$_3$、讨$_{14}$、应$_2$、为$_8$、至$_{14}$、诣$_{12}$、运、斩$_4$、到$_5$、委、随、待$_4$、走$_7$、置（放置）、论（派）、取$_2$、阴、下$_2$、就$_3$、建、行$_3$、保、缘、发$_2$、刺、攻$_{13}$、追$_3$、赴、住、烧、降$_{29}$、迎$_8$、经、陷、救$_2$、伐$_8$、过$_2$、屯$_7$、侵、让、掷$_2$、上、有$_2$、收$_2$、斫、饮、卒$_5$（死）、亡、向$_2$、惧、居$_2$、调（调教）、罢、砍、请$_6$、求$_4$、读、纵$_2$、守$_8$、作$_3$（制造）、作（兴起）、作（著作）、寇（除）、援、围$_7$、专、革、示$_3$、与$_2$、陈$_5$、救、奔$_3$、责$_4$、欧、疑、授$_2$、致$_2$、使（出使）、阖（关）、著$_2$、制$_3$、无$_{10}$、阻、趋、灌、煮、射$_4$、劝、逐、蔽、逆$_2$（迎）、助、往$_3$、督、焚$_2$、筑、治$_2$（治疗）、会、颂、记、接$_2$、拜、树、骂、察$_2$、喻、戎、补、失、诛$_5$、览、事、贺、讼、言$_3$、乞、辅、明、集、附、继、悬、付$_3$、系$_4$、兆（预兆）、驻、厌、分、触、投、知、抢、拭、募、演、畜、趣、截、通、问、战$_2$、顾、没（沉没）、死$_4$、反、谏、宿、退"等；活用动词和使动意动有"破$_2$、轻、见、正、定、断$_9$、安、坚$_2$、视、息、西"等；

有不少双音节动词或词组（25）：联合式——告喻、奔走、喜悦、往来、搏战、奔走、败绩、遁逃₂、贡献、褒扬₇、征伐₃、克捷₂、叹息、欢笑、讨伐、飨宴、反叛、征讨、辞让、罢归₂、还归₂、逃亡、救援、观望；状中式——游学、辞对、答拜、响应。

（1）双音节动词只出现在 V2 上。单音节动词 V1 出现的个数为 179 个，A2 为 192 个，V2 多于 V1。动词 V2 和 V1 皆出现有 83 个，如"背、保、拔、从、承、出、驰、渡、登、得、发、奉、归、观、还、进、据、劫、见、聚、解、建、就、击、开、来、临、立、论、领、流、取、去、入、上、受、杀、送、收、随、索、逃、讨、为、亡、兴、袭、下、射、诣、越、依、运、应、有、缘、陨、至、斩、追、走、置、赴、征、烧、饮、拒、到、刺、叛、破、轻、正、退、行"等，但同一个词在句中不同现。

（2）词类活用 V1 与 V2 相当。

（3）被动式 3 例。该式 1 例借助虚词"见"形式标志来表示被动。在动词前加"见"，组成"见 + 动词"格式。其为"奇其意不见罪（730 页）"。

（4）趋向动词出现在 V1 为 11 个，出现在 V2 为 15 个，V2 略多于 V1。

2. 宾语只有单宾。除一般宾语外，还呈现使动宾语、意动宾语和动词活用宾语等情况，具体如下：

（1）使动宾语，共 24 例，如：

横马斩谦、盛兵走者二人，兵皆还战。（5，1299）
九月，进兵渡渭。（1，34）
据水断桥。（4，943）

（2）动词或形容词宾语，共 22 例，如：

称疾还建业，……亦欲因此令翻得释也。（5，1320）
放兵收降。（3，640）

负险作乱。（5，1385）

破胆失守。（2，445）

3. 均未有语气词。

（三）复合式

共 659 例。该类形式上的特点是，动词谓语部分带宾语，前后有附加成分。此式是"VV"间合式的扩展式。根据附加成分的状况，本结构有如下类型：

Ⅰ.AV1OV2O（207 例），如：

臣自抱衅归藩。（3，562）

后备果出兵击吴。（2，446）

因辞疾告退。（3，631）

乃渡江立屯。（5，1274）

Ⅱ.AV1AV2O（13 例），如：

即止不杀金母、弟。（3，684）

又出果下马。（3，849）

一战大破雅。（5，1378）

欲引南渡江。（5，1262）

Ⅲ.V1AV2O（37 例），如：

进不求名。（3，780）

鸣不失晨。（3，822）

坐不安席。（4，944）

出可为爪牙。（5，1365—1366）

退不彰其罪。（3，687）

Ⅳ. V1OV2OC（11 例），如：

横山<u>筑</u>城十余里，攻之不能拔，乃引军还。(1，45)
公<u>勒</u>兵<u>筑</u>营南阪下，使登垒望之。(1，19)
通<u>举</u>众<u>诣</u>太祖于许。(2，535)
武卫将军孙峻<u>伏</u>兵<u>杀</u>恪于殿堂。(5，1152)

Ⅴ. AV1OAV2O（18 例），如：

修独<u>将</u>数骑径<u>入</u>其门。(2，345)
将<u>渡</u>江北<u>袭</u>许。(2，433)
遂<u>随</u>先主南<u>渡</u>江。(4，971)
仁子泰因<u>引</u>军急<u>攻</u>朱桓。(5，1129)
欲北<u>叛</u>来者得<u>傅</u>之。(5，1389)

Ⅵ. AV1AV2O（5 例），如：

太祖自<u>将</u>急<u>击</u>之。(2，525)
皆<u>叩</u>头愿<u>致</u>死。(3，666)
数<u>手</u>书为之<u>请</u>罪。(2，384)

Ⅶ. AV1OV2OC（6 例），如：

遂<u>引</u>军<u>攻</u>谭于南皮。(2，346)
卓遂<u>将</u>其众<u>迎</u>帝于北芒，还宫。(1，172)
后从权<u>拒</u>曹公于濡须。(5，1275)
亲<u>乘</u>马<u>射</u>虎于庆亭。(5，1120)

Ⅷ. V1OCV2O（6 例），如：

呵左右于殿下斩之。(5，1453)
奉书于司马请降。(5，1256)
将步骑三千迎则 (2，492)

Ⅸ. AV1OCV2O (2 例)

以舟兵尽虏步骑三万送江陵。(5，1120)
便牵咎于军门斩之。(5，1096)

Ⅹ. AV1OV2 (69 例)，如：

珪等悉赴河死。(1，189)
遂弃官归。(2，308)
诗先举城降。(4，1015)
后权于楼船会群臣饮。(5，1320)

Ⅻ. V1OAV2 (181 例)，如：

将军攻之不拔。(2，309—310)
通秉义不顾。(2，536)
置酒高会。(2，544)
将家属俱与郎往焉。(2，467)
开门直出。(5，1187)

ⅰ. AV1OAV2 (29 例)，如：

亦养志不仕。(2，361)
数率偏军西入。(4，1064)
遂越境寻讨。(5，1095)
欲顺江东下。(2，330)

ⅱ. AV1OV2C（3 例）

各举兵还向京都，欲以诛卓。（4，963）
周朝、郭石亦帅徒众起于零、桂，与星相应。（5，1095）

ⅲ. V1OV2C（10 例）

公孙瓒乘胜来向南。（1，191）
静将家属与策会于钱塘。（5，1205）
诣武昌降于陆逊。（5，1391—1392）
刘备率大众来向西界。（5，1346）

ⅳ. AV1OCAV2（1 例）

自去家四年乃归。（2，367）

ⅴ. V1OCV2（15 例）

率众二万余落降。（2，476）
又贼舍船二百里来。（3，725）

ⅵ. V1OCAV2（1 例）

行服三年乃还。（2，547）

ⅶ. V1OAV2C（1 例）

率其众东入于巴。（3，790）

ⅷ. AV1CV2O（1 例）

诸将皆<u>笑</u>于空地<u>待</u>贼。(3，728)

ix. V1CAV2O (1 例)

<u>行</u>数十里乃<u>知</u>之。(3，727)

x. AV1OV2OC (1 例)

比能自<u>将</u>三万骑<u>围</u>豫七日。(3，839)

xi. VOAVO (51 例)

<u>从</u>布东<u>奔</u>徐州。(2，517)
<u>见</u>布衣者以帛<u>绐</u>之。(5，1405)
<u>率</u>义兵为天下<u>诛</u>残贼。(2，338)

1. V1 多为单音节动词（255 个）。一般动词主要有"避$_2$、保$_4$、抱、奔$_2$、备、被（带）$_3$、被$_2$（披）、从$_7$、出$_7$、乘（登）、乘（趁）、乘（继）$_3$、乘（乘坐、驾）$_7$、承$_3$、除（扫）、垂、称、称（举兵）、瞋、辞$_2$（称）、穿、渡$_9$、度（渡）、得$_6$、代、担、到$_3$、遏、发$_5$、奉（捧）$_2$、奉、傅、放$_2$、改、诡$_2$、合$_5$、还$_6$、进$_8$、举（拿）$_{15}$、举$_4$、将$_{32}$、积$_2$、就$_6$、矫、解$_3$、捐、聚、据$_2$、刻、开$_6$、跨、考、勒$_6$、虏、留$_4$、略$_2$、敛$_2$、临$_6$、论、募、取$_2$、去$_3$、弃$_8$、擒、入$_8$、然（燃）、上$_{11}$、受$_7$、率$_{30}$、释（放弃）、收$_4$（拘捕）、收（收物）、随$_{16}$、帅$_6$、舍、束、夺、守$_5$、手、搜、摄、送$_3$、投$_3$、讨$_2$、讬、违$_2$、兴$_3$、袭$_3$、袭（承袭）、下$_7$、循$_2$、幸、修、行（进行、做……事）、行$_{15}$、行（实现）、引$_{36}$、引$_2$（拉、拔）、诣$_8$、倚$_3$、应$_2$、有$_6$、迎$_2$、越$_3$、缘$_4$、拥$_2$、至$_6$、凿、召、载$_4$、驻、奏、筑、坐$_4$（犯法）、坐$_2$、斩$_2$、征$_2$、拔$_2$、拔（领）、典、负、感、计$_2$、见$_2$、赴$_3$、击$_3$、诬、限、置$_5$、止$_3$、战、徙、表（上表）、表、用、

退$_6$、鸣、食、走$_2$、起、噎、顾、伏、分$_2$、无、连$_3$、如、触、审、叛、滞、书、呵、牵、溃$_2$、环、执$_3$、领、会$_2$、罢、徹、揖、致、加、持$_4$、失$_2$、闻$_5$、畏$_3$、归、醉、刊、恚、升、争$_2$、攻$_8$、让、恃、追$_2$、知$_3$、秉、抚、赖$_2$（靠）、志、作（变）、阖、省（看）、闭$_8$、过（超过）、索、虑、克（约定）、饮$_2$、衔、驱、登、顺$_3$、听、杀、增、廻、县（悬）、把、围、惮、敬、邀、流、陈$_2$、伺、提（领）、输、推、缝、踏、惧、遇$_2$、踰、望、救、援、并、御、养、设、选、委、为（造）、拊、语、笑、隔、乞、潜、奋、叩$_2$、逆（迎）、露、脱"等；活用和使动意动动词有"正、远、横、坚、断$_2$、倾、破$_2$"等。双音节动词或词组：联合式（8）——屏除、扶持、讨击、携持、忧恐、购求、忧惧。V2 多为单音节动词（235 个）。一般动词主要有"避$_3$、保$_2$、奔$_3$、从$_3$、出$_{16}$、除、上$_3$、称$_3$、渡$_5$、度$_3$、得$_4$、到$_5$、遏、发、傅、合、还$_{28}$、进$_3$、举、就$_6$、解、开、留$_2$、临$_2$、取$_3$、去$_{12}$、然、入$_{17}$、受$_{11}$（接受）、受（授）、率、收（收获）、守$_{10}$、夺、搜、送$_3$、投、讨$_{10}$、讨、讬、袭$_6$、下$_{20}$、诣$_9$、应$_3$、应（应战）、有$_3$、迎$_4$、至$_{11}$、幸、筑$_2$、斩$_6$、请$_6$、疑、诛、征$_{12}$、拔$_4$、感、见$_2$、赴$_4$、置$_2$、报$_2$、击$_{15}$、战$_6$、徙$_4$、表（显示）、表、退$_6$、走$_6$、起、顾$_2$（回头）、顾$_2$、无$_3$、叛、执（执节）、领$_2$、会$_7$、致、失$_2$、闻、归$_9$、争$_2$、攻$_{15}$、让、追、知$_4$、省（看）、省（反省）、过、居$_5$、饮$_2$、克$_2$、登$_2$、求$_4$、顺、杀$_{10}$、县（悬）、围$_4$、蹈、射$_3$、陈$_3$、踏、惧、为（算着）、为（作）、为（造势）、署、更（换）、告、瞻、救$_5$、作（兴）、作（做成）、作（造）、为（算作）、为（作）、为（成为）、为（造）、为（作为）、秉、立（设立）、立、截、烧$_2$、返、军（驻）、援、造（到）、造、屯$_3$、拒$_6$、护、写、假（骗）、内（纳）$_2$、黜、设、设（做）、捕、御、忘、问$_2$、赎、伤、依、欢、泝、辅、镇、治$_2$、伐$_2$、亡、卫$_4$、谏、趣$_4$、议、呼$_2$、飨、免$_2$、赦、关、彰、获$_3$、继、谋、死$_8$、来$_6$、降$_{10}$、卧、反$_2$（返）、往$_5$、捶、丧、罚、趋$_2$、遣$_4$、服$_2$、及$_2$、辱、胜、济、怒、交、怿、扰、喜、前$_5$、和、悦、附$_3$、愈、迁、誓、向$_2$、礼、禽$_2$、答、涉、恐、与$_2$、摩、昂、脱、回、采、给、言、仕、笑、稽、营、待、对"等；活用

和使动意动动词有"断₂、破₃、明、富、毕、安、甘、定、异、目"等。双音节动词或词组（17）：联合式——拯救、并兼、逃窜、澡洒、平定、沈没、欢宴、沐浴、跪伏、宴乐、哀吟、遁走、奔走、征伐、往赴；主语式——腹痛；联绵词——周旋。

（1）双音节动词出现在 V2 多于 V1 上。单音节动词 V1 出现的个数为255例，A2 为235例，V1 多于 V2。动词 V2 和 V1 皆出现有107个，如"避、保、奔、拜、从₇、出、除、称、称（举兵）、渡、度（渡）、得、到、遏、发、傅、合、还、进、举、就、解、开、跨、留、临、取、去、入、然、受、收、夺、守、搜、送、投、讨、讬、袭、袭（承袭）、下、幸、引、引（拉，拔）、诣、应、有、迎、至、驻、筑、斩、征、拔、拔（领）、感、见₂、赴、击、战、徙、表（上表）、表、退、走₂、起、顾、无、执、领、会、致、失、闻、归、争、攻、让、追、知、秉、作（变）、省（看）、虑、克（约定）、饮、登、求、顺、杀、县（悬）、围、陈、踏、惧、救、援、御、设、为（造）、笑、脱、目、断、破"等，但同一个词在句中不同现。

（2）词类活用出现在 V2 上多于 V1。

（3）被动式2例。该式不借助虚词形式标志来表示被动，如"知足不辱（429 页）"。

（4）趋向动词出现在 V1 为9个，出现在 V2 为21个，V2 多于 V1。

2. 附加成分以状语和补语两种形式出现。状语一般以单个成分出现，主要由形容词、名词、数词、助动词、副词、介词短语充当。A1：副词——遂₃₉、乃₂₃、不、便₉、咸₂、未、又₇、驰、因₈、即₇、方、复₁₃、皆₁₉、单、悉₂、才、并₄、俱、各₅、径₃、数₆、更、共、寻、将₇、竟、固、独、亦₄、辄₄、每₃、既、但、尝、适、新。助动词——得₂、能、果₃、欲₂₀、宜、当、宁；名词——后₅、今₄、南、躬、夜₄、身₂、手、时；形容词——常₂、尽₃、多₂、亲₃、生、贪、急、先、大、横、直；代词——自₁₈、窃、岂；介词结构——与﹣₆、于﹣₈、为﹣、从﹣、以﹣₃、自﹣、在﹣。A2：副词——遂₂、自₆、乃$_8$、不$_{73}$、皆 2、别、辄、径$_4$、寻$_2$、竟、愿、数、相$_4$、复$_3$、酣、俱$_3$、共、并、奄、诚、即、单、未、甚$_2$、稍$_4$、固$_3$、新、将；助动词——当$_3$、可$_5$、果$_2$、得$_4$、能、欲$_7$、必$_4$；形容词——深$_4$、私、急$_3$、大、尽、低、突、坚、潜$_2$、多、散、直 2、疾、先$_2$、轻、高、密、亲$_2$、急、遥、大$_{10}$；名词——事、水、北、西$_8$、南$_{14}$、夜$_5$、东$_{19}$、城、外、死、内 2、膏、景、步、道；介词结构——与 -$_2$、为 -$_2$、从 -$_3$、以 -$_2$、自 -3；状语两个以上成分连用有：A1：二年、门外、汉末、盛夏、每手、已乃、与 - 共、与 - 俱、须臾便、即便、即日、遂前、及后、然后、弱冠、今反、即日、欲北、宜当、辄以……十日、因缘、相次、于是乃、于是、复阴、辄力疾、独与褚及虎士百余人、是时新、一朝$_2$、遂以舟师自谯、夏时。A2：不敢$_3$、不足$_3$、不得$_5$、不能$_5$、不便、不敢不、不与、未能、前后、然后、径先南、莫敢、俱与郎、足以$_2$、与天下共、可以、尽夜西、老幼、二日、同时、与俱。补语只有数量短语或介词短语充当。C1：数十里、三年、二百里、四年、于 -$_4$；C2：七日、数百里、三年、数月、于 -$_{21}$、在 -、向 -$_2$。

从状语情况看，有以下几个特点：

（1）状语可以分为两类，一类是单向修饰 V1 或 V2，此式为：【（A1）V1（O）（A2）V2（O）】，共有 233 例。A2 多为否定性状语，如"退不避罪（780 页）"、"生虏人送吴（1260 页）"、"又出果下马（849 页）"等。另一类是状语修饰整个连动式，其中，V1 或 V2 有时带有自己的状语，此是为：【A｜（A1）V1（O）而（A2）V2（O）｝】。词语有"遂、今、常、胜、皆、亦、乃、欲、果、可"等，如"太祖乃自散关出武都征之（264 页）"、"于是乃奔南山入巴中（264 页）"、"独将数骑径入其门（345 页）"等。

（2）否定状语绝大多数出现在 V2，未见双否定式。

3. 宾语。此式宾语只有单宾，在单宾语中，除一般动词宾语，还呈现如下几种情况：

（1）使动宾语，共 20 例，如：

皆倾财赎之。（3，663）

夜然脂照城外。（2，463）

乃收祎下狱。（5，1256）

于是违众出军。（5，1437）

（2）意动宾语（3例）

坐不安席。（4，944）

食不甘味。（4，944）

与语大异之。（4，231）

（3）活用动词宾语（2例）

韦辄举斧目之。（2，544）

（4）谓词性动词和形容词宾语，共24例。词语有"谋、葬、威、害、降、醉死、益、殷勤、轻重、应、损、辞、流、学、爽、饮、退、伏、利、封、死、陟、学"等，如：

数入塞为（作）害。（1，28）

奉书于司马请降。（5，1256）

到州当宣往降。（5，1389）

退必丧威。（1，276）

弱冠从宋仲子受学。（5，1397）

4. 语气词少用，只有5例，语气词有"耳、也₃、哉"等。

二 "VV"间合式连动式语义特征

根据动词的语义关系分为以下几个语义类型：承动式、动趋式、状动式，存现式。

（一）承动式

1. 语义类型

该式共 812 例。此式特征是两个动作动词（包括感知动词）不可逆向的承接，如：

> 瑾闻之甚惧，书与逊云……（5，1351）
>
> 太祖得之甚喜。（2，525）
>
> 时表留宿卫，欲遏水取鱼。（1，166）
>
> 太尉亦至，登床受诏，然后帝崩。（2，459）
>
> 刺史、太守卒遣人请和，开城门迎超。（3，701）

2. 语义角色

（1）施事类

Ⅰ. 人物主语类

该类句子的主语大多数由表人名词及短语充当，小部分由人称代词充当，语义特点是【有生＋具体＋人】，如：

> 帝遂以舟师自谯循涡入淮。（1，85）
>
> 宣王遂称疾避爽。（1，284）
>
> 洪置酒大会。（3，704）
>
> 将士咸怒，拔刀砍石。（4，1067）

Ⅱ. 无生命类主语类

该类句子的主语由表无生物类义的名词及其短语充当，语义特点为【无生＋具体物】，如：

> 矢贯手著栎。（5，1190）

Ⅲ. 抽象主语类

该类句子的主语大多数由抽象名词及短语构成，语义特点是【有

生 + 抽象人物】，如：

众惧欲降。(3，726)

Ⅳ. 身体主语类

故头重痛不得举也。(3，814)

(2) 施事受事类

只有人物主语类：

(吾) 知足不辱。(2，429)

(3) 当事受事类

城门噎不得关。(5，1351)

Ⅴ. 官职主语类

县令逾城走。(2，425)
又安成、攸、永新、茶陵四县吏共入阴山城，合众拒岱。
(5，1384)

在《三国志》"VV"间合式承动式中，施事类占据绝对数量，语义角色比较丰富，共有 809 例，其中，人物主语类有 805 例，无生命类主语类 1 例，抽象主语类 2 例，身体主语类 1 例。施事受事类有 2 例，为人物主语类。当事受事类有 1 例。

3. 语义关系

(1) 单纯时间先后关系，如：

贼烧屯走。(2，529)

乃取骨置椁中。(3，846)

与语大异之。(1，231)

瑾闻之甚惧。(5，1351)

(2) 时间先后附加其他关系

Ⅰ. V1 表示原因，V2 表示结果，如：

知情不举。(5，1010)

而畏之莫敢言。(5，1445)

坐事诛。(3，605)

统中矢卒。(4，1085)

Ⅱ. V1 表示方式，V2 表示目的，如：

二年筑东兴堤遏湖水。(5，1434)

置酒大飨士卒。(4，882)

邻兄治子发又合宗兵击人。(5，1193)

是时新募民开屯田。(2，334)

Ⅲ. V1 表示假设，V2 表示动作，如：

辄讨即破（使动）。(5，1352)

今战必败。(5，1313)

踰城得脱。(3，757)

就能破之。(2，310)

Ⅳ. V1 表示动作，V2 表示目的，如：

就都治病。(5，1354)

登床受诏。(2，459)

凿山通道。(3，779)

V. V1 表示动作，V2 表示转折，如：

攻不可卒拔。(1，271)

虽去不免。(5，1422)

求不得。(3，690)

Ⅵ. V1 表示动作，V2 表示结果，如：

走百余步乃受。(5，1363)

鲁遂袭修杀之。(1，263)

掘地得玉玺。(1，161)

（3）单纯同时时间关系，如：

遂弃官去。(5，1184)

淮南滨江屯候皆徹兵远徙。(5，1216)

即止不杀金母、弟。(3，684)

（4）同时时间关系附加其他关系

Ⅰ. V1 表示原因，V2 表示结果，如：

范应时见杀。(3，867)

受诏察公。(2，583)

避乱南渡。(5，1383)

Ⅱ. V1 表示动作，V2 表示结果，如：

拒战败绩。(5，1317)

亦养志不仕。(2，361)

Ⅲ. V1 表示方式，V2 表示目的，如：

诱与相见。(2，492)

引兵袭长安。(3，867)

徽闭门城守。(5，1193)

输牛马乃与之。(3，841)

缘山险行。(5，1394)

Ⅳ. V1 表示动作，V2 表示目的，如：

褚飞石掷之。(2，542)

招先斩乃白。(3，730)

住不渡。(5，1294)

废嫡立庶。(1，217)

Ⅴ. V1 表示动作，V2 表示补充，如：

固辞不受。(2，356)

辄手推不受。(5，1422)

坚守不动。(1，50)

Ⅵ. V1 表示动作，V2 表示转折，如：

不战自破贼矣。(3，619)

度等得空城不能守。(2，425)

刘景升不能虑十年之后。(5，1437)

Ⅶ. V1 表示方式，V2 动作，如：

　　因邓艾承制专事。（3，791）
　　则奉辞伐叛。（4，1072）
　　刻石颂之。（2，511）

Ⅷ. V1 表示方式，V2 结果，如：

　　因缘召募得数百人。（5，1101）
　　将加罪戮。（4，1057）
　　急表果救之。（2，323）

在《三国志》"VV"间合式承动式中，单纯时间先后关系有 45 例，时间先后关系附加其他语义关系有 184 例，时间同时关系 9 例，同时关系附加其他语义关系 574 例。此式例数表明在承动表示语义关系时，时间先后关系附加其他语义关系和同时关系附加其他语义关系为多。在具体的关系中，"V1 表示方式，V2 表示目的"的数量达到了 366 例，占到整个语义关系的 45%。此表明该式的较多表示某种方式下所达到的目的。

（二）动趋式

1. 语义类型

该式共 495 例。该类形式上的特点是谓语部分有一个是趋向动词。根据趋向动词在结构中的位置，此式有趋动、动趋、趋趋和状趋式等四种类型，分别举例如下：

　　出城归命。（4，971）
　　刘备率大众来向西界。（5，1346）
　　晨出夜还。（3，718）
　　入魏三年死。（5，1208）

2. 语义角色

（1）施事类

Ⅰ. 人物主语类，如：

魏征西大将军<u>陈泰</u>进兵解围。（4，1064）

（<u>先主</u>）至宛乃闻之，遂将其众去。（4，877）

<u>先主</u>至葭萌，还兵南向。（4，869）

（<u>杜濩</u>）赴朴胡相拒。（1，264）

（<u>元龙</u>）自上大床卧。（1，229）

（<u>怪</u>）出城先降。（5，1383）

Ⅱ. 抽象人物主语类

<u>军</u>出不从。（5，1157）

Ⅲ. 方所主语类

<u>诸营</u>相次引军还。（4，1003—1004）

<u>辽东</u>复持印绶来。（3，730）

（2）受事施事类

只有人物主语类：

<u>军吏梅平</u>得病，除名还家。（3，800）

<u>郎</u>知情不举，亮恨之，免官还成都。（4，1010）

（3）受事主语类

只有人物主语类：

<u>衡温、诸葛直</u>皆以违诏无功，下狱诛。（5，1136）

此式中，施事类占据绝对数量，共有 383 例，其中，人物主语类有 379 例，抽象主语类 2 例，方所主语类各有 2 例。受事施事类有 2 例，为人物主语类。受事类有 112 例，为人物主语类。

3. 语义关系

（1）单纯时间先后关系，如：

夜至地下营。（5，1216）

得人还。（1，127）

则归家阖门。（2，401）

起自踏之。（4，1004）

（2）时间先后关系附加其他关系

Ⅰ. V1 表示动作，V2 表示转折，如：

进不能克。（1，276）

几至不得渡。（2，494）

退不彰其罪。（3，687）

Ⅱ. V1 方式，V2 目的，如：

还自保护耳。（3，751）

诣武昌降于陆逊。（5，1391—13920）

赴地相拒。（1，264）

Ⅲ. V1 表示假设，V2 表示结果，如：

进可并兼天下。（4，1072）

退必丧威。（1，276）

上岸必遁走。（5，1300）

Ⅳ. V1 方式，V2 表示动作，如：

帅麾下三千人径进。(5，1301)
卓寻徙都西入关。(5，1097)

Ⅴ. V1 动作，V2 表示目的，如：

入地游学。(3，750)
出舍求降。(5，1377)
群臣入殿发哀。(3，645)

Ⅵ. V1 先后，V2 表示因果，如：

免官还成都。(4，1010)
去官还家。(3，815)

Ⅶ. V1 动作，V2 表示结果，如：

下狱诛。(5，1136)
又出果下马。(3，849)
出可为爪牙。(5，1365—1366)

(3) 单纯同时时间关系，如：

追豫到马城。(3，727)
权自行酒到泰前。(5，1288)
遂诣金城太守苏则降。(2，551)

(4) 同时时间关系附加其他关系
Ⅰ. V1 表示方式，V2 表示动作，如：

将步卒数万人入益州。(4,881)

率其众东入于巴。(3,790)

Ⅱ. V1 表示方式，V2 表示目的，如：

下诏书赐休死。(5,1225)

每随亮出。(4,1003)

缘山趣上邽。(3,778)

Ⅲ. V1 表示动作，V2 表示结果，如：

违命不至。(2,356—357)

慈必北去不还。(5,1189)

即走南还。(3,670)

Ⅳ. V1 表示动作，V2 表示目的，如：

将进军攻许。(1,17)

称疾归乡里。(1,4)

青州人隐蕃归吴。(5,1417)

Ⅴ. V1 表示假设，V2 表示结果，如：

船行一年可至。(3,856)

Ⅵ. V1 表示动作，V2 表示补充，如：

止不出。(1,244)

时抑表不出。(5,1307)

阖门不出。(2,429)

闭门不出。(4,1019)

Ⅶ. V1 表示动作，V2 表示转折，如：

陈四周不得出。(5,1096)
表围之连年不下。(1,211)
治等攻之数月不能下。(5,1193)
退不得还。(2,483)

Ⅷ. V1 表示动作，V2 表示方式，如：

俱起相随。(3,852)

Ⅸ. V1 表示原因，V2 表示结果，如：

坐事下狱。(5,1242)
吏民畏惮不敢近。(2,345)
吕凯守节不回。(4,1055)
遇雨不进。(3,705)

Ⅹ. V1 表示动作，V2 表示结果，如：

赴河死。(1,189)
下狱死。(5,1354)

在《三国志》"VV"间合式动趋式中，单纯时间先后关系有 114 例，时间先后关系附加其他语义关系有 189 例，时间同时关系 10 例，同时关系附加其他语义关系 182 例。此式例数表明在动趋式表示语义关系时，同时语义关系占据此式的一半。此式单纯时间先后关系比以往同类式明显增多，占动趋式的 18%。这可能在"VV"间合式中间有其他结构成分使"VV"两个动词更好地显性表示时间先后关系。

（三）状动式

1. 语义类型

该式共 50 例。该类形式上的特点是谓语部分至少有一个是性状动词。根据性状动词在结构中的位置，此式有状动、动状和状状式等类型，分别举例如下：

> 倒履迎之。(3，597)
> 闻乐流涕。(5，1320)
> 韦持大斧立后。(2，544)

2. 语义角色

（1）施事类

Ⅰ. 人物主语类，如：

> 吕布之舍袁绍从张杨也，过邺临别，把手共誓。(1，221)
> （世子）流涕喻之。(2，584)
> 縑杀悍，虑服药死。(5，1447)

Ⅱ. 身体主语类

> 左手举马鞍蔽太祖。(2，542)

Ⅲ. 抽象人物主语类

> 诸将皆笑于空地待贼。(3，728)

（2）当事施事类

只有无生命类主语类：

于是<u>战船</u>数千皆滞不得行。(2，451)

(3) 当事类
Ⅰ. 人物主语类

　　<u>蜀人</u>望风，破胆失守。(2，445)

Ⅱ. 无生命类主语类

　　(<u>船</u>) 遇风没。(2，497)

(4) 施事当事类
只有无生命类主语类：

　　<u>船</u>皆触山沉没。(3，728)

此式中，施事类占据绝对数量，共有 47 例，其中，人物主语类有 45
例，身体类主语类 1 例，抽象主语类 1 例。当事施事类有 1 例，为人物主
语类。未有受事类。出现了当事类，其中单纯当事类 2 例，人物主语类 1
例，无生命主语类 1 例。复合当事类为 1 例，为无生命施事当事类。
　　3. 语义关系
　　(1) 单纯时间先后关系，如：

　　闻乐流涕。(5，1320)
　　闻之叹息。(1，138)

　　(2) 时间先后附加其他关系
Ⅰ. V1 表示原因，V2 表示结果，如：

　　发病道死。(1，210)

破胆失守。(2,445)

Ⅱ. V1 表示假设，V2 表示结果

死不赦。(2,547)

（3）同时时间关系附加其他关系
Ⅰ. V1 表示状态，V2 表示补充，如：

泞滞不通。(2,342)
执竿不顾。(4,973)
病不得生。(3,804)

Ⅱ. V1 表示方式，V2 表示目的，如：

太祖举卮酒劝晃。(2,529)
浮船运粮。(5,1356)
横山筑十余里。(1,45)

Ⅲ. V1 表示方式，V2 表示动作，如：

遂垂涕斩之。(5,1279)
艳彪皆坐自杀。(5,1331)
抚剑东顾。(2,567)

Ⅳ. V1 表示动作，V2 表示结果，如：

饮酒大醉。(5,1221)
船皆触山沉没。(3,728)
虑服药死。(5,1447)

V. V1 表示方式，V2 表示方式，如：

踏地低昂。(3，852)

持大斧立后。(2，544)

倚树哀吟。(3，825)

此式中，单纯时间先后关系有 16 例，时间先后关系附加其他语义关系有 2 例，同时关系附加其他语义关系 34 例。此式例数表明在状动表示语义关系时，由于状态动词往往有很强的附着性，不宜表现时间先后附加其他语义关系，所以，此式未有时间先后附加其他语义关系。单纯时间关系呈现一般是动作动词在前，状态动词在后。

(四) 存现式

1. 语义类型

该式共有 28 例。该类形式上的特点是，谓语部分有一个是存现动词。根据存现动词在结构中的位置，此式有状存、存动、动存、存存、存趋等五种类型，分别举例如下：

壹叩头无言。(5，1226)

重安长陈留舒燮有罪下狱。(5，1210)

复讨临城南阿山贼有功。(5，1298)

有征无战。(2，420)

淮时有疾不出。(3，733)

2. 语义角色

(1) 施事类

只有人物主语类，如：

壹叩头无言。(5，1226)

后属夏侯惇，数斩首有功。(2，544)

（2）施事受事类

只有人物主语类，如：

陈留舒燮有罪下狱。（5，1210）

此式语义角色简单，只有施事类和施事受事类，均为人物主语类，分别为 27 例和 1 例。

3. 语义关系

（1）单纯时间先后关系，如：

岂有余力复营此哉？（5，1277）
出辄有功。（5，1308）

（2）时间先后附加其他关系

V1 表示表示原因，V2 表示结果，如：

后有罪失业。（5，1287）
数斩首有功。（2，544）
淮时有疾不出。（3，733）

（3）同时时间关系附加其他关系

Ⅰ．V1 表示动作，V2 表示补充

壹叩头无言。（5，1226）

Ⅱ．V1 表示动作，V2 表示转折，如：

略之无获。（3，309—310）
好谋无决。（2，217）
有急不足相赴。（3，749）

此式中，单纯时间先后关系有 4 例，时间先后关系附加其他语义关系有 11 例，同时关系附加其他语义关系 13 例。未见时间同时关系。

三 "VV" 间合式连动式语用特征

从语用功能考察，此类句子的表达功能及使用情况如下：

（一）陈述句

1. 描写性陈述

此式均不带语气词，如：

> 皆下席跪伏。（3，731）
> 诸将皆笑于空地待贼。（3，728）
> 世子流涕喻之。（2，584）
> 瞻望长叹。（5，1416）

2. 评议性陈述

（1）不带语气词，如：

> 钟会攻维未能克。（3，778）
> 知之必顾。（5，1265）
> 得之可以富国。（2，444）
> 又无之不足为损。（2，444）

（2）带语气词

> 然敬之不敢不礼也。（2，333）

3. 叙述性陈述

（1）不带语气词，如：

> 便下山趣城。（2，425）

随太祖南征。（2，579）

策马奔魏。（5，1438）

留书骂之。（3，801）

越海南征。（5，1250）

将军攻之不拔。（2，323）

因大风欲放火烧营。（2，475）

索火烧之。（4，803）

（2）带语气词，如：

故头重痛不得举也。（3，814）

高堂生舍我亡也。（3，717）

袭之可禽也。（1，174）

将家属俱与郎往焉。（2，467）

（二）疑问句

疑问句只出现反问句。

（1）不用语气词，如：

未审此意竟得达不？（5，1416）

用此何为？（5，1349）

发兵何疑？（4，1013）

（2）使用语气词

岂有余力复营此哉？（5，1277）

（三）祈使句

表示请求、劝阻的祈使句包括请求、敦促、商议、建议和劝阻等等。

（1）不带语气词，如：

奉书于司马请降。（5，1256）
数手书为之请罪。（2，384）
受敕当行。（3，687）
到州当言往降。（5，1389）
宜晋爵称王。（5，1367）

（2）带语气词，如：

击可破也。（2，323）
击之可破也。（1，9）

　　在《三国志》"VV"间合式连动式中，描写性陈述类为 64 例，评议性陈述共 30 例，叙述性陈述共 1275 例。疑问句和祈使句少见，共为 16 例，未见感叹句。"VV"间合式连动式，叙述性陈述占绝对优势，为此式的 94%。

附录

一　"V－V"间合式附加式

类型	V1	V2
1. VAV	行 3、进 4、疑 2、至、诱、辞 5、退 2、释、还 5、伺候、涕泣 2、闻、卧 2、让、议、死、亡、赞拜、救、攻 3、用、废、瞻望、去 2、出 2、往 3、守、收、击、追 2、泞滞、走 2、畏惮、引、入 3、舍去、舍、惧 3、恐惧、迎、求、病、沉吟、败、拘、往来、辞让、止	巡 3、克 4、受 4、渡 5、见 2、守、诛、杀、休、别 2、怒、击、与、归、名、遣、得 3、破 2、留 2、济、修、叹、骂、住、免、从、禽克、拔、出、下、赦、败、通、战 2、还、后、近、载、降、斗、愈、起 3、议、走 2、授教、保护、去、绥、拘、坐

续表

类型	V1	V2
2. AVAV	还、行、出3、止3、辞15、来2、战4、守4、留、前、斩、怖摺、见、鼓噪、推、讨、坐、抑、闻、惧、降、去、谏、痛、让、起、原、走、惠、往、设、从	守、归2、战4、出2、受7、合、决、救、克、动3、入2、下2、去2、击、白、破2、就、欢、听、杀、降、行、惊、败、叛、还4、止、走、举、随、伐、问、诛、讬、往、倾覆、登用、恣睢
3. VAVC	当、入	懈、见
4. VCAV	行	至

二 "V－V"间合式带宾式

类型	V1	V2
1. VOVO	避、被2、保2、闭、拔、从10、出9、驰、渡11、得、奉3、伏、放、归2、改、割、观2、还2、号、合、进15、举16、据2、劫、见、聚、解2、建、就、击、开5、跨、来、连、临12、立2、留3、流、破、叛、弃3、起、取、去2、遣、入、上6、嗣、束2、杀、送3、收2、随13、摄、突2、脱、讨2、统、为、亡3、闻、兴6、袭2、下、胁、徙、引30、诣9、应2、用、斩3、追3、执2、走、置2、诏、诈、坐、召、振、背3、持5、乘12、承2、称2、除、垂2、策、刮、贯、处、登2、睹、倒、发26、浮2、废、负、好、怀、横、决、掘2、矫2、将24、结、羁、踞、假3、叩2、尅、量2、勒3、刻2、论、列2、敛、领、免、鸣、纳、剖、傍、轻、清、曲、手2、受6、率52、帅4、升、逊、索、恃、顺、舍、温、委2、违2、挺、设3、说、踰2、有7、约、缘2、隐、陨、依2、远、至2、凿、正、住、仗、刺、逃、射2、越、运	罢、拒10、砍、请6、纵2、征4、破2、还17、击9、送3、守7、作5、袭5、寇、临4、入13、攻13、越、援、讨14、围7、克捷、观望、专、革、立2、求4、示3、归7、陈5、敕、奔2、应2、为8、依2、受3、迎7、欧、收4、疑、致2、伐8、使、诣11、运、刺、杀4、阖、谢3、与2、去、著2、制3、定、无10、阻、渡5、屯7、救2、趋、到5、至14、来3、解、灌、得、煮、逐、出8、蔽、开、承3、奉、逆2、聚、助、往3、驰、随、断9、走、拔2、督、据、劫、治2、会、颂、接2、待3、拜、登、流3、置、斩4、下、论(派)、取2、安、就3、建、保、诛、集、继、追3、进、降4、经、陷、过2、侵、赴、让、驻、烧、厌、上、分、射4、责4、见、趣、通、从2、问、系4、率、息、向、惧、居、调、截、斫、畜、览、事、发2、讼、言3、乞、辅、察2、明、视、正、演、投、轻、知、抢、拭、募、筑、羁、领2、骂、喻、戒、补、焚2、失、坚2、缘、掷、悬、付3、兆、住、触、有2、树、授2、索、读、劝、背11、委、贺、附、陨、记、行

类型	V1	V2
2. VOV	入2、依、临3、出、杀3、引15、将5、率17、施、发、举5、弃3、赴、奉、得2、抚、扶、遇2、诣7、征2、渡、踰3、烧、分布、怀、开、饮、滨、衔、坐2、送、乘4、解、止、上3、舍、从、留、被、应、斩2、捐、中、称2、服、退、行、缘、闻2、下4、委、拒、破、随、避、穿、徹、勤、到、飞、积	守、来、降25、战2、还17、饮、西、奔、走5、奔走、出5、顾、征伐3、没、诣、喜悦、卒5、遁逃2、迎、搏战、告喻、人、死4、居、征行、诛3、贡献、还归2、褒扬7、游学、往来、去、交接、谏、广、宿、杀3、逃亡、飨宴、反、反叛、征讨、辞让、罢归2、克捷、叹息、行2、败绩、欢笑、讨伐、谢2、退、辞对、答拜、待、贼、进、响应、掷、救援

三　"V‒V"间合式复合式

类型	V1	V2
1. AVOVO	避、保2、抱、奔2、备、从4、乘5、承3、出2、除、垂、称辞、穿、渡7、断、代、到、遏、发4、奉2、扶持、请2、傅、放2、诡、合3、进2、举5、将18、积、就3、矫、解、捐、聚、据刻、开4、跨、考、勒6、虏2、敛、临2、论、留2、募、被、破、取、去5、倾、擒、入4、然、上7、受6、率14、释、收4、随5、舍、帅3、束、夺、守、送、投2、讨、讬、违、伐2、兴3、下、循2、幸、修、行3、袭、引9、诣5、倚2、应、有、迎2、越、缘、至3、凿、载4、驻、奏、筑、坐、屏、斩、瞋、担、改、搜、召、拊	上2、称2、归4、入8、请4、依、疑、休、受2、讨6、击11、居4、踰、射、署、征2、诣6、更、斩2、避、告、瞻、追、投、杀6、作3、秉、断2、立、就5、取、截、应、还9、烧2、救3、袭2、军、得、援、造2、攻3、目、往赴、到3、助、渡、屯、拒2、留、下2、除、写、度、然、为4、徙2、假、内2、振、黜、收、设、捕、御、临2、送2、搜、忘、行4、守、开、问2、保2、置2、讬、赎、伤、明、陈3、欢、辅5、围3、出2、泝、进、镇、治2、伐8、县(悬)、致2、亡、执、有2、趣、省、领2、澡、洒、夺、失、议、登2、赴、顺、至3、呼、遏、从、系、澡洒、拯救、幸、叛、谏、护、解
2. VOAVO	拔、被、从、乘、典、得2、到、负、感、进、举、积、将、见、击、上、率3、守、随、受、诬、限、远、引、置、至、计、输、推、	斩、求、奔3、袭、屯、为、富、率2、无2、攻、射、下、到、给、称2、报、诛、讨、毕、征、受3、取、至、还、飨、闻
3. AVAVO	止、执、坐、出、进、还、战、引、击、徙、表2、语	杀、从、免、下、赦、去2、破、渡、为、入、救、异

续表

类型	V1	V2
4. VAVO	用、进 2、退 4、鸣、坐、食、走、起、出 2、噎、顾、行 2、还 4、失、闻、忧惧、忧恐、就 3、畏、归、醉、刊、志、至、升、争	平定、求、避、失、兼、安、甘、争、踏、有、关、为、见 2、攻、还 2、过、合、取、捶、丧、知 2、破、杀、求 2、受、表、定、避、罚、克、得、并兼、彰
5. VOVOC	横、帅、乘、勒、举、将、率、随 2、伏、斩	筑 2、讨 2、设、诣、拒 2、攻、杀、获
6. AVOAVO	分、引 4、无、将、渡、受、连、如、触、随、审、叛、乘、合、有	应、入、为、会、袭 3、度、继、无、沉没、渡、攻 2、得、傅、谋、营
7. AVAVO	滞、将、上、叩、书	行、击、省、致、请
8. AVOVOC	引、进、将、从 2、乘	攻、击、迎、拒 2、射
9. VOCVO	呵、奉、将 2、引、率	斩、请、迎、下、入、稽
10. AVOCVO	虏、牵	送、斩
11. VOV	引 10、溃 2、赴 2、率 3、上、环、执、投、弃 6、举 5、至、诣 2、将 3、拔 2、领、随、见、入、会 2、得、度、罢、徹、揖、致、破、乘、开、还、止、加、持 2、引、断、下 2、勒 6	还 7、出 7、死 4、从、来、降 5、卧、表、退 6、留、走 3、反、屯、归 2、去 7、行、欢宴、饮、战 2、徙、奔走、征伐、沐浴、居、戮、跪、伏、迎 2、往、守、跪伏、沐浴、逃窜
12. VOAV	入 2、攻 6、坚、让、留、恃、追 2、分、略 2、知 3、秉、抚、弃 2、保 2、赖 2、讨、志、违、将 4、随 5、置 4、临 3、闻 3、购求、获、退、作、守 3、阖、得 3、举 4、缘 3、争、率 3、省、征 2、闭 8、过、索、失、解 2、虑、克、畏 2、正、称、饮 2、衔、开、发 2、驱、止、登、勒、避、走、顺 2、听 2、杀、有 2、疾、增、公、引 7、廻、乘 2、县（悬）、赴、把、连 2、围、惮、敬、邀、坐、受、讨击、送、帅、被 3、流、陈 2、持、越、出、伺、进、提、缝、踏、据、倚、取、惧、渡 5、辞、上 2、遇、踰、执、望、救、到、援、袭 2、击 2、并	趋 2、下 6、应、受 5、遣 4、服 2、及 2、拔 4、击 2、获 2、辱、顾 4、行 10、守 8、免、胜、立、至 7、出 7、会 5、征 5、济、往、怒、交 2、怿、扰、喜、前 5、和、攻 4、悦、走 3、归 2、举、克、通、到、助、去 3、战 3、言、朝 2、醉、死 4、卫 3、呼、还 7、得、渡、宴乐、附 3、愈、返、迁、拒、争、誓、向 2、发、礼、诣、赴、禽 2、惧、进 2、答、腹痛、涉、恐、降、感、救、与 2、摩、昂、哀吟、入、就、徙、让、脱、回、采、给、遁走、破
13. AVOAV	敛、拥 2、举 4、将、御、养、设、诡、选、携、持、率、称、出、委、越、为、隔、有、乞、潜、奋、引、携持	攻 2、卫、应、往 3、征 4、仕、战、度、行、入、饮、讨、渡、笑、下 2、对、出、反、到 2、还 2
14. AVOVC	将、举、帅	入、还、起

类型	V1	V2
15. VOVC	入、乘、将、诣、率2、随、送、诣、临	行、会、降、来、出、傅、诣、斩、降、周旋
16. AVOCAV	去	归
17. VOCV	率2、攻、合	降2、下、来
18. VOCAV	行	还
19. VOAVC	率	入
20. AVCVO	笑	待
21. VCAVO	行	知
22. AVOVOC	将	围

第四章 《三国志》"V曰"惯用式连动式

《三国志》连动式中，动词"曰"往往固定充当V2，如果V1是动词"怒、持、求、笑"等，表示"曰"的方式、目的、状态等关系。V1如果是"谓"、"说"、"问"、"骂"等表示言语动作的动词，那么，常在这些述语所带的宾语之后加上一个"曰"字，相当于现代汉语"说"（或"道"）的意思，这样，"谓—说"也形成了一种连述的句子。不过，这两个相连的述语，其词汇意义是很接近的。"曰"在这种场合中是起引起下述的话语的作用，并不是表示另一个不同的动作①。我们把有"曰"字句的连动式称为"V曰"惯用式。在考察时，由于"曰"后面固定带有话语宾语，我们不再以话语宾语来作为类型，只以V和"曰"前的成分情况分类。

第一节 《三国志》"V曰"黏合式连动式

一 "V曰"黏合式连动式形式特征

《三国志》"V曰"黏合式结构有338例，根据状元和补元和V1论元的分布情况，可分为单纯式和附加式两大类。具体讨论如下：

（一）单纯式

共352例。该类形式上的特点是，V1不带宾语，前后没有附加成分。例如：

---

① 李新魁：《汉语文言语法》，广东人民出版社1983年第11版，第353页。

照对曰："诚由时有朴文，故化有薄厚也。"（1，138）

太祖悦曰："怒不变容，喜不失节，故是最为难。"（1，156）

则稽首曰："臣闻古之圣王不以禽兽害人，……敢以死请！"（2，493）

谓曰："许下论义，待吾不足；足下相为观察，还以见悔。"（3，643）

亮涕泣曰："……继之以死！"（4，918）

评曰：曹公乘汉相之资，挟天子而扫群桀，……故载录焉。（5，1281）

1. V1 多为单音节动词，没有活用动词和使动意动用法，只有一般动词，如"奏$_7$、评$_{25}$、问$_{36}$、语$_6$、号$_4$、告$_2$、令$_5$、诏$_2$、骂、悦、言$_{12}$、谏$_{19}$、说$_4$、仰、计、称（称赞）$_2$、咨、命、悲、笑$_8$、惭、跪$_2$、出、议$_6$、教$_5$、辞（推辞）$_3$、怒$_6$、请$_3$、进$_3$、让、谣、答$_{19}$、叹$_{29}$、报$_{10}$、谋$_2$、叙、谢$_3$、对$_{81}$、闻、谓$_{22}$、还"等；偶有双音节动词：联合式（6）——惊惧、叹息$_2$、号呼、欢悦、涕泣、瞋目横矛；状中式（1）——欢笑；动宾式（4）——建议、叩首、顿首、稽首。V2 为单音节动词"曰"。

（1）双音节动词只出现在 V1 上。单音节动词出现的个数为 42 个。双音节动词为 11 个。

（2）没有出现词类活用和使动意动用法现象。

（3）没有出现被动式。

（4）趋向动词出现 5 例。

2. 宾语①。V1 没有宾语。话语宾语出现在"V2 曰"后，如：

翻谏曰："明府用乌集之众，驱散附之士，皆得其死力，虽

---

① 如前文所述，"曰"后必须带有话题宾语，本文分型时不再讨论，只在举例时列出。

汉高帝不及也。至于轻出微行，从官不暇严，吏卒常苦之。"
（5，1318）

冲谓曰："待三日中，然后自归。"（2，580）

太祖怒曰："谚曰'生女耳'，'耳'非佳语。'会当有变时'
意指不逊。"（2，369）

（二）附加式

共88例。该类形式上的特点是，V1不带宾语，前后有附加成
分。例如：

为之铭曰："于赫有魏，作汉藩辅。"（2，394）

温向城大呼曰："大军不过三日至，勉之！"（2，550）

常欢曰："自吾有回，门人日以亲。"（3，635）

裕即答曰："……乃署曰'潞涿君'。"（4，1021）

1. V1多为单音节动词，没有活用动词，只有一般动词，如
"谋₃、奏、称₆、悦、问₄、白、谏₄、怒₂、铭、恚、喜₂、呼₂、语、
应、疏、丧、笑₃、言₃、谢、对、叹₄、谓₂、报₈、书₇、欢、戒、谈、
诏、答₃、与₂、骂₂、教"等；偶有双音节动词或词组：动宾——建
议；联合式——计较。V2为单音节动词"曰"。

（1）双音节动词只出现在V1上。单音节动词V1出现的个数为
35例，双音节为2例。

（2）没有词类活用和使动意动用法出现。

（3）没有被动式出现。

（4）趋向动词未出现。

2. 附加成分以状语形式出现。状语一般以单个成分出现有：A1：
副词——又₅、每、乃₅、尝₃、复₂、重₃、亦、即₂；形容词——大₈、
常₄；名词——面、诏₇；定中短语——大声、厉声₂；动宾短语——画
地；介词短语——为-₂、向-、与-₂。状语连用有：乃共、尝从
容、向城大、私与-、乃伪。从状语情况看，有以下几个特点：

（1）状语可以分为两类，一类是状语修饰整个连动式 V1 曰，此式为：【（A1）V1 曰 O】，共有 6 例，如"亦喜曰（435 页）"、"为之语曰（544 页）"、"又谏曰（1245 页）"等。另一类是单向修饰 V1，此是为：【A｛（A1）V1 曰 O｝】，共有 39 例，如"大怒曰（386 页）"、"常戒曰（272 页）"、"向城大呼曰（550 页）"等。

（2）未见否定状语。

3. 宾语。V1 没有宾语，未见双宾例。"V2 曰"后均为话语宾语，如：

> 太祖责让之，因为谋曰："诸君听吾计，使勃海引河内之众临孟津，酸枣诸将守成皋，据敖仓，塞轘辕、太谷，全制其险；使袁将军率南阳之军军丹、析，入武关，以震三辅：皆高垒深壁，勿与战，益为疑兵，示天下形势，以顺诛逆，可立定也。今兵以义动，持疑而不进，失天下之望，窃为诸君耻之！"（1，7—8）

二　"V 曰"黏合式连动式语义特征

根据动词的语义关系分为以下几个语义类型：承动式、动趋式、状动式。

（一）承动式

1. 语义类型

该式共 385 例。此式特征是两个动作动词（包括感知动词）不可逆向的承接。例如：

> 钦答曰："往者毛孝先、崔季珪等用事，……而徐公之有常也。"（3，741）
>
> 亮称曰："忠益者莫大于进人，……以属其望。"（4，1087）
>
> 咨对曰："聪明仁智，雄略之主也。"（5，1123）
>
> 玠密谏曰："近者袁绍以嫡庶不分，覆宗灭国。"（2，375）

玄又书曰:"汉文虽身衣弋绨,犹不能使上下如意。"(1,298)

2. 语义角色

该类都是施事类,句子的主语由表人名词充当,如:

裕即答曰:"昔有坐上党长,……乃署曰'潞涿君'。"(4,1021)

帝在洛阳,尝从容言曰:"吾应天而禅,而闻有哭者,何也?"(2,492)

荀彧请曰:"佗术实工,人命所县,宜含宥之。"(3,802)

诩谏曰:"明公昔破袁氏,……则可不劳众而江东稽服矣。"(2,330)

雍闻,悲曰:"泉善别死生,吾必不起,故上欲及吾目见济拜也。"(5,1227)

在《三国志》"V 曰"式中,曰是话语动词,主语必须是人物施事类。因为《三国志》是部史书,不可能有其他主语类别。

3. 语义关系

(1)单纯时间先后关系,如:

文帝闻曰:"所谓社稷之臣也。"(3,646)

(2)同时附加其他关系

Ⅰ.V1 表示"曰"的方式,如:

尚书何晏奏曰:"善为国者必先治其身,治其身者慎其所习。"(1,122)

朗议曰:"天子之军,重于华、岱,诚宜坐曜天威,不动若山。"(2,411)

　　策命曰："惟赤乌元年闰月戊子，……呜呼哀哉！"（5，1198）

Ⅱ. V1 表示对"曰"的补充，如：

　　艾重言曰："衔命征行，……谓合权宜。"（3，780）
　　厉声谓曰："卿等何敢妄数作诏？"（5，1438）

Ⅲ. V1 表示"曰"的动作或心理活动，如：

　　主人惭曰："以卿善射有无，欲相试耳，竟效如此。"（5，1424）
　　诏怒曰："汝非曾、闵，何言毁邪？"（3，687）
　　宠重表曰："孙子言，兵者，诡道也。"（3，724）
　　矫等初见仁出，皆惧，及见仁还，乃叹曰："将军真天人也！"（1，275）

Ⅳ. V1 表示"曰"的目的，如：

　　攸与郭嘉说曰："吕布勇而无谋，今三战皆北，其锐气衰矣。"（2，323）
　　柔教曰："昔邴吉临政，吏尝有非，犹尙容之。"（3，683）
　　太祖常戒曰："为将当有怯弱时，不可但恃勇也。"（1，272）
　　翻谏曰："明府用乌集之众，……愿少留意。"（5，1318）

　　在《三国志》"V曰"式承动式中，由于受到话语动词"曰"的限制，语义关系不甚复杂。本式只有单纯时间先后关系和同时附加其他关系。单纯时间先后关系有 1 例，同时关系附加其他语义关系 384 例。此式出现了表示补充、心里活动等新的语义关系。

（二）动趋式

1. 语义类型

该式共 5 例。该类形式上的特点是谓语部分有一个是趋向动词。根据趋向动词在结构中的位置，此式只有趋动类型，如：

出曰："有诏收诸葛恪！"（5，1439）

矫还曰："闻远近之论，颇谓明府骄而自矜。"（3，643）

2. 语义角色

该类都是施事类，句子的主语由表人名词充当，如：

诗进曰："孟达小子，昔事振威不忠，……何足与书邪！"（4，1016）

矫还曰："闻远近之论，颇谓明府骄而自矜。"（3，643）

3. 语义关系

该式都是单纯时间先后关系，如：

毓进曰："臣闻君明则臣直，古之圣王恐不闻其过，故有敢谏之鼓。"（3，651）

矫还曰："闻远近之论，颇谓明府骄而自矜。"（3，643）

（三）状动式

1. 语义类型

该式共 50 例。该类形式上的特点是谓语部分有一个是性状动词。根据性状动词在结构中的位置，此式只有状动类型。例如：

琮顿首曰："愚以所市非急，而士大夫方有倒县之患，故便振赡，不及启报。"（5，1381）

太祖笑曰："儿衣在侧，尚吃，况鞍县柱乎？"（2，580）

植跪曰："言出为论，下笔成章，顾当面试，奈何倩人？"
（2，557）

2. 语义角色

该类都是施事类，句子的主语由表人名词充当，如：

緤叩首曰："愿徙交州。"（5，1451）

余众号呼曰："将军弃我乎！"（2，519）

昭坐定，仰曰："昔太后、桓王不以老臣属陛下，……此臣
所不能也。"（5，1222）

温向城大呼曰："大军不过三日至，勉之！"（2，550）

3. 语义关系

该类是同时关系附加其他语义关系，V1 表示"曰"的状态。
例如：

登笑曰："将顺其美，匡救其恶，诚所赖于传君也。"（5，
1248）

恪跪曰："乞请笔益两字。"（5，1429）

则稽首曰："臣闻古之圣王不以禽兽害人，……敢以死请！"
（2，493）

三　"V曰"黏合式连动式语用特征

从语用功能考察，此类句子的表达功能比较特殊，由于曰为话语
宾语，往往由若干句子或分句构成，其各自的语气并不一致，整个宾
语包含若干语用类型。而我们考察是小句，所以，从动词 V 和曰之间
的语用关系出发，我们把本类型分为两类句型，即陈述句和祈使句。
具体讨论如下：

（一）陈述句

1. 描写性陈述，如：

登笑曰："将顺其美，匡救其恶，诚所赖于传君也。"（5，1248）

植跪曰："言出为论，下笔成章，顾当面试，奈何倩人?"（2，557）

昭坐定，仰曰："昔太后、桓王不以老臣属陛下，……此臣所不能也。"（5，1222）

2. 评述性陈述

由动词"评"构成，如：

评曰：汉末，天下大乱，雄豪并起，而袁绍虎视四州，强盛莫敌。太祖运筹演谋，鞭挞宇内，揽申、商之法术，该韩、白之奇策，官方授材，各因其器，矫情任算，不念旧恶，终能总御皇机，克成洪业者，惟其明略最优也。抑可谓非常之人，超世之杰矣。（1，55）

评曰：文帝天资文藻，下笔成章，博闻强识，才艺兼该；若加之旷大之度，励以公平之诚，迈志存道，克广德心，则古之贤主，何远之有哉！（1，89）

3. 叙述性陈述

表示对人物言语行为动作的叙述，如：

出曰："有诏收诸葛恪！"（5，1439）

立计曰："军当远处，卿诸人好谛其事。"（4，997）

承谢曰："在德不在强。"（2，337）

主人惭曰："以卿善射有无，欲相试耳，竟效如此。"（5，1424）

（二）祈使句

1. 表示命令

　　　　策命曰："……共承天地。"（5，1198）

2. 表示请求、劝阻的祈使句包括请求、敦促、商议、建议和劝阻等，如：

　　　　荀彧请曰："佗术实工，人命所县，宜含宥之。"（3，802）
　　　　勖面谏曰："王师屡征而未有所克者，……有难拔之势故也。"（2，385）
　　　　乃建议言："……镇安方夏。"（4，865）
　　　　粲教曰："夫应龙以屈伸为神，……潜鳞于重渊者哉？"（5，1339）

在《三国志》"V曰"间合式连动式中，描写性陈述类为44例，评议性陈述共25例，叙述性陈述共336例。祈使句少见，共为35例，未见疑问句和感叹句。"V曰"间合式连动式，叙述性陈述占绝对优势，为此式的83%。

第二节　《三国志》"V曰"间合式连动式

一　"V曰"间合式连动式形式特征

《三国志》"V曰"间合式结构有499例，根据V1论元、状元和补元分布情况，可分为带宾式、附加式、复合式三大类。具体讨论如下：

（一）带宾式

共434例。该类形式上的特点是，带宾语，前后没有附加成分。例如：

飞<u>呵</u>颜曰:"大军至,何以不降而敢拒战?"(4,943)

太祖<u>见</u>官属曰:"今当远征,而此方未定,以为后忧,宜得清公大德以统之。"(3,645)

太守杨沛<u>梦</u>人曰:"八月一日曹公当至,必与君杖,饮以药酒。"(3,810)

嶅<u>献</u>诗曰:"惟臣之先,……无报万分。"(5,1254—1255)

统<u>进</u>策曰:"今因此会,便可执之,则将军无用兵之劳而坐定一州也。"(4,955)

<u>执</u>其手曰:"微子之力,吾无所归矣。"(2,42,)

1. V1 多为单音节动词,均为一般动词(78 个),如"案、呵、上₇₈、上(推荐)₂、问₁₉、说₄₄、谓₁₂₂、见₄、难₂、谏₄、出₂、为₂、招、梦、献、报₂、止₃、戒₈、劝₂、言₆、敕₆、书₂、喻(晓谕)₂、拊₃、答₈、脉、应₂、策、议、怒₂、奉、命₂、进₂、称₂、表、诈、平、移₃、与(给)₁₈、贺、执₅、约₂、下(下达)₈、闻、叱₃、诘、致、劳、料、流₂、持、骂₂、诏、责₃、遣、捉、赐、辞、避、陈、指、语₃、颂、荐₅、教、数(数落)、令、胁、求、告、诣、谢、抗、嘲"等;未有双音节动词或词组。

(1)双音节动词未出现。

(2)词类活用和使动意动用法未出现。

(3)被动式未出现。

(4)趋向动词出现在 V1 为 4 个。

2. 宾语。多为单宾,在 V1 后。例如:

<u>遗令</u>曰:"天下尚未安定,未得遵古也。葬毕,皆除服。其将兵屯戍者,皆不得离屯部。有司各率乃职。敛以时服,无藏金玉珍宝。"(1,53)

公<u>戒</u>之曰:"羌、胡欲与中国通,自当遣人来,慎勿遣人往。善人难得,必将教羌、胡妄有所请求,因欲以自利;不从便为失异俗意,从之则无益事。"(1,43)

　　孙权<u>问</u>预<u>曰</u>："东之与西，譬犹一家，而闻西更增白帝之守，何也?"（4，1076）

双宾有 24 例，宾语为名词，均在 V1 后，如：

　　公<u>与</u>荀彧书<u>曰</u>："贼来追吾，虽日行数里，吾策之，到安众，破绣必矣。"（1，15）

　　先主<u>上言</u>汉帝<u>曰</u>："臣以具臣之才，……宜城亭侯印绶。"（4，886）

（二）附加式

共 13 例。该类形式上的特点是，V1 不带宾语，前后有附加成分。根据附加成分的状况，本结构有如下类型：

Ⅰ．VA曰（6 例），如：

　　众议<u>咸曰</u>："田畴虽年少，多称其奇。"（2，340）

　　凯书<u>与</u>荀彧<u>曰</u>："关中膏腴之地，……皆企望思归。"（3，610）

　　宁<u>涕泣</u>嘘唏<u>曰</u>："负卿。"（5，1295）

Ⅱ．VC曰（6 例），如：

　　攸<u>言</u>于太祖<u>曰</u>："绣与刘表相恃为强，……其势必相救。"（2，323）

　　程昱、郭嘉闻公遣备，<u>言</u>于公<u>曰</u>："刘备不可纵。"（1，18）

Ⅲ．AVC曰（1 例）

　　更大<u>呼</u>城中<u>曰</u>"……壮士努力！"（1，127）

1. V1 多为单音节动词，均为一般动词，如"议、书$_3$、言$_6$、答"等；偶有双音节动词或词组：联合式——涕泣。

（1）双音节动词只出现 1 例。

（2）词类活用和使动意动用法未出现。

（3）未出现被动式。

（4）趋向动词未出现。

2. 附加成分以状语和补语两种形式出现。状语一般以单个成分出现：A1：介词短语——与 - 。A2：象声词——嘘唏。副词——咸；状语连用有：A1：更大。补语只有介词短语充当。C1：于 -$_6$、城中。

从状语情况看，有以下几个特点：

（1）状语可以分为两类，一类是单向修饰 V2，此式为：【V1（O）AV2（O）】，共有 12 例，如"涕泣嘘唏曰（1295 页）"、"众议咸曰（340 页）"、"书与荀彧曰（610 页）"等。另一类是状语修饰 V1，此是为：【｜（A1）V1V2（O）｜】。其有 1 例："更大呼城中曰（12 页）"。

（2）否定状语未见。

（三）复合式

共 52 例。该类形式上的特点是，V1 带宾语，前后有附加成分。根据附加成分的状况，本结构有如下类型：

Ⅰ. AVO 曰（50 例），如：

又诏青州刺史曰："宁抱道怀贞，……高尚其事。"（2，356）

乃上言曰："自丧乱以来，民人失所，今虽小安，然服教日浅。"（2，380）

蒙乃密陈计策曰："（今令）征虏守南郡，……其可得邪？"（5，1278）

Ⅱ. VOC 曰（2 例）

　　亮上言于后主曰："伏惟大行皇帝迈仁树德，……若丧考妣。"（4，891）

　　下令诸将曰："夫存不忘亡，副孤意焉。"（5，1121）

　　1. V1 多为单音节动词，均为一般动词，如"敕$_2$、垂、谓$_9$、呼$_2$、语$_2$、谮、责$_2$、问$_2$、拊、诏$_2$、下（下诏）$_2$、荐、上（上疏）$_2$、抑、说$_3$、答$_2$、表、屏、议$_2$、让$_2$、陈、论、移、劝、难、名、与、遗、赐"等。

　　（1）双音节动词未出现。

　　（2）词类活用和使动意动用法未出现。

　　（3）未出现被动式。

　　（4）趋向动词未出现。

　　2. 附加成分以状语和补语两种形式出现。状语一般以单个成分出现：A1：形容词——先、熟；代词——或$_3$、自；名词——众；副词——又$_8$、复、戏、因$_3$、乃$_4$、尝、固；介词短语——以 - 、与 - 、于是。A2：与 -$_3$。状语连用有：A1：因密、乃密、又更、乃复；补语只有介词短语充当。C1：于 -$_8$、城中。

　　从状语情况看，有以下几个特点：

　　（1）状语可以分为两类，一类是单向修饰 V1 或曰，此式为：【（A1）V1（O）V2（O）】，共有 3 例，为"先移人曰（1432 页）"、"更大呼城中曰（12 页）"、"熟视人曰（1223 页）"。另一类是状语修饰整个连动式，其中，V1 或 V2 有时带有自己的状语，此是为：【A {（A1）V1（O）（A2）V2（O）}】，共有 49 例，如"尝抑之曰（555 页）"、"又语人曰（1005 页）"等。

　　（2）否定状语未见。

　　3. 宾语。单宾（49 例），如：

　　玄谓太祖曰："天下将乱，非命世之才不能济也，能安之者，其在君乎！"

　　又问周曰："宁复有所怪邪？"（4，1022）

因劝酒曰："蜀者何也?"（5，1250）

双宾宾语（3 例），如：

会稽东部都尉张纮又与融书曰："虞仲翔前颇为论者所侵，……不足以损。"（5，1320）

赐燮玺书曰："交州绝域，……领交阯太守如故。"（5，1192）

二 "V曰"间合式连动式语义特征

根据动词的语义关系分为以下几个语义类型：承动式、动趋式、状动式，存现式。

（一）承动式

1. 语义类型

该式共 381 例。此式特征是两个动作动词不可逆向的承接。例如：

或难达曰："飞者固不可校，谁知其然，此殆妄耳。"（5，1424）

权诏岱曰："厉负险作乱，……君其裁之。"（5，1385）

奉书曰："限分江、汉，遇值深远，……未率大教。"（4，900）

登闻之曰："单飏之言，其验兹乎!"（1，58）

2. 语义角色

该类都是施事类，句子的主语由表人名词充当。例如：

翟为文曰："咨翟小臣，草芥凡庸。"（5，1469）

广答书曰："初以尊卑有隃，礼之常分也。"（3，614）

亮称之曰："董令史，良士也。"（4，933）

3. 语义关系

（1）单纯时间先后关系，如：

桓后见逊曰：“前实怨不见救，定至今日，乃知调度自有方耳。”（5，1347）

翻指昭曰：“彼皆死人，而语神仙，世岂有仙人（邪）？”（5，1321）

（2）同时附加其他语义关系

Ⅰ. V1 表示“曰”的动作，如：

逊呵景曰：“礼之长于刑久矣，……不须讲也。”（5，1349）

卓怒毖曰：“诸君言当拔用善士，……不欲违天下人心。”（4，963）

惠骂羽曰：“竖子，何谓降也！”（2，546）

Ⅱ. V1 表示“曰”的方式，如：

左右长御贺后曰：“将军拜太子，天下莫不欢喜，后当倾府藏赏赐。”（1，156）

乃书柱曰：“众而大，期之会，具而授，若何复？”（4，1022）

Ⅲ. V1 表示“曰”的补充，如：

言之曰：“杨彪考讯无他辞语。”（3，721）

太祖语惇曰：“且往以情喻之，自从君言，无告吾意也。”（2，343）

因谓瑜曰：“吾以此众取吴会平山越已足。卿还镇丹杨。”（5，1260）

Ⅳ. V1 表示"曰"的目的，如：

爽闻之，戒何晏等曰："当共慎之！公卿已比诸君前世恶人矣。"（2，418）

冯异等劝之曰："当行人所不能为。"（3，1028）

太祖举卮酒劝晃，且劳之曰："全樊、襄阳，将军之功也。"（2，529）

西曹属邵悌求见曰："今遣种会率十余万众伐蜀，……不若使余人行。"（3，793）

此式中，单纯时间先后关系有 8 例，同时关系附加其他语义关系 373 例。同时关系附加其他语义关系占98%。

（二）动趋式

1. 语义类型

该式共 95 例。该类形式上的特点是，谓语部分有一个是趋向动词。根据趋向动词在结构中的位置，此式只有趋动类型，如：

统进策曰："今因此会，便可执之，则将军无用兵之劳而坐定一州也。"（4，955）

乃上疏曰："臣窃以鲁王天挺懿德，……明教化之本。"（5，1412）

2. 语义角色

该类都是施事类，句子的主语由表人名词充当。例如：

青州人隐蕃归吴，上书曰："臣闻纣为无道，……乞蒙引见。"（5，1417）

桓进计曰："休本以亲戚见任，非智勇名将也。"（5，1313）

3. 语义关系

此式语义关系为 V1 表示"曰"的方式，如：

会上言曰："贼姜维、张翼、廖化、董厥等逃死遁走，欲趣成都。"（3，790）

而出然表曰："此家前初有表，孤以为难必，今果如其言，可谓明于见事也。"（5，1307）

（三）状动式

1. 语义类型

该式共23例。该类形式上的特点是，谓语部分有一个是性状动词。例如：

逊案剑曰："刘备天下之名，而不相顺，……不可犯矣。"（5，1347—1348）

颖川司马德操抚其头曰："孺子，孺子，'黄中通理'，宁自知不？"（3，613）

太祖喜，持彰须曰："黄须儿竟大奇也！"（2，556）

2. 语义角色

该类都是施事类，句子的主语由表人名词充当。例如：

太祖执登手曰："东方之事，便以相付。"（1，224）

惇临去，乃拊畴背曰："田君，主意殷勤，曾不能顾乎！"（2，343）

3. 语义关系

只有同时附加其他语义关系，表示"曰"的状态，如：

允流涕曰："不敢有二心。"（2，426）

太祖喜，持彰发曰："黄须儿竟大奇也！"（2，556）

更大呼城中曰："大军近在围外，壮士努力。"（1，127）

三 "V曰"间合式连动式语用特征

从语用功能考察，此类句子的表达功能比较特殊，由于曰为话语宾语，往往由若干句子或分句构成，其各自的语气并不一致，整个宾语包含若干语用类型。而我们考察是小句，所以，从动词 V 和曰之间的语用关系出发，我们把本类型分为两类句型，即陈述句和祈使句。具体讨论如下：

（一）陈述句

1. 描写性陈述，如：

拊其背曰："吕子明，吾不知卿才略所及乃至于此也。"（5，1274）

执诩手曰："使我信重于天下者，子也。"（2，329）

通亲戚部曲流涕曰："今孤危独守，……不如亟从绍。"（2，535）

太祖喜，持彰须曰："黄须儿竟大奇也！"（2，556）

2. 叙述性陈述，如：

亮上言于后主曰："伏惟大行皇帝迈人树德，……臣请宣下奉行。"（4，891）

太祖见官属曰："今当远征，而此方未定，以为后忧，宜得清公大德以镇统之。"（3，645）

时人称之曰："德行堂堂邢子昂。"（2，382）

岐数咷曰："……使百姓危心，非此焉在？"（2，389）

（二）祈使句

1. 表示命令，如：

太祖下令曰："河东太守杜畿，孔子所谓'禹，吾无闻然

矣。'增秩中二千石。"（2，496）

渊司马郭淮乃令众曰："张将军，国家名将，刘备所惮；今日事急，非张将军不能安也。"（2，526）

策命之曰："惟景元五年三月丁亥，……以终乃显烈。"（4，901）

2. 表示请求、劝阻的祈使句包括请求、敦促、商议、建议和劝阻等，如：

胤谏恪曰："君以丧代之际，……君独安之？"（5，1443）

公戒之曰："羌、胡欲与中国通，……从之则无益事。"（1，42）

冯异等劝之曰："当行人所不能为。"（4，1028）

在《三国志》"V曰"间合式中，描写性陈述类为23例，叙述性陈述共455例。祈使句少见，共为21例。没有出现评议性陈述、疑问句、感叹句。

附录

一 "V曰"黏合式

（一）单纯式

类型	V1	V2
V曰	叹29、叹息2、答19、言12、教5、建议、议6、对81、报10、谓22、谋2、进3、怒6、谏19、叙、笑8、辞3、闻、谢3、问36、还、骂、诏2、奏7、评25、语6、请3、号4、告2、令5、悦、说4、仰、称2、咨、命、悲、惭、跪2、出、让、谣、欢悦、欢笑、号呼、惊惧、涕泣、顿首、叩首、稽首、瞋目横矛、计	曰

（二）附加式

类型	V1	V2
AV曰	称6、呼2、叹4、谈、谋10、奏、悦、问4、白、谏5、怒2、铭、恚、喜2、言3、呼2、语、应、疏、笑3、书7、谢、对、谓2、报8、欢、戒、呼2、答2、诏、建议、计较、丧、与₂、骂、教、报	曰

二 "V曰"间合式

（一）带宾式

类型	V1	V2
VO曰	嘲、称2、抗、说44、诟、答8、语3、言6、上80、与18、难2、下8、问19、戒8、谓122、责4、案、呵3、见4、谏4、出2、为2、招、叩、梦、献、报2、止3、劝2、敕6、教、书2、喻2、拊3、脉、应2、策、议、怒2、奉、命2、进2、表、诈、平、移3、贺、执5、约2、闻、叱3、诘、致、劳、料、流2、持、骂2、诏、遣、捉、赐、辞、避、陈、指、颂、荐5、数（数落）、令、胁、求、告、遗、垂、谢、称2、责3	曰

（二）附加式

类型	V1	V2
（1）VA曰	议、书3、涕泣、答	曰
（2）VC曰	言6、	曰
（3）AVC曰	呼	曰

（三）复合式

类型	V1	V2
（1）AVO曰	谓9、与、呼2、语2、谮、诏2、抑、答2、表、屏、议2、让2、责2、陈、论、上2、敕2、移、劝、难、名、下2、问2、垂、拊、荐、说₃、遗、赐	曰
（2）VOC曰	上、下	曰

第五章 《三国志》连动式相关问题的讨论

第一节 《三国志》连动式语义相关问题讨论

句中词语间的语义关系决定句子的意思，理解句子的意思不仅要进行句法分析，还要清楚句子内部词语间的语义关系。只有对句子内部词语间的语义关系作语义分析，才能揭示结构所形成的隐层的关系意义，所以，语义分析在语法研究中越来越受到重视。本节将对《三国志》连动式中的动词排列及相关性、连动式动词及修饰成分的语义指向、连动式动词配价等相关语义问题进行讨论。

一 《三国志》连动式的动词排列及其相关性

（一）各类动词在连动式中的分布

一般来说，事物里的一般性的普通实例，在数量比例上总是占多数，而比较特殊的、非一般性的则占少数。语言是思维的过程，这种现象会体现在语言表达中。人类活动中，行为动作和心理感知，以及由此产生的性状是一种普遍现象，在数量上呈现差别。这会在语言中有所反映。在连动式里，由动作行为动词充当连动式不论在前项还是后项动词都占绝对优势，心理动词次之，性状动词较少，存现动词和使令动词少见。如动作动词、性状动词和心理动词的数量对比：

类别	V1	V2
动作动词	485	486
性状动词	40	33
心理动词	60	33

心理动词和心理动词组成的连动式很少。心理动词与其他动词结合时，心理动词在句法结构中总是高于一般动词一个层次，由于其带谓词宾语，大多数情况下不能作连动式的前项。因为当人们行动时，总是心理活动在先，而具体的动作行为在后，在句法上则表现为动作行为动词降级作宾语。例如：

> 佗恃能厌食事，犹不上道。(3，802)
> 奉得书喜悦，语诸将军曰："……国家所当依仰也。"（2，437）
> 太祖闻，愈爱待之，迁中坚将军。(2，543)

存现动词在连动式中前后两项都出现过，但不表示人、事物、时间、地点和事件存在或消失，而是表示人和事物领有的关系。例如：

> 讨利城叛贼，斩获有功。(2，541)
> 壹叩头无言。(5，1226)

趋向动词在连动式中前后项都能出现，前项占有优势。例如：

> 谡依阻南山，不下据城。(2，526)
> 便还入殿，仁意恨之。(2，543)
> 涣往从之，遂复为布所拘留。(2，333)

总的来说，就《三国志》连动式中各动词类别出现频度看，它们的强弱分布大致呈现出这样的一种基本面貌：

动作行为动词—趋向动词—情状动词—心理动词—使令动词—存现动词。

（二）连动式中动词的序

通过对《三国志》连动式中的动词类别相对语序的初步考察，可以得知连动式的各类动词排列时，其位置顺序有一定的相对性。下面对《三国志》中连动式中动词之间的相对语序描述归纳如下：

1. 动作行为动词与动作行为

为了具体说明动词的组合情况，我们在语义分析中是按照动词的语义特点给连动式的动词划分不同的次类，目的是看各次类动词的语义搭配情况，即连动式的哪次类动词跟哪次类动词结合，结合的情况如何。我们根据动词的动作、行为的特点将动作行为动词再分为动作类、操纵制作类、处置类、获得给予类、率领跟随类、移动类。如表：

类别	词例（V1）	词例（V2）
动作类	按、案、部、捕、避、背、把、表、闭、保、搏、构、却、守、射	
操纵制作	秉、把、奉、放、扶持、提、牵、作、作为、造、捉、摄、手、持	
处置类		举、造、作、置、制、执
获得给予类	得、接、取、送、收、受、赐	得、给、供给、供、贡献、获、接、取、收、送
率领跟随类	将、率、随、领	随、率
移动类	V1 奔、奔走、退、逃、就、却、循、追、走	奔、奔走、反（返）、遁走、遁逃、退、逃、归、追

从《三国志》连动式情况看，表示操纵、制作类动作行为的动词先于处置动词；获得、给予既可在操作、处置动词之前也可其后；率领跟随类通常在动作类动词之前。这种相对语序的认知是除了徒手动作行为以外，动作行为总是要借助于一定的工具或人事，有了一定的工具或人事，才能进行相关的动作行为。例如：

> 开城门迎超。（3，701）
>
> 孙权率众围合肥。（2，450）
>
> 建安十三年，从太祖征荆州。（3，722）
>
> 辽东斩送袁尚首。（2，343）
>
> 太祖遂引军攻谭于南皮。（3，346）
>
> 韦持大斧立后，……韦辄举斧目之。（2，544）

言语动作动词"曰"处于其他动词的后面,主要反映了动词的结构上的不同。由于"曰"后有长短不同的引语,所以它通常处在连动式的后面。"曰"前最常出现的单个动词是"对"、"答"等,构成"对曰""答曰"等,常表示卑对尊回答问题,或者表示身份平等的人之间回答问题。"曰"也经常放在其他言语动词的后面,起着补充的作用。例如:

庞<u>上</u>疏<u>曰</u>:"……宜深为之备。"(3,723)

或<u>谓</u>仁<u>曰</u>:"……尚可全身。"(3,722)

畴<u>答</u><u>曰</u>:"……岂有从将军者乎!"(2,341)

2. 趋向动词和动作行为

趋向动词和动作行为在一起时,趋向动词在前在后都较常见。总的来讲,含趋向动词的连动式是连动式中的一种重要的形式,趋向动词在前为多。趋向动词所表示的动作行为有一定的移动性,此时动作还没有完结,一般要紧跟着下一个动作。趋向动词用于前项的主要是目的关系,用于后项的主要是是结果和承接关系,但是这两者的界限也不是非常严格,因为连动式本身就是不同的动作按照时间的先后顺序排列的,因此即使有目的和结果关系的两者,仍然都含有承接关系。例如:

刘禅<u>诣</u>艾降。(3,790)

会上言曰:"……将军王买等从涪南<u>出</u>卫其腹。"(3,790)

群臣<u>入</u>殿中发哀。(3,645)

<u>临</u>阵斩数百级,……贼得<u>入</u>城。(3,666)

从另一方面说,动作行为总是在一定的时间和空间里进行,空间(包括方向、位置、处所等)是动作行为得以进行的必要条件。而要居于或处于一定的空间,就要首先移动或占据空间。所以趋向动词后置是趋向连动式的发展趋势。趋向动词概括地说有三类意义:一是趋

向意义，即方向意义，表示人或动作有物体在空间的位置移动，二是
结果意义，表示动作有结果或达到目的的；三是状态意义，表示动作
或状态在时间上的展开、延伸，或进入新的状态。这种丰富的语法意
义为趋向动词为后项的连动式的发展也提供了条件。所以从趋向动词
的连动式发展到动趋式是历史的必然，动趋式的动补结构是从趋向连
动式发展而来的一种语法形式，只有趋向动词紧跟在动词后面的趋向
连动式才可能发展为动趋式。例如：

> 先登至江由，蜀守将马邈降。(3，779)
> 先主与吴军水陆并进，追到南郡，曹公引归。(4，878)
> 太祖自至汉中，拔出诸军。(1，281)

3. 趋向动词和趋向动词

趋向动词和趋向动词的结合在《三国志》里不太常见。一般连接
时，表示动作时间持续长的和移向近距离的动词在前。例如：

> 复还入城，城内食转竭，降出者数万口。(3，772)
> 从长安来赴，问速先生玺绶所在。(2，481)
> 便还入殿，仁意恨之。(2，543)

4. 存现动词和动作动词

存现动词和动作动词结合时，存现动词在前后都已出现，在后明
显多于在前。例如：

> 群上疏曰："禹承唐、虞之盛，……有以待之。"(3，636)
> 谌顿首无二心，公嘉之，为之流涕。(1，16)
> 从击吕布于濮阳，……皆先登有功，封广昌亭侯。(2，521)

5. 情状动词和行为动作动词

情状动词和行为动作动词连接时，在前居多。一般的动作是在一

定的状态下进行为常，在一定的动作下出现某种情状为次，因此，一般情状动词出现在前，表示对后一动作行为进行的某种状态。例如：

> 颍川司马德操<u>抚</u>其头曰："孺子，孺子，'黄中通理'，宁自知不？"（3，613）
> 温向城大<u>呼</u>曰："大军不过三日至，勉之！"（2，550）
> 芝独<u>坐</u>守老母。（2，386）
> 帝大<u>怒</u>曰："勋无活分，而汝等敢纵之！"（2，386）

6. 心理动词和其他动作动词

心理动词和其他动作动词在一起时，一般出现在其他动作动词前。例如：

> 瓒<u>闻</u>之大怒，购求获畴。（2，340）
> 若<u>怀</u>贰阻兵，然后致诛，于事为难。（2，448）

7. 心理动词和心理动词

心理动词和心理动词结合时，具有动作性的动词在后。这种用法不多见，如：

> 佗<u>恃</u>能<u>厌</u>食事，犹不上道。（3，802）
> 忧<u>惧</u>不<u>知</u>所出。（1，209）

通过对《三国志》连动式的考察，我们发现连动式中动词次类的排列有一定的相对顺序，这种语序大略如下：

状态动词——趋向动词（位移动词）——动作动词（取予动词—操作动词—处置动词）——趋向动词——使令动词

汉语动词的这种相对语序反映了客观事物和人们行动活动的一维性在人们心里反映的具体行动、活动和变化的顺序。

（三）连动式谓语动词的语义限制

前面的分析中列举了动词中某个次类词和某个次类动词构成连动式的种种情况，但这并不是说某个次类动词都可以与另一次类动词的全部组合成连动式。连动式中动词的排列并不是任意的，它们的组合要受到一定的制约，其中主要的因素就是动词的不同小类的特点。语言成分之间的相对语序有一定的认知基础，连动式当然也不会例外。连动式的几个谓语动词的组合有语义上的选择，这种选择十分复杂，但从认知的角度可以获得相应的解释。我们主要从摹拟性、相容性和习惯性三个方面的因素制约对《三国志》中连动式的动词连用的语义选择作一点探讨。

1. 摹拟性

连动式是对客观现实或客观可能的摹拟，它所指称必须是客观现实和可能性，在语义结构上要真实地表现一个事件发展一维性，即事件的开始、发展和变化。例如：

不食而死。（3，848）
行数十里乃知之。（3，727）

这些指称都是客观现实或客观可能，动词之间的组合是正确的。如果改为下列组合就不具有正确性。例如：

不食而醉。
死数十里乃知之。

2. 相容性

语义特征不仅决定词的意义，而且也规定着词的搭配要求。就各搭配动词的次类来说，它们有共同的语义基础。动词连用是同类连用，它们之间既有相同的义素，又有不同的义素。连动式的动词的共同语义基础就是表现出人或物以及事件的活动。比如说，动作动词的语义基础就是说话者对某一动作、行为的客观上的描述。心理动词的语义基础也是人们对客观事物或某些动作行为的主观感受或看法。个别的心理动词还可以像动作动词那样，对动作、状态或结果加以描述。就心理动词和动作动词来看，它们之所以能结合成一个总体，是因为它们有相同的义素，即：

动作行为动词【动作行为】　　心理动词【动作行为】【主观感受】

动作动词有动作行为这个义素，而心理动词也有动作行为义素，所以两者就具有共同的语义基础。

语言研究表明，属于同一个语义场的不同义项，肯定有相同的义素，也肯定有不同的义素。正是有相同的义素，才使得处于同一义场中的词有共同的属性，才使得动词能够组合在一起。也正是因为有不同的义素，才使得同一义场的某一义项区别于其他的义项，使得连动式语义显得复杂。从连动式的动词之间内部的语义关系看，有的是交集关系，有的是子集关系。连动式子集关系中有的是包容关系，动词的词义不是单一的、专门的，是包容式的组合，这样，就从意义上保证了它作为一个词的统一性。如"攻破、射杀、射伤"等。"破"是"攻"这个动作范围内的"破"。"攻"和"破"不是彼此分离的两种动作行为，而是包容式在一起的某种统一的整体性的动作行为。作为开始可能是他动，然后结合在一起成了使动，最后就变成自动凝固成"动结式"。动补结构是由谓语动词和补语两部分构成的结构，所谓补语也就是谓语动词后面的一种连带附着成分，起补充说明前一动作行为的结果、产生某种性质、状态、程度等。结果补语是动补结构中较早产生的一种形式，是补语直接附在动词述语后面而形成的粘合式动补结构。这种形式王力先生在《中国现代语法》（1943）和《中国语法理论》（1944）中曾称之为"使成式"："凡叙述词和它的末品补语成为因果关系者，叫作使成式。"①（149 页）其实，这种包容关

---

① 王力：《中国现代语法》，山东教育出版 1985 年版，第 149 页。

系的连动式从句法和语义上都为连动式发展成为动补式提供了前提。从《三国志》中可以看出，它的动补结构还未完全形成。书中既有"攻破"连用，也有"破"字独用法。例如：

> 敛破羌保质。（3，735）
>
> （太祖）皆大破之。（1，9）
>
> 以偏将军将兵击刘备别将于下辩，破之，拜中坚将军。（1，280）
>
> 八年春三月，攻其郭，乃出战，击，大破之，谭、尚夜遁。（1，23）
>
> 比能将三千余骑随柔击破银。（3，838）
>
> 休到，击破之。（1，279）
>
> 太祖攻破之，遂入蜀。（1，274）

我们以第四册"破"为例来分析"破"字的单用和连用的情况，如下表：

类别		例	数量
单用		（略）	821
连用	前	破走、率O破走、破败、破还、破O保破降、破斩、破O出、破O保、破灭	20
	后	从破、征破、击破、攻破、讨破、征破、战破、追击破、讨击破、率O讨、将攻破、还击破、拒破、战O破、从O攻破、伺O攻破、合讨击、攻讨O破、随O拒破、摧破、讨O破、进O讨破、伏O击破、拒击破、率O攻破、战O破、将O随O	68

从表中可以看出："破"单用的比例比较大，占90%；"破"与其他动词连用构成连动结构时，既可作前项，又可作后项；"破"的粘连使用和分离使用的情况同时存在；"破"既可为自动也可为他动；"破"字在有标志的连动式中没有出现。所以，"破"的用法较为复杂，在《三国志》可能还没有形成动结式，处在过渡阶段。

3. 习惯性

两个同义或近义动词连用时，一般都可以逆转而不影响意义，但在言语动词中，两个同义或近义关系动词先后承接表示一个完整的语法意义，两者是不可逆的。这一部分是由于语言习惯而不能任意逆转。像"谓……曰"、"语……曰"、"言曰"中的"谓、语、言"等言语动词经常与"曰"放在一起连用，是同义词，是由于语言习惯而不能逆转。例如：

艾<u>言</u>景王<u>曰</u>："孙权已没，大臣未附，……其亡可待也。"（3，777）

艾<u>谓</u>诸将<u>曰</u>："维今卒还，吾军人少，……维必自东袭取洮城。"（3，776）

司马宣王及济<u>说</u>太祖<u>曰</u>："于禁等为水所没，……于国家大计未足有损。"（2，450）

还有的是近义的言语动词也不可逆转。例如：

太祖<u>问</u>济<u>曰</u>："今欲徙淮南民，何如？"（2，450）

二 《三国志》连动式动词及修饰成分的语义指向

语义指向是指句中某个句法成分与哪一个成分之间有语义联系。关于语义指向的分析早在《马氏文通》就有，马建忠在文中说："《圬者传》：'其他所以养生之具，皆待人力而完也，吾皆赖之。然人不可遍为，宜乎各致其能以相生也。'第一'皆'字，重指'具'字，并在主次。以后'皆'字与'遍'字，亦指'养生之具'，同在宾次，而皆先焉。"① 这其实就是对处于状语位置的"皆"的语义指向分析。20 世纪 80 年代，语义指向问题有了正式的术语和系统的研

---

① 王海棻：《〈马氏文通〉读本》，上教育出版社 2001 年版，第 152 页。

究。近年来，汉语语义指向分析受到重视，但各家观点并不十分一致。邵敬敏（1990）在讨论副词的语义指向时提出了"指""项"的概念，他认为"指"为"副词语义联系所指的方向"，而"项"则是"副词在语义上发生联系的数项。"[①] 陆俭明（2003）认为所谓语义指向"只是指句中的某个成分在语义上跟哪个成分发生最直接的关系。"他指出"通过分析句中某一成分的语义指向来揭示、说明、解释某种语法现象，这种分析手段就称为'语义指向分析'。"[②] 连动式不仅动词有语义指向问题，而且动词谓语的修饰成分也存在语义指向问题，下面分别述之。

（一）连动式中动词修饰成分的语义指向

连动式的动词充当谓语可以带上状语等修饰成分，它们之间存在某种关系，存在着语义指向问题。从句法平面看，修饰语和它的中心语具有"修饰—被修饰"的句法关系，理应在语义上直接指向它的中心语。但事实上修饰语并不全指动词谓语，可能指向结构中不同位置上的其他多个成分。有的指向前一动词或动词短语，有的指向后一动词或动词短语，或者指向前后两个动词或动词短语。但有时修饰成分不仅指向谓语，而且指向主语或宾语。因为修饰成分与其他成分之间的语义关系有直接和间接两种语义关系。袁本良师在分析"N 状·V·之"结构的语义特征时指出语义关系有直接和间接以及单一和复合语义关系，"各个动元（如施事、受事、与事等）跟动核之间的关系是直接的；而动元与动元之间则是通过动核的枢纽才建立起联系，所以这种关系在大多数情况下是间接的"，有的句子，状语"不仅跟动词有直接关系，而且跟施事或受事也有直接关系，所以它们的语义指向便不是单向而是多向的。"[③] 连动式是由两个动核组成的，修饰成分的语义指向比较复杂，几个动词分别充当谓语并且带上状语在一起

---

① 邵敬敏：《汉语语法的立体研究》，商务印书馆 1990 年版，第 262、265 页。

② 陆俭明：《关于语义指向分析》，载《中国语言学论丛》（总第一辑），北京大学出版社 1997 年版，第 143 页。

③ 袁本良：《从"N状·V·之"看古汉语语义结构分析问题》，载袁本良《守拙斋汉语史论稿》，贵州人民出版社 2005 年版，第 157、158、159 页。

连用时，V1 和 V2 的前边都可以有状语。位于 V1 前边的状语，有的是整个连动式的修饰成分，可以管 V1 和管 V2；有的只做 V1 的修饰成分，只管 V1。在讨论时，我们分别从直接和间接语义关系两个方面来对连动式的修饰成分的语义指向进行分析。

在对《三国志》连动句修饰成分的语义指向分析时，我们将修饰成分语义联系所指的方向称为"向"，这是对修饰成分所联系的语义项在句中的句法位置而言的；将修饰联系的语义项的数目称为"指"。修饰成分与多个语义项发生语义联系，即称多指，与单个语义项发生语义联系，即称单指。下面就这种情况就状语修饰成分的语义指向情况加以考察。

1. 直接语义关系语义指向

（1）后指 V1

经大笑曰："实如君言。"（3，815）

宣潜见责之，示以形势，质乃进破贼。（3，645）

径诣刺奸主簿温恢。（3，691）

例句中状语"大"、"潜"、"径"分别前指各句中的谓语"笑"、"见"和"诣"。

（2）后指 V2

而帝遣兵助司马宣王拒亮，自率水军东征。（5，1140）

是日，俭闻钦战败，恐惧夜走，众溃。（3，765）

逊书与琮曰："卿不师日，而宿留阿寄碑，终为足下门户致祸矣。"（5，1353）

例句中状语"东"、"夜"、"与琮"分别前指各句中的谓语"征"、"走"和"曰"。

（3）同时后指 V1 和 V2

经已与维战，大败，<u>以万余人</u><u>还保</u>狄道城，余皆奔散。（3，
629）

太祖即日<u>赦出</u>彪。（3，721）

渊与备战，淮时<u>有</u>疾不<u>出</u>。（3，733）

吴将吕范等<u>船</u><u>漂至</u>北岸。（3，757）

例句中状语"以万余人"、"即日"、"时"、"船"分别指向各句
中的谓语"还保"、"赦出"、"有/出"和"漂至"。

2. 间接语义关系语义指向

（1）前指

状语的语义指向前面的句法成分。

①指向主语（施事）

<u>扬州新附胜兵者</u>四五万人，聚谷足一年食，闭城<u>自守</u>。（3，
770）

<u>民皆</u>担輂远汲流水，往返七里。（3，732）

帝以宿嫌，欲枉法诛治书执法鲍勋，而<u>柔固</u>执不从诏命。
（3，685）

例句中状语"自"、"皆"、"固"分别前指各句中的主语"诞"、
"民"和"柔"。

② 指向前一动词谓语的宾语（受事）

初丧乱时，礼与母相失，同郡马台求得礼母，礼推<u>家财</u>尽以
与台。（3，691）

闭<u>门</u>固守，可保万世。（5，1425）

例句中状语"尽"、"固"分别前指各句中的前一动词的宾语主
语"家财"和"门"。

③指向前一动词谓语

女家欲得，输牛马乃与之。(3，841)

例句中状语"乃"前指前一谓语"输"。

(2) 外指

外指是语义指向中的"联"里的一种。"联"是指某个成分所指向的对象在句中还是句外（包括上下文或潜在的）的情形。它可分成"内联"和"外联"两种。指向对象在句内的称为内联，指向对象在句外的称为外联。外指即外联。状语在语义上指向句外的成分，所指对象或出现于前后句，或隐含于句子中。

① 单纯外指

连用谓语只有一个修饰成分。

至长安，道路不通，凯不得进，遂留镇关中。(3，610)
太祖之初至陈留，兹曰："平天下者，必此人也。"太祖亦异之，数诣兹议大事。(3，647)

例句中状语"遂"、"数"分别指向上文"至常安"和"太祖之初至陈留"中的"至"。

②复杂外指

连用谓语除有一个修饰成分，前后动词谓语还有自己的修饰成分。

后为光禄大夫，数岁即拜司空，邈叹曰："……岂可以老病忝之哉?"遂固辞不受。(3，740)
以讨诸葛诞功，进爵陈侯，屡让不受。(3，787)
甘露二年，征诸葛诞为司空，时会丧宁在家，策诞必不从命，弛白文王。文王已事以施行，不复追改。(3，785)

例句中状语"遂"、"屡"、"复"分别指向上文"数岁即拜司空"、"进爵陈侯"和"征诸葛诞为司空"中的"拜"、"进"、"征"。

在句中还有其他修饰成分，例1、2中的"不"修饰后一动词，指向主语；例3中的"不"修饰状语"复"，指向主语"文王"。

（二）连动式的连用动词的语义指向

1. 直接语义关系语义指向

（1）V1和V2都指向主语

　　　遂厚抚攸，攸即归服。（3，667）

　　　（宣）生能开目视，……国见残破。（3，845）

　　　齐闻大怒，便立斩从。（5，1377）

例句中谓语"归服"、"生能"、"闻/怒"分别指向主语"攸"、"宫"和"齐"。

（2）V1和V2都指向宾语，同时，V1指向主语，而V2不指向主语，指向V1

　　　瓒击破绍军，乃遣使语岱……（2，425）

　　　安风津都尉部民张属就射杀俭，传首京都。（3，766）

　　　客击伤策。（5，1109）

　　　使护军胡烈等行前，攻破关城，得库藏积谷。（3，788）

　　　又射杀数人，皆应弦而倒，故无敢追者。（5，1188）

例句1、2、3中谓语"击"、"射"、"击"分别指向主语"瓒"、"张属"、"客"和宾语"绍军"、"俭"、"策"。"破"、"杀"、"伤"分别指向动词"击"、"射"、"击"和宾语"绍军"、"俭"、"策"，不指向主语"瓒"、"张属"、"客"。

从语义指向分析可以看出，例中的"破"、"伤"、"杀"并不是主语直接发出的，而是主语发出"攻、射"动作后所直接产生的结果。"破、杀"不是和主语有直接的关系，而是指向前一动作，同动词"击"、"射"形成直接关系。这样，它们的关系紧密，此类易发展为动补结构。

（3）V1 和 V2 都指向主语，同时，V2 指向宾语

只有一个谓语动词指向宾语，这类有修饰或目的语义关系。如：

建安二十一年，<u>从征</u>吴。（2，599）

宣潜见责之，示以形势，质乃<u>进破</u>贼。（3，645）

亮卒，<u>复还为卫尉</u>。（3，699）

例句中各例都同时指向主语，只有"征"、"破"、"为"分别指向宾语"吴"、"贼"和"卫尉"。

（4）V1 和 V2 都指向主语，同时也指向宾语

<u>招</u>与刺史毕轨<u>议</u>曰："……计必全克。"（3，732）

太祖即日<u>赦出彪</u>。（3，721）

（<u>寇</u>新安、居乡）……<u>略得</u>乐浪太守妻子。（3，845）

觊奏曰："九章之律，自古所传，<u>断定刑罪</u>，……皆宜知律。"（3，611）

例句中"议"、"赦出"、"略得"和"断定"都分别指向各自的主语和宾语。

（5）V1 和 V2 都指向主语，同时分别指向不同的宾语

阜又上疏欲省宫人诸不见幸者，乃<u>召御府吏问后宫人数</u>。（3，706）

建安中，（盖）<u>随周瑜拒曹公</u>于赤壁。（5，1285）

例句中谓语"召/问"、"随/拒绝"指向主语"阜"和"盖"；"召"、"问"分别指向宾语"御府吏"、"后宫人数"；"随/拒绝"分别指向宾语"周瑜"和"曹公"。

2. 间接语义关系语义指向

<u>先主</u>南定诸郡……。益州既定，（忠）<u>拜</u>为讨虏将军。（4，948）

<u>孙策</u>之袭袁术，钦随从给事。……后<u>召</u>还都，拜右护军。（5，1287）

胡质字文德，……<u>太祖辟</u>为丞相属。黄初中，徙吏部朗，为常山太守，<u>迁</u>任东莞。（3，742）

在例1中，"拜"是指向上句的"先主"，是先主拜忠为讨虏将军。例2中的"召"是上文"孙策"所发出的，指"孙策"召"钦"。例3中的"迁"指向上句的"太祖"，不是主语"质"。

（三）语义指向分析的作用

范晓、张豫峰（2003）指出："语义指向分析法在揭示隐藏在显层句法结构后面的隐层语义结构关系方面具有独特的作用。语法研究者可以通过语义指向分析法找出句中某个词语或句法成分与句中另一个词语或句法成分在语义上的密切关系，弄清句法结构所反映的语义网络，从而有利于加深语义平面语义结构的分析，有利于加深人们对句法结构和语义结构之间的复杂关系的认识。"[①] 语义指向分析揭示了句法成分在语法上和语义上的矛盾，既能揭示直接成分之间的语义联系，也能揭示非直接成分之间的语义联系，特别是间接的句法成分之间语义上的种种联系，从而可以比较合理地解释句法结构和语义结构之间复杂的对应关系，有助于我们正确理解句子，分化歧义结构。

1. 语义指向的限制作用

（1）修饰成分指向主语，这样的修饰成分往往是连动部分的共同状语，既管 V1 又管 V2。

民<u>皆</u>担辇远汲流水，往返七里。（3，732）

[①] 范晓、张豫峰：《语法理论纲要》，上海译文出版社 2003 年版，第 229 页。

盛与诸将<u>俱</u>赴讨。(5,1298)

长<u>自</u>往止之,为释系民。(5,1392)

(2)修饰成分指向外指,这样的修饰成分往往是连动部分的共同状语,既管 V1 又管 V2。

泰<u>复</u>赴击。(5,1288)

众宾罢退,肃<u>亦</u>辞出,乃独引肃还,合榻对饮。(5,1268)

后太子<u>又</u>往庆焉。(5,1226)

(3)修饰成分同时指向谓语的 V1 和 V2,它自然也是连动部分的共同状语,既管 V1 又管 V2。

<u>数</u>从访问,欲知其决。(5,1422)

皎<u>每</u>赴拒,号为精锐。(5,1206)

2. 揭示隐性语法关系

语法结构有显性语法关系,也有隐性语法关系。显性语法关系我们可通过语序分析和层次分析来揭示,而隐性语法关系运用语序分析和层次分析就无能为力。语义指向分析,则是较好揭示潜在的语法关系的一种手段。

民<u>皆</u>担舆远汲流水,往返七里。(3,732)

盛与诸将<u>俱</u>赴讨。(5,1298)

长<u>自</u>往止之,为释系民。(5,1392)

……攻曹仁于南郡,泰<u>复</u>赴击。(5,1288)

众宾罢退,肃<u>亦</u>辞出,乃独引肃还,合榻对饮。(5,1268)

后太子<u>又</u>往庆焉。(5,1226)

<u>数</u>从访问,欲知其决。(5,1422)

皎<u>每</u>赴拒,号为精锐。(5,1206)

句中的状语从表层来看都是修饰动词谓语的，结构形式相近，结构关系相同，但是潜在的语法关系不同。例 1 的"皆"指向主语"民"，"远"指向主语"民"和宾语"水"；例 4 中的"复"指向上文"攻曹仁于南郡"中的"攻"；例 7 中的"数"指向"从访问"。因此，用语义指向就揭示了隐性语法关系的非连续性和非层次性。

3. 分化句法歧义

句法歧义，有的可以通过层次切分来加以分化，有的可以通过变换分析法加以分化，如果这两种分析法都不能加以分化，就得用语义指向用来分化，这样也比较方便。例如：

> 宫单将妻子逃窜。(3，762)
>
> 建安中，（盖）随周瑜拒曹公于赤壁。(5，1285)
>
> 后以中郎将与周瑜等拒破曹公，又与吕蒙袭取南郡。(5，1285)

例 1 中"逃窜"即可表示"宫逃窜"，也可分析为"妻子逃窜"。层次分析对这一句法无法分化，用语义指向分析法来分析，这种连动式的动词谓语同时指向"宫"和"妻子"。这也就很好地解释了句法歧义。分析出这两个成分的语义指向的同时也就分化了这两个歧义句。例 2、3 同理。下面的句子同样可以通过语义指向分析来分化句法歧义，从而区别句法结构相同的句子。如：

> 礼躬勒卫兵御之……(3，671)
>
> 公进军黎阳，使藏霸等入青州破齐、北海、东安，留于禁屯河上。(1，17)

例 1 中的 V1 和 V2 与施事主语、V1 和 V2 的宾语有直接语义关系，V1 的宾语与 V1、V2 有直接语义关系。例 2 的 V1 与施事主语有直接语义关系，V1 的宾语与 V1、V2 有直接语义关系。但 V2 与施事主语是间接语义关系。两例句法结构相同，而语义关系不同，前者是连动式，后者是兼语式。

三 《三国志》连动式动词配价

动词的配价是用来描述动词和名词性成分之间的依存关系，动词属于句子的核心地位，是支配性成分，名词性成分是从属成分，依存于动词，受动词支配。配价语法理论是法国语言学家泰尼埃尔（LucienTesnèire）创立的。他在《结构句法基础》中，系统地提出了配价理论。他认为，句子结构有一个"中心结"。句子各个构成成分之间一层层递进的从属关系顶端就是支配所有成分的"中心结"。"中心结"大多数由动词充当，动词支配其他的名词性成分。动词的这种支配能力就为动词的价。一个动词能支配几个名词性成分，这个动词就是几价动词。配价揭示了动词与名词之间的支配和被支配的依存关系，对于句法语义的分析有着十分重要的意义，这引起学界的关注和重视。汉语有关这方面的研究从朱德熙就开始了，他运用汉语动词相当于价的"向"的概念，成功解释"的"字结构的歧义指数问题[1]。后来汉语配价研究取得了很大的进展。廖秋忠（1984）[2]、周国光（1995）[3]、范晓（1996）[4]、邵敬敏（1996）[5] 等对现代汉语的动词配价作了积极的探索。郭悦（1995）、王红旗（1998）、袁毓林（2004）[6] 等扩大了研究视野，对动述式的配价进行了研究。古代汉语方面的动词配价研究还处于起步阶段，成果甚少。殷国光（2009）[7] 对《庄子》的动词配价作了穷尽研究，取得了很好的效果。连动式是汉语特有的句式，能否适用配价分析，本文想作一点尝试。

---

① 朱德熙：《"的"字结构和判断句》，《中国语文》1978 年第 1、2 期。

② 廖秋忠：《现代汉语中动词支配成分的省略》，《中国语文》1984 年第 4 期。

③ 周国光：《确定配价的原则与方法》，《现代汉语配价语法研究》，北京大学出版社 1995 年版。

④ 范晓：《动词的配价与句子的生成》，《汉语学习》1996 年第 1 期。

⑤ 邵敬敏：《"语义价""句法向"及其相互关系》，《汉语学习》1996 年第 4 期。

⑥ 袁毓林：《述结式配价的控制—还原分析》，载《汉语语法研究的认知视野》，商务印书馆 2004 年版，第 235 页。

⑦ 殷国光：《〈庄子〉动词配价研究》，商务印书馆 2009 年版，第 17 页。

本节依据泰尼埃尔（LucienTesnèire）动词配价理论，在汉语动词配价研究成果的基础上，根据《三国志》语言面貌的实际来对《三国志》连动式进行考察。本节从连动式的构件价、结构式价和连动式价的形成等方面作分析。

（一）连动式构件价

1. 名词性成分的确定

动词的配价是研究动词支配其他名词性成分的支配能力，要确定动词的价，先要确定哪些名词性成分应该记入价的指数。学界对于配价性质的认识虽然存在分歧，但在处于主语和宾语位置上的名词性成分为计价成分是一致的。本文把主宾位置的名词性成分作为动词计价的根据。主宾位置上的成分主要是名词性成分，但也可以为非名词性成分，这与某些动词功能有关，所以，在动词的计价时，也考虑非名词性成分。关于介词引入的必要成分要不要记入价的指数有不同的看法。朱景松（1992）① 和吴伟章（1993）② 等将介词引入的必要成分排除在外。袁毓林（1998）③ 把介词引入的必要成分归入价内，但称此为准价。鉴于对介词引入的必要成分不同意见，本文认为《三国志》介词结构是用以说明动作、状态发生的时间、空间背景和方式的语义成分，具有较强的游离性，视为非动词配价名词性成分，所以，在考察分析时不予考虑。

2. 连动式动词的选取和构件价定价

连动式的动词构成比较复杂，既有单个动词，又有词组。在单纯动词中，动词有存在动词、使动词、意动词、活用词等情况。本文的目的在于分析动词的配价，所以，本文选用连动式的构成成分的动词只选用单音节动词、同义动词构成的动词词组和形容词活用动词。

连动式 V1、V2 由动词（包括词组）和活用动词等构成，在进入

---

① 朱景松：《与工具成分有关的几种句法格式》，《安徽师范大学学报》1992 年第 3 期。

② 吴伟章：《动词的"向"札记》，《中国语文》1993 年第 3 期。

③ 袁毓林：《汉语动词的配价研究》，江西教育出版社 1998 年版，第 99 页。

连动式结构前有独立的价数，这些构成连动式动词价，我们称之为构件价。由于汉语还没有统一确定的具体操作动词价的方法，并且不能象现代汉语那样自行造句，确定古代汉语动词的价非常困难，我们只能根据动词的语义特征和古代文献里的动词分布来取得动词的价。本文在确定动词价的时候，以动词语义特征为依据，以《三国志》单用动词分布为基点，参考《左传》来确定动词的价。只要动词与其所支配成分的主语和宾语位置上的名词性成分构成最小的、意义自足动核结构，就成为我们采取动词价的指数模式。例如，"败"的动词功能是非自主动词，所支配的名词性成分只有一个，其与名词性成分构成的意义是最小、自足的。由此，我们确定"败"为一价动词。《三国志》"败"在谓语位置上有413例，不带宾语有370例，带宾语有33个，如：

> 芬等遂败。（魏书·武帝纪）
> 繇军败，仪徙会稽。（吴书·是仪胡综传）
> 太祖方东忧吕布，南拒张绣，而绣败太祖军于宛。（魏书·荀彧荀攸贾诩传）

从《三国志》用例也可以显现"败"是一价动词。在《左传》的"败"处于谓语位置有334例，其中不带宾语有184例，带宾语的有150例，如：

> 陈人御之，败，遂围陈。（传十七·四）
> 右无良焉，必败。（传八·二）
> 邓师大败。（传九·二）
> 惠公之季年，败宋师于黄。（传一·八）

从《左传》语料来看，"败"不带宾语占优，这表明带宾语是一种特殊用法，即动词的使动用法。"败"一般语法功能不带宾语，只有用作使动的时候才带宾语。上例中，前3例不带宾语，是非自主动词，为一价动词。后 1 例带宾语，与前三例用法显然不同，是使动用法。所以，带宾语是使动用法，不是动词本身所固有的特征，"败"的价数是一价。

两书"败"的用法比较，我们可以看出，《左传》"败"字不带宾语多于带宾的，但使动用法比较多，而《三国志》则使动用法特少，趋向于本身的语法功能。这说明"败"的指数确定原则是符合语言事实。

动词的语义特征是动词本身所固有的，有一个相对恒定的价，但进入到具体的语言环境中，其语义特征可能发生变化，价数也会发生相应的变化。我们确定动词价不以这种变化作为价数计算依据，而是以动词本身固有的语义特征作为定价的依据。上文例中的"败"在语义角色上，只支配一个名词性成分，句法上不带宾语，它支配一个语义角色，是一价动词。如"败"带上宾语，有两个支配的语义角色，但这只是临时增加了支配语义角色，是使动用法造成的，而不是动词本身固有的语法功能，所以是临时增加了价，其本身的价数没有改变。例如，《左传》中的"大败之"（传桓公十二·三）和《三国志》中的"而绣败太祖军于宛"的"败"就是使动用法，是临时性增加了一个语义角色，其本身固有的价数没有改变，仍是一价动词。

在确定动词价的时候，我们还要考虑动词的义项。在古代，一词多义是很普遍的现象，词义不同往往会直接影响其支配名词性成分的功能。我们定价时，不以词的义项分价，而是以自身固有的功能定价，只要动词带几个支配名词性成分就定为几价。如果同一个动词功能一致就定为同一个价。我们以《三国志》的"进"为例，看看义项对价数的影响，如：

A. 引进，推荐：夫善则进之，恶则诛之，固君道也。（魏书·袁张凉国田王邴管传）

B. 进入：进屯河内。（魏书·武帝纪）

C. 赐：恽子虒，嗣为散骑常侍，进爵广阳乡侯，年三十薨。（魏书·荀彧荀攸贾诩传）

义项 A、B 为自主动词，支配两个名词性成分，是二价，合为一个词项。C 为自主性动词，支配三个名词性成分，是三价，为一个词项。

3. 连动式的构件价

根据本文确定价数原则，《三国志》连动式动词构件价有一价、二价、三价等三类。

（1）一价

构成连动式 V1 的一价动词主要有"闭、破、平、美、灭、断、劳、难、光、广、困、空、和、好、绝、坚、竭、轻、息、休、虚、重、散、生、退、优、严、病、死、败、默、笑、醉、痛、怒、没（沉没）、没（死）、立、动、悦、喜、觉、怪、惭、悲、哀、来、起"等。构成连动式 V2 的动词主要有"分、定、断、乱、难、和、绝、坚、先、旋、息、休、止、正、专、长、殊、仕、远、病、败、死、没、泣、卒、醉、浮、笑、哭、叹、怒、动、立、惊、重、悦、怪、喜、悲、壮、进、来、起"等，如：

> 涕泣而起。（1，285）（V1，涕泣；V2，起）
> 门惭而退。（3，726）（V1，惭；V2，退）
> 病死。（3，631）（V1，病；V2，死）

以上的连动式 V1、V2 由一价动词构成。

> 近汉高祖揽三杰以兴帝业。（5，12）（V1，揽；V2，兴）
> 据水断桥。（4，943）（V1，据；V2，断）
> 勒兵安阵。（5，1263）（V1，勒；V2，安）

以上连动式 V2 由一价动词构成。

> 走保平原。（2，434）（V1，走；V2，保）
> 共坚壁以御寇。（2，542）（V1，坚；V2，御）

从长安来赴。(2，481)（V1，来；V2，赴）

以上连动式 V2 由二价动词构成。

（2）二价

构成连动式 V1 的二价动词主要有"按、案、昂、部、捕、避、背、把、奔、表、保、搏、滨、备、秉、辨、拜、变、逼、拔、叛、剖、被、辟、评、傍、屏、佩、并、别、补、报、抱、畀、罢、叛、陈、抢、骂、冒、募、铭、沐、埋、勉、鸣、摩、免、抚、放、废、附、伏、拊、奉、发、犯、缝、奋、泛、扶、负、焚、缚、傅、渡、遁、得、度、典、登、担、答、对、代、倒、督、导、斗、略、留、连、理、临、历、勒、量、敛、逆、谏、列、纳、虏、领、赖、录、赍、燎、攻、拱、隔、顾、耕、改、构、考、刻、叩、跨、刊、课、阖、落、保、会、合、号、好、缓、画、核、换、击、禁、举、拒、决、将、祭、夹、就、假、济、结、据、掘、积、解、见、聚、集、擢、荐、继、济、矫、羁、捐、诘、坚、接、戒、齐、建、拘、激、劫、剽、配、扑、聘、驱、弃、潜、取、倾、挈、趣、却、勤、曲、牵、袭、行、巡、循、向、选、限、县（悬）、降、输、衔、修、显、徙、省、挟、削、携、宣、兴、奏、坐、作、造、纵、追、椎、征、招、斩、转、执、战、凿、遮、择、载、筑、增、坐（犯）、逐、转、走、召、诏、终、择、振、著、驻、中、镇、折、总、遭、潜、张、资、装、佐、捉、指、撰、祀、嗣、杀、烧、率、扫、致、释、守、舍、书、收、束、索、赦、射、说、摄、嗜、食、失、伸、胜、视、斥、训、随、帅、施、审、受、数、逊、升、手、塞、审、盛、让、绕、任、然（燃）、绌、从、驰、持、垂、乘、统、徒、拓、讨、屯、投、踏、推、遁、提、脱、挺、斫、吞、停、承、辞、传、朝、陈（陈列）、触、摧、称、辍、刺、穿、撤、罢、操、篡、敕、为、舞、谓、著、堰、卧、问、围、违、委、谓、温、语、掩、引、益、依、谒、迎、用、抑、仰、御、越、拥、应、由、运、聿、逾、演、拥、倚、歃、遇、缘、言、喻、仪、邀、游、营、抑、养、噎、饮、要、陨、幽、设、劝、议、媚、露、忌、感、敬、望、赏、恃、诈、知、疑、忧、恤、惜、伪、畏、思、侍、忍、迷、念、虑、惧、料、恭、计、怀、惑、诡、烦、忿、度、惮、宠、怖、爱、秘、崇、宗、亲、梦、上、下、赴、趋、往、去、诣、过、归、出、入、至、还、回、迥、到、白、有、无"等。构成连动式 V2 的二价动词主要有"付、罚、反、辅、反（返）、发、伐、奉、负、傅、防、拊、对、定、断、得、董、渡、夺、登、当、督、待、到、度、答、倒、导、读、当（挡）、敦、蹈、吊、屯、讨、突、统、通、托、退、逃、致、踏、投、填、挺、内、逆、纳、勒、理、连、领、了、历、论、陵、溯、留、匿、赂、览、攻、灌、顾、归、改、供、观、更、革、窥、砍、克、阖、合、害、会、护、获、荷、呼、环、贺、赦、挥、缓、击、集、聚、拒、举、济、记、继、降、居、汲、据、见、就、决、加、检、救、解、咨、接、饯、讲、矫、祭、荐、践、监、纠、迁、降、救、袭、取、弃、趣、求、截、切、禽（擒）、启、侵、劫、驱、寝、庆、幸、巡、叙、行、徙、向、献、县、旋、选、省、徇、修、袭、飨、许、系、写、徙、枭、陷、消、输、训、走、造、作、追、战、斩、征、致、助、种、掷、煮、驻、逐、制、诛、治、至、坐、镇、奏、柱、住、占、筑、瞻、葬、增、执、阻、转、掘、贼（杀）、振、周、资、召、指、载、招、纵、刺、从、朝、乘、成、传、除、陈、出、称、吃、冲、驰、叱、辞、充、处、藏、操、劝、窜、次、臣、随、守、杀、受、使、收、设、射、说、烧、省、失、署、述、搜、赎、赦、实（充）、伸、率、舍、视、扫、拭、敕、戍、讼、事、施、禅、食、胜、数、让、然、任、扰、为、围、委、卧、卫、威、问、谓、望、务、迎、用、扬、应、养、要、肆、引、远、曰、谒、议、御、言、云、殃、移、易、依、喻、掩、陨、缘、饮、异、遇、越、原、淹、援、养、耀、游、饵、请、求、赞、争、谏、诱、讥、辱、谋、服、听、乞、颂、假、谢、责、讳、谅、怀、候、俟、跪、流、住、思、恶、誓、惧、恐、知、憎、厌、宥、疑、怨、忧、信、图、恐、敬、惑、惮、崇、爱、令、诣、出、去、还、至、进、上、下、到、归、入、往、赴、返、临、趋、有、无"等，如：

　　　　见女乐而弃朝事。(3，974)（V1，见；V2，弃）
　　　　渡江依馩。(5，1443)（V1，渡；V2，依）
　　　　拔刀砍石。(4，1067)（V1，拔；V2，砍）

以上的连动式 V1、V2 由二价动词构成。

　　　　止不出。(1，244)（V1，止；V2，出）
　　　　破胆失守。(2，445)（V1，破；V2，失）
　　　　笑而不应。(2，426)（V1，笑；V2，应）

以上连动式 V2 由二价动词构成。

　　　　长驱而前。（V1，驱；V2，前）
　　　　食不甘味。(3，944)（V1，食；V2，甘）
　　　　赴河死。(1，189)（V1，赴；V2，死）

以上连动式 V1 由二价动词构成。

（3）三价

构成连动式 V1 的三价动词主要有"封、置、示、赐、语、与、送"等。构成连动式 V2 的三价动词主要有"给、供、迁、赠、置、示、授、送"等，如：

　　　　统进策曰：今因此会……(3，955)（V1，进；V2，曰）
　　　　权赐监五千斛以周丧事。(5，1315)（V1，赐；V2，周）
　　　　遂自送妻子还洛。(5，1352)（V1，送；V2，还）

以上连动式 V1 由三价动词构成。

　　　　陛下何不试变业而示之。(2，504—505)（V1，试；V2，示）

收其粮谷以给军士。（1，270）（V1，收；V2，给）
出一卷书与吏。（3，802）（V1，出；V2，与）

以上连动式 V2 由三价动词构成。

（二）连动式结构价

独立的、没有进入到句子的动词是自由的、静态的，它拥有自身的价，而一旦进入到具体的句子中，构成不同的结构式。在结构式中动词所支配名词性成分之和，形成了结构价。构件价是未实现的价，结构价是实现了价。《三国志》连动式是双核结构，是动词结合后产生的新结构，其结构价是实现了的价，其结构价是两个动词所支配的名词性成分的和。由于连动式是两个动词共有一个主语，每一个结构式都会有处于主语位置上的名词性成分。在《三国志》中，这个名词性成分往往省略，所以在计价时一般不再补出，而是自动计价。计价时，连动式结构价标记为 $[VV]^x$。通过对《三国志》连动式考察梳理，结构价有一价、二价、三价、四价四种类型，如：

谏而死。（1，140）
卧不起。（1，295）
后闻乃惊。（5，1225）

以上为一价连动式，形式标记为 $[VV]^1$。

遂不敢取牛而走。（2，542）
可不劳师而定也。（2，448）
进给衣服车乘。（5，1177）

以上为二价连动式，形式标记为 $[VV]^2$。

百姓感旧而增哀。（2，310）
宜遵仁义以彰德音。（5，1349）

勒兵安阵。（5，1263）

以上为三价连动式，形式标记为［VV］^{3}。

姜叙起兵卤城以应之。（1，275）

公与荀彧书曰："……破绣必矣。"（1，186）

皆置兵诸国以御外敌。（4，1065）

以上为四价连动式，形式标记为［VV］^{4}。

（三）《三国志》连动式的配价

1. 连动式价的整合

《三国志》连动式价由动词 V1、V2 的价整合而成，动词构件价形成结构价不是动词独立价的简单相加，而是动词进入到结构式中实际所支配名词性成分之和。《三国志》连动式价的整合比较复杂，具体分析如下：

（1）$V1^1 + V2^1 \rightarrow ［V1V2］^x$

此类是一价动词之间的配价。一价动词配价构成连动式有如下几种情况：

①$V1^1 + V2^1 \rightarrow ［V1V2］^1$

一价 V1、V2 两个动词构成一价连动式，如：

涕泣而起。（1，285）

息以复起。（13，816）

病死。（3，631）

构成此类连动式的动词主要是状态动词和趋向动词。

②$V1^1 + V2^1 \rightarrow ［V1V2］^2$

一价 V1、V2 两个动词构成二价连动式，如：

而袁绍见洪，又奇重之。（1，232）

　　表便破械沐浴。(5，1290)

　　可不劳众而定。(1，240)

　　构成此类连动式动词主要是状态动词和词类活用（包括使动意动，下文同）。[VV]^2 的形式有 [V^{1}V^2]^2 和 [V^{2}V^1]^2 两种，前者如"又奇重之"，后者如"便破械沐浴"。

　　③V1^1 + V2^1→ [V1V2]^3

　　一价 V1、V2 两个动词构成三价连动式，如：

　　安士民以来远人。(3，780)

　　君有定天下之功，重之以明德。(1，38)

　　构成此类连动式动词主要是词类活用。

　　(2) V1^2 + V2^2→ [V1V2]^x

　　此类是二价动词之间的配价。二价动词配价构成连动式有如下几种情况：

　　①V1^2 + V2^2→ [V1V2]^1

　　二价 V1、V2 两个动词构成一价连动式，如：

　　不克而归。(3，625)

　　用得济。(5，1210)

　　基辄据击。(3，754)

　　构成此类连动式动词主要是行为动作动词。

　　②V1^2 + V2^2→ [V1V2]^2

　　二价 V1、V2 两个动词构成二价连动式，如：

　　进攻合肥。(3，648)

　　据守关头。(4，955)

　　还葬车城。(5，1267)

翻谏曰：……愿少留意。（5，1318）

卓既率精兵来。（1，174）

构成此类连动式动词主要是行为动作动词、言语动词、趋向动词等。$[VV]^2$ 的形式有 $[V^1V^2]^2$ 和 $[V^2V^1]^2$ 两种，前者如"进攻合肥"，后者如"卓既率精兵来"。

③$V1^2 + V2^2 \rightarrow [V1V2]^3$

二价 V1、V2 两个动词构成三价连动式，如：

百姓感旧而增哀。（1，310）

拔刀砍石。（4，1067）

诸将或问公曰："……何也？"（1，35）

长沙主簿入白坚："……请收主簿推问意故。"（5，1096）

构成此类连动式动词主要是行为动作行为动词、给予动词、心理动词、言语动词和词类活用。

构成此类连动式 $[VV]^3$ 的形式有 $[V^2V^2]^3$ 和 $[V^1V^3]^3$ 两种，前如"拔刀砍石"，后者如"长沙主簿入白坚：'……请收主簿推问意故'"。

④$V1^2 + V2^2 \rightarrow [V1V2]^4$

二价 V1、V2 两个动词构成四价连动式，如：

姜叙起兵卤城以应之。（1，271）

训之德礼以移其风。（3，790）

皆置兵诸国以御外敌。（4，1065）

构成此类连动式动词只有三例。例中动词"起、训、置"通常不带双宾，带宾语是省略介词所致，"起、训、置"的价数定为二价。如《三国志》带"起兵"的句子有 40 例，其中 33 例"起兵"后不带任何成分，如"同时俱起兵"；3 例带宾语，如"刘询起兵漯阴"；

4 例接介词结构，如"始起兵于己吾"。"刘询起兵漯阴"应该是"刘询起兵于漯阴"介词省略的句子，"起"应为二价动词。

（3）$V1^1 + V2^2 \rightarrow [V1V2]^x$

此类是一价动词与二价动词之间的配价。其构成连动式有如下几种情况：

①$V1^1 + V2^2 \rightarrow [V1V2]^1$

一价动词与二价动词构成一价连动式，如：

> 笑而不应。（2，426）
> 兵遂散从他门并入。（2，545）
> 于是遂止不行。（5，1245）

构成此类连动式动词主要是状态动词和行为动作动词。

②$V1^1 + V2^2 \rightarrow [V1V2]^2$

一价动词与二价动词构成二价连动式，如：

> （马）惊啮文帝膝。（3，810）
> 来争疆场。（5，1261）
> 因病还家。（5，1438）
> 昭正色不言。（5，1221）
> 驰白文王。（3，785）

构成此类连动式动词主要是状态动词、趋向动词、动作行为动词和言语动词。

③$V1^1 + V2^2 \rightarrow [V1V2]^3$

一价动词与二价动词构成三价连动式，如：

> 不正其本而救其末。（3，712）
> 轻上无礼。（5，1095）
> 困民以求饶。（5，1400）

度虚馆以候之。(2，354)

构成此类连动式动词主要是词类活用和行为动作动词。

(4) $V1^2 + V2^1 \rightarrow [V1V2]^x$

此类是二价动词与一价动词之间的配价。其构成连动式有如下几种情况：

①$V1^2 + V2^1 \rightarrow [V1^2V2^1]^1$

二价动词与一价动词构成一价连动式，如：

谏而死。(1，140)

卧不起。(1，295)

后闻乃惊。(5，1225)

构成此类连动式动词主要是状态动词、心理动词和趋向动词。

②$V1^2 + V2^1 \rightarrow [V1^2V2^1]^2$

二价动词与一价动词构成二价连动式，如：

遂不敢取牛而走。(2，542)

食不甘味。(4，944)

击破之。(2，476)

构成此类连动式动词主要是行为动词和词类活用。

③ $V1^2 + V2^1 = [V1^2V2^2]^3$

二价动词与一价动词构成三价连动式，如：

触类而长之。(3，747)

今舍此急而先官室。(3，636)

近汉高祖揽三杰以兴帝业。(5，1238)

构成此类连动式动词主要是行为动词和词类活用。

（5）$V1^3 + V2^2 \rightarrow [V1V2]^x$

此类是三价动词与二价动词之间的配价。其构成连动式有如下几种情况：

①$V1^3 + V2^2 \rightarrow [V1^1V2^2]^2$

三价动词与二价动词构成二价连动式，如：

> 黑山贼张燕率其众十余万降，封为列侯。（1，27）
> 封为章安侯。（5，1374）

构成此类连动式动词主要是给予类动词和动作变化动词。

②$V1^3 + V2^2 \rightarrow [V1^2V2^2]^3$

三价动词与二价动词构成三价连动式，如：

> 时桓阶、和洽进言救玠。（2，377）
> 权赐监五千斛以周丧事。（5，1315）
> 遂自送妻子还洛。（5，1352）

构成此类连动式动词主要是给予类动词和行为动词。

③$V1^3 + V2^2 = [V1^3V2^2]^4$

三价动词与二价动词构成四价连动式，如：

> 公与荀彧书曰："贼来追吾，虽日行数里，吾策之，到安众，破绣必矣。"（5，1386）
> 先主上言汉帝曰："……宜城亭侯印绶。"（3，886）
> 示之轨仪以易其俗。（3，790）
> 赐樊玺书曰："……领交阯太守如故。"（5，1192）

构成此类连动式动词主要是给予类动词和言语动词。

（6）$V1^2 + V2^3 \rightarrow [V1^2V2^2]^x$

此类是二价动词三价动词之间的配价，构成连动式有如下几情况：

①$V1^2 + V2^3 \rightarrow [V1^1 V2^2]^2$

二价动词与三价动词构成二价连动式，如：

> 进封番禺候。（5，1385）
>
> 入赐酒食。（5，1308）
>
> 明帝闻之，加赐谷帛。（3，657）

构成此类连动式动词主要是给予类动词和行为动词。

②$V1^2 + V2^3 \rightarrow [V1^2 V2^2]^3$

二价动词与三价动词构成三价连动式，如：

> 陛下何不试变业而示之。（2，504—505）
>
> 收其粮谷以给军士。（1，270）
>
> 出一卷书与吏。（3，802）

构成此类连动式动词主要是动词行为动词。

③$V1^2 + V2^3 = [V1^2 V2^3]^4$

二价动词与三价动词构成四价连动式，如：

> 引其贤俊而置之列位，使海内回心。（3，598）

构成此类连动式动词主要是给予类动词和行为动词。

2. 整合方式

连动式的整合是对动词 V1、V2 联系其支配的必要的名词性成分的再组合，是通过并价、共价、增价、减价等方式实现的。具体分析如下：

（1）并价

连动式将 V1、V2 联系的主语和宾语的名词性成分合并，其价数等于 V1、V2 联系的宾语的名词性成分价数和将成为连动式主语名词

性成分价数之和。这类整合有七种情况:

Ⅰ. S {V1V2} ← {S1V1, S2V2}

这类连动式整合共有 167 例。常见的动词配合有"惭退、病死、病卒、来奔、败走、败没、败退、退走、破走、起坐、破败、忧死、来降、散退、惊动、惊走、惊起、逃走、奔散、散走、病没、坠坏、遁走、病生、遁退、崩坏、溃走、败窜、战卒、战斗死、战死、降服、立跪、斗死、觉走、突走、战定、战破、战败、镇定"等。

构成这类连动式的 V1、V2 是一价动词,只支配一个名词性成分,被支配成分在句法上作主语,语义角色①是施事、当事。整合时,当动词配合不出现使动用法时,主语位置上的从属成分经过论元整合后,语义角色提升为连动式的施事、当事,在句法上作连动式的主语。当动词配合出现使动用法时,V1 主语位置上的从属成分经过论元整合后,语义角色提升为连动式的施事,在句法上作连动式的主语,V2 主语位置上的从属成分隐藏。例如:

当事:(盖) {病卒于宫} (5,1285) ← {当事:(盖) 病;当事:(盖) 卒〈于宫〉}

施事:(郃) {遂来降} (1,21) ← {施事:(郃) 遂来;施事:(郃) 降}

当事:(牧) {遂道路忧死} (5,1202) ← {当事:(牧) 遂道路忧;当事:(牧) 死}

施事:(诸将) {必不战而定} (2,476—477) ← {施事:(诸将) 必不战;当事:(西平麹关等) 定}

施事:(平) {一战而败} (5,1050) ← {施事:(平) 一战;当事:(魏延) 败}

Ⅱ. S {V1O V2O} ← {S1 V1O1, S 2V2O2}

---

① 本书将语义角色确定为施事、受事、当事、处所和表事四大类。施事包括致事、经事、起事等,受事包括成事、使事和涉事等,当事包括系事、止事等。

　　这类连动式整合共有1333例。常见的动词配合有"杀据、还守、临制、有无、闻悔、舞服、杀失、顺奔、弃获、见弃、求取、闻拊、开振、媚求、发驱、县（悬）显、上（上奉）贺、上谢、上讼、上求、上陈、上言、上乞、上称、上谏、扶致（召）、损求、观阚、称载、兴诛、据逼、为（造）缀、率击、作见、举应、依见、伏待、振御、开待、戮谢、挟干、守备、挟扫、召赦、宥敦、作淹、修御、屯拒、出射、起应、挈入、取治、著喻、兴图、乐顾、决（决开）灌、合讨、为（建）居、循复、得镇、出知、设罗、建图、杀威、置树、遵彰、奉（拿）令、奉服、闻纳、背（违背）向、背惧、背依、避居、保拒、闭拒、拔砍、保请、从求、从索、从读、从征、从还、从击、持守、乘（乘着）作（制造）、乘袭、乘寇（除）、乘（坐）临、乘入、乘攻、乘越、乘援、乘讨、乘围、承专、承革、持守、持还、称（声称）还、出入、出求、出击、出讨、出归、驰陈、除还、渡攻、渡为、渡至、渡攻、渡击、渡入、渡依、渡攻、登望、登受、睹责、倒迎、得陈、发收、发拒、发作、发疑、奉（捧）还、奉致、奉伐、奉使（出使）、奉诣；废立、放收、负作、归请、归阖（关）、改谢、观责、刮去、贯著、观制、好无、合拒、进拒、进渡、进讨、进屯、进临、进击、进围、进收、进（上）救、进趋、进到、进至、进临、进解、进攻、决（开）灌、掘得、掘煮、举守、举（举起）射、劝蔽、举（推举）为、举（领）屯、举背、举迎、举讨、举从、举拒、举委、举逐、举攻、举出、矫开、矫承、矫制、乘还、将诣、将奉、将至、将出、将逆、将聚、将观、将望、将到、将守、将助、将围、将往、将入、将驰、将杀、将渡、将迎、将往、将伐、将讨、将屯、将随、将守、劫走、踞拔、见求、聚据、解焚、解至、结筑、羁归、击会、刻颂、刻记、开接、开迎、开诣、开待、开拜、跨登、叩流、叩无、连树、临观、临制、临斩、临陨、临讨、临受、临下、量（估量）取、勒讨、勒就、立建、立杀、留骂、留察、纳补、叛应、弃还、弃缘、去还、去入、入发、受辅、受作（造）、受察、受讨、受渡、受集、率拒、率至、率诣、率围、率诛、率击、率附、释（放弃）还、率归、率还、率继、率讨、率攻、率追、率进、率出、率迎、率经、率入、率拒、率陷、率救、率袭、率伐、率过、帅屯、帅侵、帅就、帅赴、升入、逊让、束悬、束待、杀攻、收付、收还、收系、索烧、恃厌、顺下、舍上、摄出、设分、突入、脱渡、讨有、统讨、挺取、为（制）射、亡投、亡归、违拔、闻流、温知、委就、委请、兴围、兴伐、袭（继承）领、引屯、引还、引至、引出、引袭、引归、引（拉）射、引（拉）拭、诣募、诣谢、诣言、诣奉、诣治、诣见、诣视、依（靠）为（成为）、说击、有无、斩诣、追至、追到、凿通、执（拘）还、走从、置作、诏问、诈请、坐系、召系、振过、仗临、避上、保称、抱归、奔入、备请、奔依、保疑、拜还、被诛、从征、从请、从受、从讨、从赴、驰报、乘（乘坐）出、乘（乘坐）射、承（承接）署、辞告、渡追、渡投、渡居、渡救、立居、得杀、代秉、担断、到就、遏取、发截、发应、奉还、奉请、傅诣、放烧、发救、改临、诡袭、合击、还援、进造（到）、进攻、举（率领）袭、举应、将到、将助、将入、将逃、将审、将渡、将归、将击、将讨、将屯、将叛、将拒、将护、将诣、将还、将居、将归、将留、将奔、将赴、将迎、矫除、进称、解写、捐入、随镇、随击、收下、率围、帅治、舍就、收治、帅伐、收置（放）、夺亡、守执、帅解、搜卫、摄驻、投烧、投下、讨有、讬造、违出、兴伐、袭杀、下趣、循入、有失、诣议、倚登、引赴、越就、缘行、诣见、有下、拥读、应讨、应顺、至致、至下、凿作、召击、载入、驻呼、奏问、筑遏、至从、斩有、拔斩、被求、从奔、乘袭、典屯、得（得到）为（算着）、到率、负奔、感无、计知、将到、击无、率报（报答）、率诛、率袭、率讨、随征、帅讨、举诣、迎行、将拒、率攻、随讨、随拒、伏杀、斩获、分应、引入、渡袭、连继、随渡、引攻、审得、叛傅、乘攻、合谋、引攻、将迎、从拒、乘射、呵斩、牵斩、将迎、勤待、贬救、突触、连白、上曰、问曰、说曰、谓曰、见曰、难曰、谏曰、出曰、为曰、招曰、叩曰、梦曰、报曰、止曰、戒曰、劝曰、言曰、敕曰、书曰、喻曰、拊曰、答曰、应曰、策曰、议曰、奉曰、命曰、进曰、表曰、诈曰、移曰、贺曰、赐曰"等。

　　构成这类连动式的 V1、V2 是二价动词，联系主语位置上的从属
成分的语义角色是施事、当事、受事，没有使动用法时，经过论元整
合后提升为连动式的施事、当事、受事。当出现使动用法时，V1 联
系主语位置上的语义角色提升为连动式的施事。V1、V2 联系宾语位
置上的从属成分的语义角色是受事、当事、处所、表事等，没有使动
用法时，经过论元整合后，V1、V2 各自支配的语义角色不变，为受
事、当事、处所、表事等，在句法上分别作连动式的 V1、V2 宾语。
当出现使动用法时，经过论元整合后，V2 联系主语位置上的语义角
色变为受事，在句法上表现为 V2 的宾语。例如：

　　　　施事，受事：逊 {开仓谷以赈贫民} （5，1343）← {施事，
受事：逊开仓谷；施事，受事：逊赈贫民}

　　　　施事，受事：（帝）{乘辇入逯祠} （2，484）← {施事，受
事：（帝）乘辇；施事，受事：（帝）入逯祠}

　　　　施事，受事：綝 {率众夜袭金尚} （5，1448）← {施事，
受事：綝率众；施事，受事：綝夜袭金尚}

　　　　施事，受事、表事：（肃）{戒何晏等曰：唱乱者先亡矣}
（2，418）← {施事，受事：（肃）戒何晏等；施事，表事：
（肃）曰：唱乱者先亡矣}

　　　　施事，受事：故虞舜 {舞干戚而服有苗} （3，788）← {施
事，受事：虞舜舞干戚；施事，受事：有苗服（虞舜）}

Ⅲ. S {V1V2O} ← {S 1V1，S 2V2O}

　　这类连动式整合共有 219 例。常见的动词配合有"默记、悦赦、
坐论、涕斩、坐待、死无、退论、生失、怒杀、退修、走争、遁走、
喜从、败内（纳）、叹曰、笑曰、怒曰、怒杀、怒废、怒叛、喜曰、
喜失、悦曰、叹言、悲曰、惭曰、跪曰、恚曰、呼曰、来攻、来归、
来追、来入、来诣、来杀、来迎、来视、来争、来赴、来从、来应
（响应）、来取、来省、来烧、沐出、虐用、起入、起如、退恐、退
保、退就、退无、退往、退还、退归、退驻、退趣、退舍（住）、退

填、退守、逃还、逃入、亡归、亡入、亡走、亡至、亡匿、亡奔、伪降、降附、走入、走登、走保、走破、走投、走还、走归、坐保、坐食、坐待、坐观、病还、驰见、遁奔、遁入、遁匿、退避、恚罚、饱噬、败奔、奔随、驰召、驰赴、跪止、呼问、矜陵、闲及、坐同、惊吃、起取、止杀、退避、鸣失、起踏、退彰、坐守、漂至、进（前进）临、浮以沿、醉受、来救、败走、笑待、怪问、破斩、壮释、伤害、危害、驰白"等。

构成这类连动式的 V1 是一价动词，V2 是二价动词，动词未出现使动、意动用法时，联系主语位置上的从属成分的语义角色是施事、当事，经过论元整合后提升为连动式的施事、当事。联系宾语位置上的从属成分的语义角色是受事、当事、处所、表事等，经过论元整合后，V1 没有支配名词性成分，V2 支配的语义角色不变，在句法上作连动式的 V2 宾语。动词 V1 出现使动、意动用法时，V2 联系主语位置上的从属成分的语义角色是施事，经过论元整合后提升为连动式的施事。V2 联系宾语位置上的从属成分的语义角色是受事，经过论元整合后，V2 支配的语义角色不变，在句法上作连动式的宾语。例如：

施事，处所：度等 ｛来攻城｝（2，425）← ｛施事：（度等）来；施事，处所：（度等）攻城｝

施事，受事：（或）｛驰召东郡太守夏侯惇｝（1，308）← ｛施事：（或）驰；施事，受事：（或）召东郡太守夏侯惇｝

施事，表事：翻 ｛复怒曰：岂得事宜邪｝（5，1321）← ｛施事：翻复怒；施事，表事：翻曰：岂得事宜邪｝

施事，受事：时人 ｛怪而问之｝（4，953）← ｛当事：之怪；施事，受事：时人问之｝

施事，受事：（爽）｛伤害骨肉｝（1，286）← ｛当事：骨肉伤；施事，受事：（爽）害骨肉｝

Ⅳ. S ｛V1OV2｝← ｛S1 VO，S2 V｝

这类连动式整合共有 145 例。常见的动词配合有"观动、塞下、烧退、饮死、载走、应生、临旋、如死、举来、泝上、割明、索和、临卒、举降、赴死、率降、循来、执退、投死、引退、弃走、诣降、引退、还死、持来、闻怒、作悖、省（看）悦、虑起、饮醉、入死、有愈、发死、坐（犯）死、出降、依来、临降、将降、遇没（沉没）、得喜悦、遇卒（死）、遇率、遇遁、遇逃、踊走、烧走、舍亡、踊降、被死、弃走、中卒、服死、下死、委（丢弃）走、养仕、见悦、索和、知辱、争和、弃走、驱呼、解走、随出、乘走、拊笑、顺下、敬礼、攻下、合来、击破、持立、还向、引还、进曰、乘（乘着）来、率来"等。

构成这类连动式的 V1 是二价动词，V2 是一价动词，动词未出现使动用法时，联系主语位置上的从属成分的语义角色是施事、当事，经过论元整合后提升为连动式的施事、当事。联系宾语位置上的从属成分的语义角色是受事，经过论元整合后，V2 没有支配名词性成分，V1 支配的语义角色不变，在句法上作连动式的 V1 宾语。动词 V2 出现使动用法时，联系主语位置上的从属成分的语义角色是施事、当事，经过论元整合后 V1 主语位置上的语义角色提升为连动式的施事。V1 联系宾语位置上的从属成分的语义角色是受事，经过论元整合后，语义角色不变，在句法上作连动式的宾语。例如：

施事，处所：琼｛举州降｝（2，539）←｛施事，处所：琼举州；施事：琼降｝

施事、当事，受事：（融）｛饮药而死｝（5，1235）←｛施事，受事：（融）饮药；当事：（融）死｝

施事，受事：（士众）｛击之可破也｝（1，9）←｛施事，受事：（士众）可击之；当事：（之）破也｝

V．S｛V1OV2OO｝←｛S1 V1 O，S2 V2OO｝

这类连动式整合只有 1 例。构成这类连动式的 V1 是二价动词，V2 是三价动词，动词联系主语位置上的从属成分的语义角色是施事，经过论元整合后提升为连动式的施事。联系宾语位置上的从属成分的语义角色是受事、与事等，经过论元整合后，V1、V2 各自支配的语义角色不变，在句法上分别作连动式的 V1、V2 宾语。例如下：

施事，与事：（弘）{下诏书赐休死}（1225）← {施事，受事：（弘）下诏书；施事，与事：（弘）赐休死}

Ⅵ. S {V1OOV2O} ← {S 1V1OO, S2 V2O}

这类连动式整合共有 20 例。常见的动词配合有"示易、引置、与曰、赐曰"等。

构成这类连动式的 V1 是三价动词，V2 是二价动词，V1、V2 联系主语位置上的从属成分的语义角色是施事，经过论元整合后提升为连动式的施事。联系宾语位置上的从属成分的语义角色是受事，与事，经过论元整合后，V1、V2 各自支配的语义角色不变，在句法上分别作连动式的 V1、V2 宾语。例如：

施事，受事、表事：权 {与亮书曰：唯有邓芝}（4，1072）← {施事，受事：权与亮书；施事，表事：权曰：唯有邓芝}

施事，受事：（太祖）{引其贤俊而置之列位}（2，598）← {施事，受事：（太祖）引其贤俊；施事，受事：（太祖）置之列位}

施事，受事、表事：（汉）{赐燮玺书曰：领交阯太守如故}（5，1192）← {施事，受事：（汉）赐燮书；施事，表事：（汉）曰：领交阯太守如故}

（2）共价

连动式的 V1、V2 两个动词所支配的从属成分同指一个名词性成分，在句法上，其中一个句法成分隐现。其价数等于 V1、V2 联系的将成为连动式主语和宾语的名词性成分价数之和。这类整合有二类连动式：

Ⅰ. S {V1V2O} ← {SV1O, SV2O}

　　这类连动式整合共有 355 例。常见的动词配合有"望笑、争取、得用、亲惮、感受、出嫁、乘用、思爱、举用；求得、袭取、收（纳）用、逆击、进住、勉致、惧听、埋掘、据有、诱致、善从、引申、拯救、受宥、爱信、举致、退书、畏爱、挞杀、感虑、往攻、进围、屯据、走还、还到、引见、按杀、逼据、逼攻、逼杀、拔出、拔取、遁诛、保据、部勒、捕斩、攻烧、攻拔、攻围、攻屠、攻杀、攻取、攻剽、攻击、顾（回头）指、归至、归附、归入、归服、归谢、割据、割剥、割有、还往、还镇、还入、还赦、还到、还保、还过、还至、还守、还屯、还救、还讨、还往、还居、还统、还攻、还止、还近、还赴、还归、击杀、击斩、进到、进至、进降、进取、进攻、留屯、留屯、留居、留镇、留统、留为、流入、进讨、进住、进据、进保、据守、略取、侵扰、侵夺、侵虐、迁居、入据、入居、绕击、束取、杀害、杀攻、杀略、射杀、收（捕获）斩、收导、摄敛、摄帅、收治、扫除、绥纳、释放、讨斩、讨治、讨除、统理、拓有、偷取、逃入、屯居、屯据、屯逼、突入、收付、围击、袭得、袭杀、徙还、徙居、徙占、徙治、徙屯、徙讨、诱斩、诱纳、诱致、追禽、追击、追杀、追斩、斩获、择留、镇保、镇安、镇据、镇抚、镇守、诛讨、总统、爱待、过诣、归就、拔进、保有、敬信、进住、据守、劫夺、劫恐、简（选拔）恤、接纳、劫迁、开拓、留宿、追逐、迫出、迫击、收缚、收捕、烧围、推载、往保、往取、往攻、往至、袭拔、迎立、缯杀、至据、镇抚、追及、诱降、斩获、还葬、盗乘、敬服、敬信、缴得、劫夺、接纳、争附、辅导、继统、据守、往视、诛讨、衔引、上卧、征克、闭出、攻拔、攻克、出饮、得守"等。

　　构成这类连动式的 V1、V2 是二价动词，联系主语位置上的从属成分的语义角色是施事，经过论元整合后提升为连动式的施事。联系宾语位置上的从属成分的语义角色是受事、处所等，经过论元整合后，V1、V2 共同支配着语义角色，在句法上共同表现为连动式的 V2 宾语。例如：

　　施事，受事：（陛下）{求而得之}（2，492）←{施事，受

事：（陛下）求之；施事，受事：（陛下）得之}

施事，受事：权{击斩羽}（1，53）←{施事，受事：权击羽；施事，受事：权斩羽}

施事，处所：（先主）{因留宿墓上}（4，1007）←{施事，处所：（先主）因留墓上；施事，处所：（先主）宿墓上}

Ⅱ．S{V1 O V2}←{SV1O，SV2O}

这类连动式整合共有 40 例。常见的动词配合有"临屯、临守、营（建）居、有用、闻纳、扼进、释乘、嗜下、获害、爱敬、求得、受藏、围取、取伐、救抚、泛下、好用、闻信、恶用、取合、至屯、进攻、略获、保（凭）守、赖（靠）免、讨胜、志立、临济、攻拔、阖出、登入、求得、攻克、闭守、袭禽、滨居、据守、决出"等。

构成这类连动式的 V1、V2 是二价动词，联系主语位置上的从属成分的语义角色是施事，经过论元整合后提升为连动式的施事。联系宾语位置上的从属成分的语义角色是受事、处所等，经过论元整合后，V1、V2 共同支配着语义角色，在句法上表现为连动式的 V1 宾语。例如：

施事，受事：（绍）{有才而不能用}（1，217）←{施事，受事：（绍）有才；施事，受事：（绍）不能用才}

施事，处所：故策{敢据险以守}（2，444）←{施事，处所：策敢据险；施事，受事：策守险}

施事，处所：（倭）{滨山海居}（3，854）←{施事，处所：（倭）滨山海；施事，受事：（倭）居山海}

（3）减价

连动式的 V1、V2 两个动词所联系的宾语位置上的名词性语义角色消失了一个或两个。其价数等于 V1、V2 联系的将成为连动式宾语的名词性成分价数和主语名词性成分价数之和。这类整合有十三类连动式：

Ⅰ. S｛V1V2｝← ｛S1V1O，S2V2O｝

这类连动式整合共有 314 例。常见的动词配合有 "知征、推得、推受、进退、进克、进犯、进斗、进谏、进讨、进叙、进见、进用、进据、进取、行去、行巡、行归、虑行、释去、释（放）诛、克归、克还、负至、期至、结还、袭取、载取、载还、引载、携出、坐制、往克、禽克、坐克、坐杀、还坐、入坐、入见、入伐、济击、得处、至救、拒受、祕露、祕告、逼展、县（悬）继、废用、许夺、迷返、试用、拒受、拒许、畏犯、循革、制许、敬违、降叛、辞当（挡）、假反、舍征、惧听、斩徇、缚出、绳法、执听、疑受、至渡、诱见、辞受、还杀、住渡、追击、辞留、还渡、用济、废修、辞骂、出从、守出、出议、辞受、疑渡、求得、还保护、惧绥、还守、复（回）合、临决、留去、辞就、惧去、降叛、去还、止入、痛举、让受、原（追究）问、下谢、出还、出归、走还、惠诛、设还、从往、从袭、往钦、当（担当）懒、过攻、枕卧、转攻、就（近）戮、出游、据守、罢还、出迎、迎降、收治、往救、引见、引（率）归、引还、引退、引去、邀击、往讨、迎留、出击、扶出、拜寿、留守、罢还、要（截）击、畏服、归服、攻围、追杀、召见、往见、出行、还救、迎击、迎还、捕得、苛责、缚出、会击、迎往、归服、掩取、临吊、征还、还待、朝谒、伏诛、出迎、游观、还守、斩获、连和、弃去、拒击、追改、缚降、归服、敬服、闻问、往讨、往偪、趋出、赴救、赴讨、赴击、辞出、往庆、随出、奉迎、出讨、建置、验问、征召、迁转、攻讨、征讨、禁制、要誓、奏请、归耕、驻止、围绕、往返、追斩、敬惮、斩白" 等。

构成这类连动式的 V1、V2 是二价动词，动词联系主语位置上的从属成分的语义角色是施事、受事，经过论元整合后提升为连动式的施事或受事。联系宾语位置上的从属成分的语义角色为受事、处所，经过论元整合后，V1、V2 所带的支配的语义角色消失，在句法上不带宾语。例如：

施事：（恪）｛不克而归｝（3，625）←｛施事，处所：

（恪）不克（新城）；施事，处所：（恪）归（淮南）｝

受事：（孙权）｛可袭取也｝（3，749）←｛施事，受事：（司马宣王）可袭（孙权）；施事：（司马宣王）可取（孙权）也｝

施事：（阶）｛拒而不受｝（3，631）←｛施事，受事：（阶）拒（刘表）；施事，受事：（阶）不受（蔡氏）｝

Ⅱ. S｛V1V2｝←｛S1V1O，S2V2｝

这类连动式整合共有 103 例。常见的动词配合有"枕死、烧走、出坐、诣立、脱走、出走、禁止、祭哭、谏死、从笑、闻勤、征灭、进退、将来、食死、克退、攻退、疑悦、赖免、欺降、闻怒、卧起、攻破、去免、攻下、追败、惧降、惧起、守动、守下、见欢、讨破、守降、闻惊、谏止、守动、坐死、出降、诣降、还降、扰乱、出奔、逆降、镇定、诛死、还降、归降、出降、对泣、引退、扰乱、悼伤、摧破、呼起、溺死、出奔、侍坐、讨平、引退、叛乱、救得（成）、举战、逆（迎）战、入战、迎战、还战、交战、胜战、进战"等。

构成这类连动式的 V1 是二价动词，V2 是一价动词，动词不出现使动用法时，动词联系主语位置上的从属成分的论元角色是施事、受事、当事，经过论元整合后提升为连动式的施事、受事、当事。联系宾语位置上的从属成分的论元角色为受事、处所，经过论元整合后，V1 所带的支配的语义角色消失，在句法上不带宾语。如果 V2 联系主语位置上的语义角色整合上升为连动式的主语，则 V1 联系的主语位置上的语义角色经整合消失。V2 出现使动用法时，V1 联系主语位置上的从属成分的论元角色是施事、受事、当事，经过论元整合后提升为连动式的施事、受事、当事。联系宾语位置上的从属成分的论元角色为受事、处所，经过论元整合后，V1 所带的支配的语义角色消失，在句法上不带宾语。例如：

施事：（权）｛未攻而退｝（5，1307）←｛施事、处所：（权）（权）未攻（新城），施事：（权）退｝

施事、当事：男女七八千人｛相枕而死｝（1，236）←｛施事、受事：男女七八千人相枕（身）；当事：男女七八千人死｝

施事：（我）｛可烧而走也｝（5，1262）←　｛施事，受事：（我）可烧（寇）；施事：（寇）走也｝

受事、当事：羕｛竟诛死｝（4，997）｛施事，受事：（有司）竟诛羕；当事：羕死｝

Ⅲ. S｛V1V2｝←｛S1V1，S2V2 O｝

这类连动式整合共 114 例。常见的动词配合有"利还、混蒙、散入、起出、驰还、驰进、坐绝、笑应、笑答、起成、喜泄、涕泣别、死赦、泞滞通、止出、来救、止行、起随、来追、来朝、来聘、来伐、来住、来降、来附、来攻、来奔、来入、来集、来赴、来诣、退还、退走、退保、退守、散去、遁还、败归、败还、突入、走受、战禽、战克、战至、出战、毁修"等。

构成这类连动式的 V1 是一价动词，V2 是二价动词，动词联系主语位置上的从属成分的语义角色是施事、受事、当事，经过论元整合后提升为连动式的施事、受事、当事。联系宾语位置上的从属成分的语义角色为受事、处所，经过论元整合后，V2 所带的支配的语义角色消失，在句法上不带宾语。但 V2 出现被动时，联系主语位置上的从属成分的语义角色是施事，经过论元整合后下降为连动式的 V2 动作的发出者，在句法上隐藏。例如：

当事、施事：昱｛笑而不应｝（2，426）←｛当事：昱笑；施事：不应其（乡人）｝

施事：（休）｛退不得还｝（2，483）←｛施事：（休）退；施事：（休）不能还（皖）｝

施事：（嶷）｛不自来诣｝（4，1053）←｛施事：（嶷）不自来；施事，受事：（嶷）诣（定莋）｝

当事、受事：（庙）｛毁而不修｝（1，77）←｛当事：（庙）毁；施事，受事：（天下）不修（庙）｝

Ⅳ. S ｛V1V2｝ ← ｛S1 V1O，S2 V2｝

这类连动式配合共有 2 例。构成这类连动式的 V1 是二价动词，V2 是一价动词，动词联系主语位置上的从属成分的语义角色是施事、当事，经过论元整合后提升为连动式的施事、当事。V1 联系宾语位置上的从属成分的语义角色是处所、受事，经过论元整合后，支配的语义角色消失，在句法上不带宾语，连动式没有被支配的名词性成分，如下：

施事、当事：（夔）｛乃间行得免｝（2，379）←｛施事，处所：乃间行（乡里）；当事：（夔）得免｝

施事、当事：（慈）｛于是解散｝（5，1188）←｛施事，受事：（慈）于是解（马）；当事：（慈）散｝

V. S ｛V1V2｝ ← ｛S1V1O，S2V2 OO｝

这类连动式整合有 5 例，动词配合有"出送、议与、拜送、临送、收送"等。

构成这类连动式的 V1 是二价动词，V2 是三价动词，联系主语位置上的从属成分的语义角色是施事，经过论元整合后提升为连动式的施事。联系宾语位置上的从属成分的语义角色是受事、与事、表事、处所等，经过论元整合后，V1、V2 支配的语义角色消失，在句法上不带宾语，如：

施事：配等｛议不与｝（1，201）←｛施事，受事：配等｝议（益兵）；施事，与事：配等不与（谭兵）｝

施事：（帝）｛将自临送｝（3，707）←｛施事，处所：（帝）将自临（南陵）；施事，与事：（帝）送（淑葬）｝

施事：（诸叛亡）｛咸悉收送｝（3，732）←｛施事，受事：（诸叛亡）｝咸悉收（亲戚）；施事，与事：（诸叛亡）送（招亲戚）｝

Ⅵ. S｛V1V2O｝← ｛S1V1O，S2V2O｝

这类连动式整合共有 1215 例。常见的动词配合有"迎无、迎致、迎执、迎置、削投、闻辟（避）、闻恶、归说、归告、归求、携克、诈受、诈言、诈增、构间、勉为、随引、集论、发通、进封、进拜、进攻、进入、进求、进胜、进当（挡）、进伐、进为、进讨、进赦、进击、追谥、追论、追思、追至、追尊、追赠、追念、追录、追蹑、追到、追封、追观、追出、追惧、追随、追渡、追分、追慕、追加、追进、追奔、追改、追拜、追怨、改葬、改封、改为、从讨、从攻、从征、从封、从还、从至、从入、从见、从击、从围、从救、从斩、从行、从有、从取、迁为、转任、转为、转加、转镇、转领、转击、转守、转入、转拜、转避、转讨、转征、转侵、转居、转增、转托、入为、入继、入见、入拜、入补、入抱、入作、入度、入征、入讨、入至、入事、加拜、表拜、表奏、表言、表请、表赦、表封、表为、就迁、徙为、徙封、奉迎、废徙、出为、出同、出过、出奔、出补、出见、出取、出至、出驻、出攻、出屯、出历、出守、出迎、出射、出当（挡）、出养、出征、出攻、出迎、出视、出避、出争、出拜、出犯、出报、出逆、出拒、出赴、出往、弃去、徙治、承顺、辟为、拜为、征为、还击、选为、征还、招延、聘求、镇抚、伪叛、劫夺、侵夺、伏诛、涌溢、巡行、施行、图计、更拜、叙曰、徙选、恐议、惧结、惧拒、负随、去为、载还、刊表、至克、将诛、执诣、有待、忿改、欢诱、耕养、征勤、拔遣、拘听、出事、言流、伐掩、出有、逼伤、表荐、诏拜、斥免、往从、引（引见）为、案行、避止、避至、闭荐、罢（除）就、承代、嗣为、陈发、督帅、渡入、代为、答许、奉除、抚临、缚作（制造）、放诛、逢迎、奉从、刺杀、过见、过杀、怪知、合守、还求、还修、还为、还走、还军、还袭、还迁、还拜、还遇、还启、还入、还赴、还作、还图、还见、还领、还助、还住、纠合、驾过、觐见、救请、就乘、就拜、聚俭、建置、跨蹈、开通、考击、立为、连引、临贺、流入、缚请、逆击、叛应、叛迎、叛入、叛归、叛攻、叛为、迁治、迁选、却往、遣迎、趣截、驱率、请诛、让还、杀奔、收付、收载、施设、随诣、随还、输置、侍讲、上还、逃奔、推下、听许、涉虏、伪许、往依、往践、往断（判）、往从、往省、往讨、往拒、往应、往见、往诣、往就、往遇、往对、往征、往诣、往居、往受、往随、往奔、往救、往保、行幸、行还、行至、行入、胁夺、巡省、兴立、兴治、陷刑、选举、戏弄、引出、引入、引（进）近、引见、引置、引用、引次、引还、仰观、掩袭、掩攻、谒祭、谒拜、诱呼、怨呼、移居、移屯、抑挫、征讨、征（征召）拜（任命）、征入、征伐、纵恣、招诱、招纳、佐定、作为、折衡、擢为、召为、召还、奏请、奏陈、奏免、奏言、坐下、祚袭、造作、战有、逐出、振贷、避下、次至、绁还、渡屯、登有、登陷、登至、封为、封还、耕乐、觐见、聚俭、惊逃、见责、举诣、将讨、交分、谏诛、赂为、流入、募得、梦见、叛应、叛为、迁居、迁至、驱率、趋上、驱走、驱至、退入、上救、守待、申敕、赦出、书请、行到、行归、行无、向称、引拜、掩取、诱导、移治、抑黜、诣刺、征诣、战决（突）、战斩、遮守、战斩、装还、从击、出住、增封、聚围、执从、坐免、出下、还去、引（率）渡、表救、出有、出为、顾见、出为、合围、奏言、还突、反应、乞伐、争得、上言、封扬、杀获、谓曰、对曰、诏曰、叹曰、诣曰、言曰、议曰、书曰、谏曰、辞曰、报曰、答曰、问曰、进曰、谋曰、谈曰、谢曰、呼曰、称曰、闻曰、骂曰、还曰、奏曰、评曰、语曰、请曰、号曰、告曰、令曰、说曰、仰曰、计曰、咨曰、命曰、出曰、让曰、谣曰、铭曰、应曰、表曰、戒曰、白曰、白言、白曰"等。

构成这类连动式的 V1、V2 是二价动词，动词联系主语位置上的从属成分的语义角色是施事、受事，经过论元整合后提升为连动式的施事、受事。联系宾语位置上的从属成分的语义角色为受事、表事，经过论元整合后，V1 所带的支配的语义角色消失，在句法上不带宾语，V2 所带的支配的语义角色不变，在句法上表现为宾语。例如：

施事：先主{闻而恶之}（4，958）←{施事，表事：先主闻（曰）；施事，受事：先主恶之}

施事：权{载以还宫}（5，1223）←{施事，受事：权载

（昭）；施事，处所：权还宫｝

　　　　施事：（陈武）｛从击合肥｝（5，1289）←｛施事，受事：
（陈武）从（孙权）；施事，处所：（陈武）击合肥｝

　　　　施事：翻｛谏曰：愿少流意｝（5，1318）←｛施事，受事：
翻谏（策）；施事，表事：翻曰：愿少流意｝

Ⅶ. S｛V1V2O｝←｛S 1V1O，S 2V2OO｝

　　这类连动式整合有 19 例。动词配合有"进给、加赐、入赐、出
送、斩送、振给、封示、出送、缚送、扶送、收送、临授、还授、奉
授、迎受（授）、分给"等。

　　构成这类连动式的 V1 是二价动词，V2 是三价动词，动词联系主
语位置上的从属成分的语义角色是施事，经过论元整合后提升为连动
式的施事。联系宾语位置上的从属成分的语义角色为受事、处所，经
过论元整合后，V1 所带的支配的语义角色消失，V2 所带的支配的一
个语义角色消失，V2 在句法上表现为一个宾语。例如：

　　　　施事：（权）｛出送布帛｝（5，1308）←｛施事，处所、受
事：（权）出（门）；施事，受事：（权）送（然）布帛｝

　　　　施事：（放）｛封以示亮｝（2，457）←｛施事，受事：
（放）封（书）；施事，受事：示亮（书）｝

　　　　施事，受事：（明帝）｛加赐谷帛｝（3，657）←｛施事，受
事：（明帝）加（谷帛）；施事，受事：（明帝）赐（高堂隆）
谷帛｝

Ⅷ. S｛V1V2O｝←｛S1 V1OO，S 2V2O｝

　　这类连动式整合有 12 例。常见的动词配合有"送上、送还、送
诣、送付、送还归、教曰、赐曰"等。

　　构成这类连动式的 V1 是三价动词，V2 是二价动词，动词联系主
语位置上的从属成分的语义角色是施事，经过论元整合后提升为连动
式的施事。联系宾语位置上的从属成分的语义角色为受事、处所，经

过论元整合后，V1 所带的支配性语义角色消失，V2 所带的支配性语义角色不变。例如：

施事，受事：（民）{送（牧稻）还牧}（5，1392）←{施事，受事：（民）送（牧稻）；施事，受事：（民）还牧}

施事，处所：（周鲂）{送（吴绮）诣武昌}（5，1387）←{施事，受事：（周鲂）送（吴绮）；施事，处所：（周鲂）诣武昌}

Ⅸ. S {V1 O V2} ← {S1V1 O，S2V2 O}

这类连动式整合共有 294 例。常见的动词配合有"知备、燎祭、举闻、举攻、举应、举征、举附、举采、举还、举益、举至、举上、举攻、举反、举入、任丧、引还、引向、引去、引行、引出、率从、率征、率归、率附、率攻、率入、环表、弃归、弃行、弃还、弃去、将行、拔（领）出、领还、随出、见还、将去、将往、将出、将至、将入、将会、将还、入拜、会饮、得还、度（渡）战、罢还、徹徙、致征伐、乘出、开走、止居、止还、加戮、勒迎、拔守、行还、行过、失取、闻捶、入趋、攻下、让受、留遣、恃服、追及、攻拔、分击、秉顾、抚顾、违至、置会、随征、守扰、知举、征克、闭出、过到、索助、失至、攻克、解去、克战、畏言、知顾、称朝、衔行、开出、发卫、勒卫、闭守、避渡、听攻、增攻、执去、廻征、乘返、劫迁、县（悬）入、赴拒、临争、临顾、把誓、围下、惮发、保战、受行、有赴、有营、有出、有诛、有去、有舍、赖行、帅进、被行、流答、陈出、持涉、越征、闻恐、闭受、伺下、闻感、闻惧、进向、征救、提（领）入、缝摩、踏昂、据行、取入、畏受、惧战、渡行、辞（称）就、上让、遇进、缘至、踚脱、守回、执顾、随行、望附、被至、到言、上遁走、援立、敛攻、拥卫、御征、设战、诡度（渡）、选往、称往、委归、越讨、为（造）渡、顺下、帅起、入行、去归、合来、临斩、隔对、乞反、潜到、奋还、行知、入守、出战、杀盟、施饮、赴战、抚顾、扶征伐、征还、渡迎、怀入、诣贡献、下褒扬、踊出、坐诛、解去、留宿、斩还、行征伐、缘行、乘行、随征伐、征还、避谢（谢罪）、穿出、下诛、徹还、诣谢（谢罪）、乘进、闻应、杀叛、据持、得闻、禽归、收归、执入、执叛、据对、拱待、取走、佩缓、奉守、嘉让、见战、无取、抑出、行至、临济、泝还、滞行、援进（引进）、受度"等。

　　构成这类连动式的 V1、V2 是二价动词，动词联系主语位置上的从属成分的语义角色是施事，经过论元整合后提升为连动式的施事。联系宾语位置上的从属成分的语义角色为受事、处所，经过论元整合后，V2 所带的支配的语义角色消失，V1 所带的支配的语义角色不变，在句法上表现为宾语。例如：

　　　　施事：公｛引兵自柳城还｝（1，29）←｛施事，受事：公引（兵）；施事，处所：公自柳城还（庐龙）｝
　　　　施事：（子修）｛随太祖南征｝（2，579）←｛施事，受事：（子修）随太祖；施事，受事：（子修）南征（张绣）｝
　　　　施事：（赵咨）｛将家属俱与郎往焉｝（2，467）←｛施事，受事：（赵咨）将家属；施事，处所：（赵咨）俱与郎往（黎阳）焉｝
　　　　施事：（朱据）｛燎鹊以祭｝（5，1147）←｛施事，受事：（朱据）燎鹊；施事，受事：（朱据）祭（古者圣王）｝

　　Ⅹ. S｛V1OV2｝←｛S 1V1OO，S2 V2O｝
　　这类连动式整合有 3 例，动词配合有"送传、送还"等。
　　构成这类连动式的 V1 是三价动词，V2 是二价动词，动词联系主语位置上的从属成分的语义角色是施事，经过论元整合后提升为连动式的施事。联系宾语位置上的从属成分的论元角色为受事，经过论元整合后，V1 所带的支配性一个语义角色消失，V1 在句法上表现为一个宾语，V2 所带的支配性语义角色消失。例如：

　　　　施事：（维）｛送节传于胡列｝（3，790）←｛施事，受事：

（维）送（会）节；施事，受事：（维）传（节）于胡列｝

　　施事：（抗）｛送葬东还｝（5，1354）← ｛施事，受事：（抗）送（逊）葬，施事；处所：（抗）东还（都）｝

　　施事：（招）｛送丧还归｝（3，730）← ｛施事，受事：（招）送（隐）丧；施事，处所：（招）还归（观津）｝

Ⅺ. S ｛V1OV2｝ ← ｛S 1V1O，S 2V2OO｝

这类连动式整合有 2 例。构成这类连动式的 V1 是三价动词，V2 是二价动词，动词联系主语位置上的从属成分的语义角色是施事，经过论元整合后提升为连动式的施事。联系宾语位置上的从属成分的语义角色为受事，经过论元整合后，V1 所带的支配性语义角色不变，V2 所带的支配的语义角色消失，如下：

　　施事，受事：（官）｛举善而教｝（3，740）← ｛施事，受事：（官）举善；施事，受事：（官）教（之道）｝

　　施事，受事：（彼）｛救死不给｝（5，1277）← ｛施事，受事：（彼）救死；施事，受事：（彼）不给.（己余力）｝

Ⅻ. S ｛V1OV2O｝ ← ｛S1 V1O，S2 V2OO｝

这类连动式整合有 24 例，动词整合有 "持送、出示、割与、迎受（授）、见给、置送、虏送、出示、临授、试示、冒献、置教、散供、作教、得赠、得供、出与、奉授、收与、推与、收送" 等。

　　构成这类连动式的 V1 是二价动词，V2 是三价动词，动词联系主语位置上的从属成分的语义角色是施事，经过论元整合后提升为连动式的施事。联系宾语位置上的从属成分的语义角色为受事，经过论元整合后，V1 所带的支配性语义成分不变，V2 所带的支配性一个语义角色消失，在句法上表现为一个宾语。例如：

　　施事，受事：（王业、王经）｛出诏示之｝（5，143—144）← ｛施事，受事：（王业、王经）出诏；施事，受事：（王业、

王经）示（髦）之｝

　　施事，受事：（高顺）｛复虏先主妻子送布｝（4，874）←
｛施事，受事：（高顺）复虏（先主妻子）；施事，受事：（高顺）
送布（先主妻子）｝

　　施事，受事：（国家）｛又得恶民以供赋役｝（5，1385）←
｛施事，受事：（国家）又得恶民；施事，受事：（国家）供（国
家）赋役｝

　　施事，受事：（佗）｛出一卷书与狱吏｝（3，802）←｛施
事，受事：（佗）出一卷书；施事，受事：（佗）与狱吏（书）｝

　　施事，受事：（使者）｛奉策授号｝（5，1198）←｛施事，
受事：（使者）奉策；施事，受事：（使者）授（徐氏）号｝

ⅩⅢ．S｛V1OV2O｝←｛S V1OO，S V2O｝

这类连动式整合有 7 例，动词配合有"送诣、送还归、教曰、与
曰、赐周、赐褒"等。

构成这类连动式的 V1 是三价动词，V2 是二价动词，动词联系主
语位置上的从属成分的语义角色是施事，经过论元整合后提升为连动
式的施事。联系宾语位置上的从属成分的语义角色为受事、处所、与
事，经过论元整合后，V2 所带的支配性语义成分不变，V1 所带的支
配性一个语义角色消失，在句法上表现为一个宾语。例如：

　　施事，受事：（王政）｛送首诣虞｝（1，240）←｛施事，受
事：（王政）送（虞）首；施事，受事：（王政）诣虞｝

　　施事，受事：瑁｛与书曰：近有益于大道也｝（5，1337）
←｛施事，受事：瑁与（暨艳）书；施事，与事：瑁曰：近有
益于大道也｝

　　施事，受事：权｛赐盐五千斛以周丧事｝（5，1315）←
｛施事，受事：权赐（桓）盐五千斛；施事，受事：权周丧事｝

（4）增价

增价指连动式的整合通过增加动词价数来实现。这类整合有九类连动式：

Ⅰ.S｛V1V2O｝←｛S1V1，S2V2｝

这类连动式整合有3例。动词配合有"战定、坐安、战破"等。

构成这类连动式的V1、V2是一价动词，V1所联系主语位置上的从属成分的语义角色是施事，经过论元整合后，语义角色提升为施事。联系宾语位置上的从属成分的语义角色为零，经过论元整合后，V2通过动词的使动用法，增加语义成分，由所联系的主语位置的从属成分提升为宾语位置上的从属成分，语义角色为受事。例如：

施事，受事：（太祖）｛一战而定之｝（3，831）←｛施事：（太祖）一战；当事：之定｝

施事，受事：（郑）｛坐不安席｝（4，944）←｛施事：（郑）坐；当事：席安｝

施事，受事：（太祖）｛将战大破之｝（5，1378）←｛施事：（太祖）将战；当事：之破｝

Ⅱ.S｛V1OV2O｝←｛S1 V1O，S2V2｝

这类连动式整合有44例。动词配合有"触长、就正、秉驰、有长、禽降、用平、设明、辨殊、制平、发充、察飞、讬流、修来、选充、督绝、结安、毁乱、扰动、据断、建破、傍坚、受明、率降、讨坚、违轻、依正、住息、然（燃）明、舍先、征难、揽兴、徙充、播芳、引（引用）正、鬻干、有长、还定、守毕、得富、语异、断（判断）定"等。

构成这类连动式的V1是二价动词，V2是一价动词，V1所联系主语位置上的从属成分的语义角色是施事，经过论元整合后提升为连动式的主语位置上的从属成分，语义角色为施事。V1联系宾语位置上的语义成分整合后不变。V2联系宾语位置上的从属成分的语义角色为零，经过论元整合后，或者通过动词的使动用法，增加语义成分，增加的语义成分由V2所联系的主语位置的语义角色变为宾语位置上的语义成分，语义角色为受事。或者丢失介词，成为直接从属成分。例如：

施事，受事：帝 ｛欲征之而难其人｝（3，728）← ｛施事，受事：帝征之；当事：其人难｝

施事，受事：近汉高祖 ｛揽三杰以兴帝业｝（5，1238）← ｛施事，受事：近汉高祖揽三杰；当事：帝业兴｝

施事，受事：（恕）｛常引纲维以正言｝（2，498）← ｛施事，受事：（恕）常引纲维；当事：言正｝

施事，受事、当事：严 ｛率众降先主｝（4，882）← ｛施事，受事：严率众；施事：严降于先主｝

Ⅲ. S ｛V1OV2O｝ ← ｛S1V1，S2V2O｝

这类连动式整合有 33 例。动词配合有"忧有、困求、起应、虚求、严禁、坚御、绝奉、起厌、急伤、重蔽、浮运、浮入、来纵、破失、破保、轻往、曲事、轻无、正率、倾赎、甘而忘、飞掷、激动、广赞、潜保、盛防、横斩、断作、破保、远至、横筑、正救、忧有"等。

构成这类连动式的 V1 是一价动词，V2 是二价动词，动词所联系主语位置上的从属成分的语义角色是施事、当事，经过论元整合后提升为连动式的主语位置上的从属成分，语义角色为施事、当事。V2联系宾语位置上的语义成分整合后不变。V1 联系宾语位置上的从属成分的论元角色为零，经过论元整合后，或者通过动词的使动用法，增加语义成分，增加的语义成分由 V1 所联系的主语位置的语义角色变为宾语位置上的语义成分，语义角色为受事。或者丢失介词，成为直接从属成分，语义角色为当事。例如：

施事，当事：吾 ｛固忧之而未有计｝（4，881）←— ｛施事：吾固忧于之；施事，当事：吾未有计｝

施事，受事：（士大夫）｛重朋友则蔽主｝（5，1240）←—

｛当事：朋友重；施事、受事：（士大夫）蔽主｝

　　施事，受事、当事：贼臣董卓｛乘衅纵害｝（1，232）←一｛施事，受事：贼臣董卓乘衅；施事，当事：贼臣董卓纵害｝

　　施事，受事、当事：度｛虚馆以候之｝（2，354）←一｛当事：馆虚；施事，受事：度候之｝

Ⅳ. S｛V1OV2O｝←｛S1 V1，S2 V2｝

这类连动式整合有 5 例，动词整合有"屈存、重明、安来、美光"等。

构成这类连动式的 V1、V2 是一价动词，动词所联系主语位置上的从属成分的论元角色是施事、当事，经过论元整合后有的语义成分不变，有的更换名词性成分，语义角色为施事。联系宾语位置上的从属成分的论元角色为零，经过论元整合后，通过动词的使动、意动用法，增加语义成分。增加的语义成分由 V1、V2 所联系的主语位置的语义角色变为宾语位置上的语义成分，语义角色为受事、当事。或者丢失介词，成为直接从属成分，语义角色为当事。例如：

　　施事，受事、当事：（君）｛重之以明德｝（1，38）←一｛当事：之重；当事：德明｝

　　施事，受事：（司马文王）｛安士民以来远人｝（3，780）←一｛当事：士民安；施事：远人来｝

　　施事，当事：和｛逃术来北｝（1，241）←一｛施事：和逃于术；施事：和来向北｝

Ⅴ. S｛V1OV2O｝←｛S 1V1O，S2V2｝

这类连动式整合只有 2 例。构成这类连动式的 V1 是二价动词，V2 是一价动词，动词所联系主语位置上的从属成分的论元角色是施事，经过论元整合后有的语义成分不变。V1 联系宾语位置上的从属成分的语义角色不变。V2 联系宾语位置上的从属成分的论元角色为零，经过论元整合后，丢失介词，成为直接从属成分，语义角色为当事。例如下：

施事，受事、当事：足下 |弃身来东| （4，993）←— |施
事，受事：足下弃身，施事：足下；来于东|

施事，受事、当事：（先主）|进军来南| （5，1009）←—
|施事，受事：（先主）进军；施事：（先主）来于南|

Ⅵ. S |V1OV2| ← |S 1V1，S2 V2|

这类连动式整合有 7 例。动词配合有"勤死、破沐浴、劳
定"等。

构成这类连动式的 V1、V2 是一价动词，动词所联系主语位置上
的从属成分的语义角色是施事、当事，经过论元整合后有的语义成分
不变，有的更换名词性成分，语义角色为施事。联系宾语位置上的从
属成分的论元角色为零，经过论元整合后，通过动词的使动，增加语
义成分。增加的语义成分由 V1、V2 所联系的主语位置的语义角色变
为宾语位置上的语义成分，语义角色为受事、当事。或者丢失介词，
成为直接从属成分，语义角色为当事。例如：

施事，受事：晔 |可不劳师而定（胡夷）也| （2，448）←
— |当事：师可不劳；当事：（胡夷）定|

施事、当事，受事：稷 |勤百谷而山死| （2，497）←—
|当事：稷勤于百谷；当事：稷山死|

施事，受事：表 |便破械沐浴| （5，1290）←— |当事：
械破；施事：表便沐浴|

Ⅶ. S |V1OV2OO| ← |S1 V1O，S 2V2O|

这类连动式整合只有 1 例。构成这类连动式的 V1、V2 是二价动
词，动词所联系主语位置上的从属成分的语义角色是施事，经过论元
整合后有的语义成分不变。V1 联系宾语位置上的从属成分的论元角
色不变。V2 联系宾语位置上的从属成分经过论元整合后，除了应有

的语义角色不变外, 增加了因丢失介词而成为的直接从属成分, 语义角色为处所。例如下:

施事, 受事、处所: (先主)｛乃率诸军进兵汉中｝ (4, 961)←—｛施事, 受事: (先主)乃率诸军; 施事: (先主)进兵于汉中｝

Ⅷ. S｛V1OOV2O｝←｛S1 V1O, S2V2O｝

这类连动式整合有6例。动词配合有"起(发动)应、置御、上曰、诣求、移曰、训移"等。

构成这类连动式的V1、V2是二价动词, 动词所联系主语位置上的从属成分的语义角色是施事, 经过论元整合后有的语义成分不变。V2联系宾语位置上的从属成分的语义角色不变。V1联系宾语位置上的从属成分经过论元整合后, 除了应有的语义角色不变外, 增加了因丢失介词而成为的直接从属成分, 语义角色为处所、受事、当事。例如:

施事, 处所、受事: 姜叙｛起兵卤城以应之｝ (1, 271)←—｛施事, 受事: 姜叙起兵于卤城; 施事, 受事: 姜应之｝

施事, 受事、当事: 陛下｛训之德礼以移其风｝ (3, 790)←—｛施事, 受事: 陛下训之以德礼; 施事, 受事: 陛下移其风｝

施事, 受事、表事: 先主｛上言汉帝曰: 以报万分｝ (4, 886)←—｛施事, 受事: 先主上言于汉帝; 施事, 表事: 先主曰: 以报万分｝

Ⅸ. S｛V1V2OO｝←｛S1V1, S2V2O｝

这类连动式整合只有1例。构成这类连动式的V1是一价动词, V2是二价动词, 动词所联系主语位置上的从属成分的语义角色是施事, 经过论元整合后有的语义成分不变。V1联系宾语位置上的从属成分的语义角色不变。V2 联系宾语位置上的从属成分的论元角色经过论元整合后，由于丢失动词，成为直接从属成分，语义角色为表事。例如下：

　　　施事，受事、表事：（晔）｛驰白太祖：不如致攻｝（2，445）←｛施事：（晔）驰；受事、表事：（晔）白太祖：不如致攻｝

（5）增并价

增并价指连动式的整合通过增加动词的价数的同时，将动词价数合并来实现。这类整合有三类连动式：

Ⅰ. S｛V1V2O｝←｛S1 V1O, S2V2｝

这类连动式整合有 91 例。动词配合有"斥远、见异、见伟、就破、摧破、抚定、议定、拓定、焚灭、改定、钞绝、著定、扰乱、拔出、攻破、攻没、击定、击走、击伤、拒破、截败、过定、禁断、略定、烧绝、烧败、丧败、绥定、讨破、讨平、望异、扇动、罢退、虐流、追叹、摇动、责绝、克破"等。

构成这类连动式的 V1 是二价动词，V2 是一价动词或活用动词，动词所联系主语位置上的从属成分的语义角色是施事、当事，经过论元整合后，V1 语义成分提升为连动式的主语位置上的从属成分，语义角色为施事。动词联系宾语位置上的从属成分整合，V1 联系宾语位置上的从属成分的论元角色不变。V2 经过论元整合后，增加了语义成分，将主语位置上的语义成分移到宾语位置上。连动式宾语位置上的语义成分合并，语义角色为受事。例如：

　　　施事，受事：（闇主）｛斥远君子｝（1，122）←｛施事，受事：（闇主）斥君子；当事：君子远｝

　　　施事，受事：有司｛议定七庙｝（1，162）←｛施事，受事：有司议七庙；当事：七庙定｝

　　　施事，受事：通｛攻破郤军｝（2，535）←｛施事：通攻郤

军；当事：邰军破｝

施事，受事：权｛见而异之｝（5，1199）←｛施事，受事：权见之；当事：之异｝

Ⅱ．S｛V1V2O｝←｛S1V1，S2V2｝

这类连动式整合有 12 例。动词配合有"平定、破走、破降、破坏、走破、毁伤、安定、奇重"等。

构成这类连动式的 V1、V2 是一价动词，动词所联系主语位置上的从属成分的语义角色是施事、当事，经过论元整合后有的语义成分不变，有的更换名词性成分，语义角色为施事。联系宾语位置上的从属成分的论元角色为零，经过论元整合后，通过动词的使动、意动用法，增加语义成分。增加的语义成分由 V1、V2 所联系的主语位置的语义角色变为宾语位置上的语义成分，合并提升为连动式的语义成分，语义角色为处所、受事。例如：

施事，处所：（蒋钦）｛平定三郡｝（5，1286）←｛当事：三郡平；三郡定｝

施事，受事：（陶谦）｛破走之｝（1，247）←｛当事：之破；施事：之走｝

施事，受事：（胡遵）｛破降之｝（1，100）←｛当事：之破；施事：之降｝

Ⅲ．S｛V1OV2｝←｛S1 V1，S 2V2O｝

这类连动式整合有 4 例，动词配合有"断湔洗、远近、破出、溃出"等。

构成这类连动式的 V1 是一价动词，V2 是二价动词或活用动词，动词所联系主语位置上的从属成分的语义角色是施事、当事，经过论元整合后，V2 语义成分提升为连动式的主语位置上的从属成分，语义角色为施事。动词联系宾语位置上的从属成分，V2 联系宾语位置上的从属成分的语义角色不变。V1 经过论元整合后，增加了语义成分，将主语位置上的语义成分移到宾语位置上。连动式宾语位置上的语义成分合并，语义角色为受事。例如：

　　　　施事，受事：仁｛得溃围出｝（1，276）←｛当事：围溃，施事，受事：仁得出围｝

　　　　施事，受事：（华佗）｛便断肠湔洗｝（3，799）←｛当事：肠断，施事，受事：（华佗）便湔洗肠｝

（6）增减价

增减价指连动式的整合通过同时增加和减少动词价数来实现。这类整合有三类连动式：

　　Ⅰ．S｛V1V2O｝←｛S1V1O，S2V2｝

这类连动式整合有 27 例。动词，配合有"举降、还定、从平、承退、闻悲、闻怒、出充、修广、闻奇、闻善、讽喻明、夺优、逼伤、从破、从定、合灭、进破、食甘、采择充、送（送行）免、罢退"等。

　　构成这类连动式的 V1 是二价动词，V2 是一价动词或活用动词，动词所联系主语位置上的从属成分的语义角色是施事、当事，经过论元整合后，V1 语义成分提升为连动式的 V 主语位置上的从属成分，语义角色为施事。动词联系宾语位置上的从属成分，经过论元整合后，V1 联系宾语位置上的从属成分的论元角色消失。V2 经过论元整合后，增加了语义成分，将主语位置上的语义成分移到宾语位置上，或丢失介词，提升为连动式的语义成分，语义角色为处所、当事。例如：

　　　　施事，处所：（嘉）｛从定邺｝（2，434）←｛施事，受事：（嘉）从（太祖）；当事：邺定｝

　　　　施事、当事，当事：太祖｛闻而悲之｝（2，546）←｛施事，当事：太祖闻（之）；施事，当事：太祖悲（为之）｝

　　　　施事、当事，当事：（朕）｛食不甘味｝（4，944）←｛施

事，受事：（朕）食（食）；当事：味不甘｝

施事、当事，当事：吕｛闻怒锜｝ （5，1374） ← ｛施事，当事：吕闻（锜事）；当事：吕怒于锜｝

Ⅱ. S ｛V1OV2｝ ← ｛S1 V1，S2 V2O｝

这类连动式整合有 9 例。动词配合有"空还、安行、退还、破还、乐裨补、终县、坚应、正言、废采择"等。

构成这类连动式的 V1 是一价动词，V2 是二价动词或活用动词，动词所联系主语位置上的从属成分的语义角色是施事、当事，经过论元整合后，V2 语义成分提升为连动式的主语位置上的从属成分，语义角色为施事。动词联系宾语位置上的从属成分，经过论元整合后，V2 联系宾语位置上的从属成分的论元角色消失。V1 经过论元整合后，增加了语义成分，将主语位置上的语义成分移到宾语位置上，提升为连动式的语义成分，语义角色为受事。例如：

施事，受事：宣王｛坚磊应｝ （1，104） ← ｛当事：磊坚，施事，受事：宣王应（亮）｝

施事，受事：（琮）｛空船而还｝ （5，1381） ← ｛当事：船空，施事，处所：（琮）还（桂阳）｝

Ⅲ. S ｛V1V2OO｝ ← ｛S1V1O，S2V2O｝

这类连动式整合有 2 例。构成这类连动式的 V1、V2 是二价动词，动词所联系主语位置上的从属成分的语义角色是施事，经过论元整合后，语义成分提升为连动式的主语位置上的从属成分，语义角色为施事。动词联系宾语位置上的从属成分，经过论元整合后，V2 联系宾语位置上的从属成分的论元角色增加一个语义成分，V1 的语义成分消失。例如：

施事，受事、表事：长沙主簿入白坚：清收主簿推问意故 （5，1096） ← ｛施事、处所：长沙主簿入（坚室）；施事、当

事：长沙主簿白坚；施事、当事：长沙主簿曰：清收主簿推问
意故｝

　　上述连动式的配价整合中，并价 1885 例，占 41%，共价 390 例，
占 8%，减价 2114 例，占 46%，增价 101 例，占 2%，增并价 107，
占 2%，增减价 38 例，占 1%。这些表明连动式的配合主要是以并价
和减价的方式为主。并价和减价与古代汉语的表达方式一致，是一种
从前或从后省略，说明连动式的结构是相当自由和松散的。连动式价
数的增加受到语义关系的限制，主要通过使动和意动的特殊用法实
现，所以在连动式的整合中占比很小。

　　在连动式的配价整合过程中，存在内部使动和外部使动两种情
况。内部使动从配价上看没有发生变化，但语义角色发生了变化，体
现在动词所支配的宾语位置上的从属成分由配价前主语下降为宾语位
置上的从属成分，并且往往隐藏，如"施事，受事：故虞舜｛舞干
戚而服有苗｝（788）←｛施事，受事：虞舜舞干戚；施事，受事：
有苗服（虞舜）｝"、"施事：（平）｛一战而败｝（1050）←｛施事：
（平）一战；（魏延）败｝"。外部使动使得连动式的价数增加，也就
是语义角色不但发生了变化，动词所支配的宾语位置上的从属成分由
配价前主语下降为宾语位置上的从属成分而来，并呈现在句法中，由
此增加了连动式的价数，如"增价：施事，受事：（姜维）｛走破王
经｝（640）←｛施事：（王经）走；当事：（王经）破｝"。

第二节　《三国志》连动式语用相关问题的讨论

　　对连动式进行句法分析和语义分析，主要是一种静态观察。这对
于准确地把握静态下的连动句的构成模式和语义特点是十分必要的。
但仅仅停留在句法的、语义的分析上还远远不够。因为任何语言单位
的组合，其目的是为了满足交际表达的需要，这也就决定了它必须合
乎表达的要求。因而语用分析是我们全面认识连动式的必不可少的一
个重要方面。范晓指出："词语的组合，必须考虑到语义上的选择要

做到'合理',组合成短语,合理、合法是基本条件;运用于句子,合用是根本目的,因而在语用上的选择就更为重要。"① 这也充分说明了语用分析在语法分析中的重要性。

一 "而"、"以"、"则" 的语用功能

连动句式使用连词和不使用连词有一定的区别。使用连词主要是起关联作用以增加连动之势,同时也有补足音节、调整节律的作用。

(一)增加连动之势

从句法层面说,"而"、"以"、"则"在连动式中的作用是在谓词性成分之间起关联作用。而从语用层面说,它们用于连动句主要是为了加强"连动"的语势,即对句中动作行为的连续性进行语气上的强调。动词或动词短语之间一旦用上连词,它们的结合就颇为紧密,整个句子就显得结构紧凑,语势顺畅。如:

> 客不忍刺,语之而去。(4,872)
>
> (比较:客不忍刺,语之,去。)
>
> 将东征孙权以复关羽之耻。(4,962)
>
> (比较:将东征孙权,复关羽之耻。)
>
> 会与维出则同舆,坐则同席。(4,1067)
>
> (比较:会与维出,同舆;坐,同席。)

(二)调整节律

马建忠(1898)在讨论"之"字的使用情况时说:"惟语欲其偶,便于口诵,故偏正两奇,合之为偶者,则不参'之'字;凡正次欲求醒目者,概参'之'字。"② 他认为用不用"之"字与句子的音节数有关。在连动句中,连词"而"、"以"、"则"的用与不用,也有同样的情况。

---

① 范晓、张豫峰:《语法理论纲要》,上海译文出版社 2003 年版,第 340 页。
② 王海棻:《〈马氏文通〉读本》,商务印书馆 2001 年版,第 163 页。

　　强调奇偶对称是古代汉语的特点之一。所以，"而"、"以"、"则"等连词的使用除增加连动的语势外，调整句子的音节也是一个重要的语用功能。这一点在"而"字的使用上最为明显。前面讨论的"V而VO"、"AV而V"的结构方式，不少例子往往是因为"而"字前后一为单字，一为双字，用上"而"字正好凑成四音节语：

　　　　（太祖）闻而悲之。（2，546）
　　　　（吏民）畏而爱之。（2，512）
　　　　（太祖由是）笑而恶焉。（1，8）
　　　　不克而还。（3，723）
　　　　间行而去。（3，730）

　　如果前后两个谓词性成分字数相同，中间用上连词也可以凸显前后两个成分的音节整齐，这是从另一个角度体现的调整节律的作用。如：

　　　　（将军拥十万之众，）安坐而观望。（1，212）
　　　　（夫曹公）奉天子以令天下。（1，329）
　　　　（是故或）舞干戚以训不庭，（或）陈师旅以威暴慢。（1，152）
　　　　举义兵以诛暴乱。（1，7）

　　在《三国志》大多数有标志的连动句里，连动结构的组合往往通过使用连词来保持字数成偶或体现一定的对称性。例如第四册中有连词的连动句39例，其中呈偶数或对称性的就占了34例。这充分说明了连词的使用在节律上的重要性。

二　连动式主题和述题

　　主题、述题都是从交际功用上来说的，主题又称为"话题"，是指交谈双方所共同谈论的话题，是句子述说和说明的对象，同时也是叙述的起点。主题一般位于述题之前，代表旧信息；述题是对主题作出说明或评论，是对主题进行述说的部分。述题一般位于主题之后，代表新信息。"主题—述题"结构是一种重要的语用结构，我们分别从主题和述题对《三国志》的连动式进行分析。

（一）主题

连动式的主语是有定的，主题一般对应主语，主语和主题重合在一起。主题在句里总是置于句首作为谓语陈述的对象。由于连动式本身结构和语义特点所决定，主题一般都是施事，受事较少，工具、时间和处所等没有出现。在《三国志》连动句中，主题的类型比较简单，只有施事、受事和当事以及三者之间的交叉等几种类型充当主题，如：

1. 施事主题句

<u>焉</u>击杀岐、龙。（4，867）

五年春，<u>丞相亮</u>出屯汉中，营沔北阳平石马。（4，895）

<u>玄</u>素与荆州牧刘表有旧，往依之。（4，911）

先主南定诸郡，<u>忠</u>遂委质，随从入蜀。（4，948）

2. 受事主题句

<u>周</u>乃自陈无功而封，求还爵士，皆不听许。（4，1032）

<u>舜</u>年在既立，圣德光明，而久不进用，何也？（1，137）

3. 当事主题句

<u>盖</u>又平讨。加偏将军，病卒于官。（5，1285）

是岁，<u>谦</u>病死。（1，249）

<u>牛</u>惊下道入漳河中，皆即溺死也。（3，818）

4. 施事受事主题句

云、芝兵弱敌强，……军退，贬为镇军将军。（4，949）

陈震字孝起，……建兴三年，入拜尚书，迁尚书令，奉命使吴。（4，984）

尚将家属徙零陵，追见杀。（5，1200）

5. 施事和当事主题句

语其节度，舍去辄愈。（3，799）

凌至项，饮药死。（3，758）

得来叹曰："立见此地将生蓬蒿。"遂不食而死，举国贤之。（3，762）

连动式是表述动作行为和活动发生、发展、变化的一个事件。就一个典型的事件而言，人们总是倾向于把事件或活动看成由一个动作发起者通过动作而作用于某个承受者。"施动者—动作—受动者"是人们认识事件的一个心理上反映模式，也就是事件由施动者引起，且只有施动者对事件有控制力，作为施动者的行为，在受动者所代表的事物身上引发什么或产生结果。施事是事件的主宰，自由地控制着事件的发生、发展和终结。这样，在人们的心理上容易产生"主题"和"施事"的对应，这也许是在连动句里施事主题占主导的原因。

（二）述题

连动式的述题是多核述题，整体上看属于叙述性的述题。我们可以多角度对述题进行分析，下面拟从述题的语用意义类型、述题的内部表达关系和述题表达效果三个方面来对《三国志》的述题进行分析。

1. 述题类型

单动只能表达一种情况，而连动式可表达两种以上的情况。我们根据述题所表示的语用意义从 V2 的角度进行分析，连动式的述题可分为三类：描写性述题、叙述性述题和评议性述题。

（1）描写性述题

V1 部分表示叙述，V2 部分有描写的成分。V2 的描写是在 V1 的行为下发生的某种状况，来对主题进行叙述。

> 病卒于官。（5，1285）
>
> 是岁，谦病死。（1，249）
>
> 牛惊下道入漳河中，皆即溺死也。（4，818）
>
> 舍去辄愈。（3，799）
>
> 凌至项，饮药死。（3，758）
>
> 遂不食而死，举国贤之。（3，762）
>
> 遂黜免以卒。（3，807）

（2）叙述性述题

V1 部分和 V2 部分先后或从两方面来进行叙述。

> 进封陈侯，增邑二千，并前三千五百户。（1，276）
>
> 十二月，行东巡。（1，78）
>
> 别攻陶谦将吕由，破之，还与大军合彭城，大破谦军。（1，274）
>
> 十二月，行自谯过梁，遣使以太牢祀故汉太尉桥玄。（1，85）
>
> 三月，行自许昌还洛阳宫。（1，84）
>
> 太祖乃自力劳军，令军中促为攻具，进复攻之，与布相守百余日。（1，12）
>
> 州郡各拥兵自卫，莫有至者。（1，186）
>
> 且县师深入，难以持久。（1，276）
>
> 单于执杨与俱去，绍使将麹义追击于邺南，破之。（1，251）
>
> 绍见洪书，知无降意，增兵急攻。（1，236）
>
> 谭、尚遂举兵相攻，谭败奔平原。（1，202）

天子以绍为太尉，转为大将军，封邺侯，绍让侯不受。（1，194）

（3）评议性述题

V1 部分表示叙述，V2 部分表示评议。这类句子的述题是对前一动作发出后，对主题加以主观评议。V2 一般为助动词。

急宜绝置，权与相反覆，终遂行之。（5，1336）

浚意即解，爨用得济。（5，1210）

（德）乘小船欲还仁营。（2，546）

2. 述题的内部表达关系

我们可以根据 V1 和 V2 的表达关系把连动式的述题分为三类：对举述题、延续述题和惯用述题。《三国志》中连动式的述题是由动词谓语充当，一般都是叙述性述题，反映事物的运动或变化的过程。在连动句中，述题是由两个或两个以上述题构成的，前后述题有些是对举的，有些是延续的，有些是惯用的。

①述题对举

指后续动词或动词短语与前一动词或动词短语在意义上是相反或相关的动作或事实，前后述题形成对比关系。如：

达常笑谓诸星气风术者曰："不出户牖以知天道，……不亦难乎？"（5，1425）

宣王曰："且止，忍不可忍。"（3，693）

基书戒之曰："……有直质而无流心，可与同政事者也。"（3，752）

往见太傅司马宣王，有忿色而无言。（3，693）

权谓温曰："……受命不受辞也。"（5，1330）

②述题延续

指后续动词或动词短语在意义上紧扣前一动词或动词短语，是前一述题的连贯延续。如：

> 晔往见，为论事势，要将与归，驻止数日。（2，443）
> 既已西渡，尽封还之。（2，356）
> 若怀贰阻兵，然后致诛，于事为难。（2，448）
> 羽乘船攻之，以大船四面射堤上。（2，546）

③惯用述题

前一动词与后一动词在意义上相同或相近，放在一起习惯连用，使两个单核连贯起来。

> 会病笃，谓左右曰："受国厚恩，恨不斩孙权以下见先帝。"
> （2，484）
> 或说瓒曰："田畴义士，君弗能礼，而又囚之，恐失众心。"
> （2，341）
> 羽谓曰："卿兄在汉中，我欲以卿为将，不早降何为？"（2，
> 546）
> 文学防辅相与言曰："受诏察公举措，……亦宜以闻，不可
> 匿其美也。"（2，583）

3. 连动式述题的表达特点

（1）表达功用和效果

①事件整体性

连动式在叙述事件时突出其整体性。连动式把几个行为动作放在一个较短的线段内叙述，几个动作在一个空间里不停地进行，或者一个事件的几个方面在一个平面内展现，给人一种完整的视觉效果。如：

> 太祖乃引兵西入山，攻毒等本屯。（1，9）

仁子泰因<u>引</u>军急<u>攻</u>朱桓，桓兵拒之，遣将军严圭等击破彫等。(5，1129)

休到，<u>击破</u>之。(1，279)

<u>追至</u>城下，布恐，欲降。(1，16)

关羽<u>亡归</u>刘备。(1，19)

布<u>出兵战</u>，先以骑犯青州兵。(1，11)

沃沮邑落皆破之，<u>斩获</u>首虏三千余级，宫奔北沃沮。(3，847)

②连贯性

一个动作或一个事件的几个方面处在一个连续的序列之中，有的本来就连成一体，不可分割。连动式更能有效地表现这种序列。连动式用不间断的方式来叙述，使得整个事件的动作或方面不间断，语气上一气呵成，表达急切连贯。如：

帝自许昌南征，诸军兵并进，权临江<u>拒守</u>。(1，82)

凉州刺史<u>率</u>诸郡<u>攻讨</u>，斩注诣首。(1，112)

青州兵奔，太祖阵乱，<u>驰突火出</u>，坠马，烧左手掌。(1，11)

蜀令诸围皆不得战，<u>退还</u>汉、乐二城<u>守</u>。(3，787)

休深入，战不利，<u>退还</u>宿石亭。(1，279)

瓒乃自持矛，两头施刃，<u>驰出刺</u>胡，杀伤数十人，亦亡其从骑半，遂得免。(1，239)

③简洁性

连动式使语言所表达的意思更为细密、准确。跟具有同样语义结构的非连动式比较，连动句在表达上显得简洁而精练。如：

A 建安中，公孙康出军击之，破其国，焚烧邑落。(3，845)
B 建安中，公孙康出军击破其国，焚烧邑落。

两句结构大致相同，表达的意思也基本相同。但 A′句不如 B 句紧凑，给人以啰唆的感觉。B 句简洁精练，明快，读起来一气呵成。再如：

A 从破袁谭于南皮，复增邑凡二千户。（1，262）
B 从太祖于南皮，破袁谭于南皮，复增邑凡二千户。

A 从征乌丸于柳城，未至，薨，谥曰定侯。（1，263）
B 从太祖于柳城，征乌丸于柳城，未至，薨，谥曰定侯。

A 复相与和，追及天子于弘农之曹阳。（1，185）
B 复相与和，追天子于弘农之曹阳，及天子于弘农之曹阳。

A 尚还走滥口，进复围之急，其将马延等临阵降，众大溃，尚奔中山。（1，202）
B 尚还走滥口，进复围之急，其将马延等临阵，其将马延等降，众大溃，尚奔中山。

A 大战城下，谭、尚败退，入城守。（1，202）
B 大战城下，谭、尚败，谭、尚退，入城，守城。

④强调性

有些连动式中的 V1 和 V2 意义相近，如果去掉一个动词或动词短语句子意思不变，或者两者意义相反，采用相同、相近或相反的组合形式，是为了增强表达效果，起强调作用。如：

凯说皓曰："夫君臣无不相识之道，若卒有不虞，不知所赴。"（5，1400）
艾谓诸将曰："……维必自东袭取洮城。"（3，776）
牧闭门不受。（5，1392）

毓与书曰："有征无战。"（2，400）

宣王曰："忍不可忍。"（3，693）

往见太傅司马宣王，有怨色而无言。（3，693）

权谓温曰："……受命不受辞也。"（5，1330）

（2）表达视点

动词单用和连用有着不同视点，单动式和连动式也就存在语用差异。根据不同的表达需要，为了表现不同的表达效果，人们在进行语言编码时，为了更好地表达思想，根据各个结构的形式特点，对它们进行调节、选择，以达到有效传递信息的目的。可以从不同的角度，以不同的方式进行言语行为的操作，这就体现出表达视点的不同。如：

太祖与绍会击，皆破之。（1，10）

布夜走，太祖复攻，拔定陶，分兵平诸县。（1，12）

吕布袭刘备，取下邳。（1，14）

（以上是单用）

岱奋击大破之。（5，1385）

（公）攻拔之，生擒济，湖阳降。（1，15）

备东击术，布袭取下邳，备还归布。（1，222）

（以上是连用）

单用是为了把事件分割开，突出了两个视点。连动式把两个可以分用的动词放在一起使用，使事件集中，表现出突出一个视点的作用。

三　语境对连动句的制约

作为单独状态下的连动句，其构成及意义较为固定，是静态的，但一旦进入语境，为适应表达的需要，在不同的语境的作用下，其结构、意义就可能产生某些变化，呈现动态形式。据我们对《三国志》

连动式的初步研究，发现语境的影响主要表现在以下几个方面：

（一）语境对连动式生成价值的影响

在交际场合中，一个句子采取什么句法结构，往往要取决于上下文和表达主题等因素，不同的句式由于其结构和表达功能的不同，它们受制于这些因素的程度也不同。这就造成了有些句法格式生成的句子在实际语言运用中常见，有些较少见，甚至很少见。选择单个动词还是连用动词来叙述事件，对句子类型的生成会产生一定的影响。要叙述某事物或事件是否采用连动句，往往取决于表达的旨意和情境。在需要突出强调动作行为或事物的连贯性以及事物或事件的复杂性时，单动不能完成表达任务，这使连动式的产生有了价值。如果表达中只需要指称某一事件，一般用一个动词即可；如果不仅需要指称某事件，而且还要明确事件的有关方面，往往就需要使用连动句。比如要表达打败对方，说"破之"即可；如果还要表达"破"的具体方面，就往往需要用连动式来指称。比较下例：

敛破羌保质。（3，735）

使护军胡烈等行前，攻破关城，得库藏积谷。（3，788）

第一组以单动形式"破"出现，是泛指。第二组以连动句形式"攻破"出现，是特指。就其原因而言，是受语境的制约，即后例从表达情境上需要具体说明"破"的方式。由此可见，这些连动句的生成，就是出于表达旨意和情境的需要。

（二）语境制约连动式的表达焦点（中心）

焦点是与主题和述题密切相关的一个重要概念。范晓、张豫峰（2003）认为："焦点是指句子所表达的信息中着重说明的部分或者发话人有意强调的部分，属于语用平面。"[1] Trask（1995：195）给焦点下了一个定义：

焦点——句子中的某个成分被赋予特别的重要性，该成分代表的

---

① 范晓、张豫峰：《语法理论纲要》，上海译文出版社 2003 年版，第 340 页。

是句子中最重要的新信息，或者是与其他成分具有明确的对立。

石毓智（2001）在引用这个定义后解释说："话题和焦点的特点正好是相反的：话题代表已知的旧信息，焦点则是最重要的新信息。"①

从句法平面看，连动句的重心是联合谓语，两个动词或动词短语是平等的；从语义平面看，连动句的结构的重心在后者。但从语用平面看，在不同的语境中，其表达重心就有可能不同。在连动句中，连动式相对于主题来说都是述题，每一个谓词都能负载各自的信息，不能用其中一个代表全部。述题和焦点一样都是代表未知的新信息。但是，述题是就主题而言的，焦点则就重心而言，有时两者合二为一。在连动式中，述题代表的是新信息，焦点则代表述题所代表的新信息的核心、重心。换句话说，如果述题代表的是新信息，那么焦点就是新信息中所要强调的最为重要的部分，这样在新信息中，述题中的前一动词就成了旧信息，后一动词就成了新信息，或者相反。一般来讲，人们在认知过程中对事物或现象的相同部分并不敏感，而是对不同的部分或动作的结果特别敏感。因此，人们的注意力主要不在它们的相同义素上，而是在不同义素（结果）上。在表达方面这种认知特点体现为"不同的部分"往往是语义焦点。一般来说，动态的连动句，其前一动词往往传达的是旧信息，后一动词传达的是新信息，显然后一动词的交际价值比前一动词大，因而后一动词往往是焦点、重心。如：

又曰："汝夫不与人交钱财乎？"<u>对曰</u>："尝出钱与同营士焦子文，求不得。"（3，690）

"对"是旧信息，"曰"是新信息。"对"是对上文的回答，这是已知的，是旧信息，而曰则是未知，也是人们关心的焦点，是未知的，是新信息。

---

①　石毓智：《语法的形式和理据》，北京大学出版社 2001 年版，第 50 页。

（三）语境制约结构意义

有些结构在静态下是有歧义的，但进入句子的上下环境中，歧义可能被消除。语境对结构所表示的意义往往有制约作用，它使句法结构的意义单一化，使得人们在交际时不发生困难。所以，在理解某些结构时，必须依赖语境。如：

（琬）以疾征还成都，拜护军监军，又辟为东曹掾，……所在清约不烦。(4，1077)

（先主）后为高唐尉，迁为令。(4，872)

太祖辟为丞相属。(3，742)

"征"、"迁"和"辟"既可以理解为施动也可以理解为受动，是歧义结构，但在具体的语境中就保证了句子意义的单一性，歧义就会消失。"征"和"迁"是"被征"和"被迁"，是受动；"辟"是"辟之"，是"太祖"发出的动作，是施动。在《三国志》中，由"破"、"进"、"转"、"拜"等为 V1 的连动式都须借助语境消除歧义。

第六章 《三国志》连动式的历时考察

连动式的特点就是前后的动词结构同属于一个主语，汉语连动式从时间上说有先后之别，符合"时间临摹性原则"。从文献材料看，汉语连动式在先秦已经产生，魏晋广为使用。这一章我们在以上各章分析的基础上，进一步对连动式的有关方面进行历时考察。在历时考察中，我们还从《三国志》来探讨连动式向动结式的发展。

第一节 《三国志》与《左传》连动式比较

在这一节，我们将以《三国志》与《左传》中的连动式进行对比，从连动式的句法形式和语义等方面来探求连动式用法的历时变化。我们在历时考察时借以比较的材料来自杨伯峻校注的《左传》。比较时我们采取部分对比的方法，选取《三国志》第一册和《左传》第一册中的连动式进行比较。关于《左传》的连动式研究，本人所见只有管燮初《〈左传〉句法研究》，但他对连动式的界定比本文范围大，我们只参考管文与本文界定相符的部分语料。本文只对单层连动式予以比较。

一 句法结构历时比较

《三国志》第一册连动式共有 830 例，其中使用连词为 122 例。《左传》第一册连动式共有 485 例，其中使用连词为 242 例。具体情况如下表：

	有标记					无标记		
	类型数			数量	比例	类型数	数量	比例
	而	以	则					
左传	21	16	1	242	50%	19	243	50%
三国志	14	12	3	122	15%	25	708	85%

由上统计可知：

（一）共性

在连动式的结构中都有两种情况，即使用连词和不使用连词；使用连词是"而"、"以"、"则"三个；"而"、"以"、"则"三个都呈现出由强至弱的能力。

（二）个性

《左传》的结构类型使用连词和不使用连词不相上下，"而"字连动式略占上风，"而"为21类、"以"为16类，无连词标志的为19类；使用连词和不使用连词的例句平分秋色，使用连词为242例，不使用连词为243例，几乎各占总例句的50%。《三国志》的结构类型中不使用连词占优势，"而"为14类，"以"为12类，无连词标志为25类。在使用连词和不使用连词例句中，不使用连词占绝对优势，有708例，占总例句的85%；使用连词为122例，只占总例句的15%。

（三）变化

从《左传》到《三国志》，连动式在句子结构方面表现出发展变化的一些特点。

1. 连动式的结构复杂化

连动式结构的复杂化表现在：无标记结构类型的增加，由左传的19类增加到25类；无标记连动式所占比例的增加，由占《左传》连动式的50%上升到占《三国志》连动式的85%。连动式的复杂化还可从《左传》和《三国志》的多层连动式得以佐证。在《左传》中，不使用连词为6类8例；使用连词的带"而"为8类9例，带"以"为1例。《三国志》中，不使用连词为25类93例；使用连词的带

"而"为 2 类 2 例,带"以"为 11 类 11 例。在《三国志》无标志的连动式,新增加的主要是附加成分构成的类型,如"A + V1 + O + A + V2"、"V1 + O + V2 + 0 + CO"、"A + V1 + A + V2 + O"、"A + V1 + O + V2 + CO"、"V1 + O + V2 + O + CO"等;在有标志的连动式减少的同时,又增加了新的结构类型,也主要表现在附加成分构成的类型,如"A + V1 + O + 而 + V2"、"V1 + O + 而 + A + V2"、"A + V1 + O + 而 + A + V2"、"A + V1 + CO + 而 + A + V2"、"A + V1 + O + CO + 以 + V2 + O"、"A + V1 + CO + 以 + V2 + O"等。

2. 连动式中连词使用呈现减少趋势

不论是结构类型还是例句总数,连词在连动式的使用上都有明显地减少。"而"由《左传》的 21 类到《三国志》减少为 14 类,"以"由《左传》的 16 类到《三国志》减少为 12 类;总例句数由占《左传》的 50% 到《三国志》的 15%。

3. 无标志连动式成为主体

郭沫若、管燮初、陈梦家、向熹等先生都认为,甲骨文中连词已经存在。张玉金《甲骨文语法学》中说,甲骨卜辞的连词共有 6 个,暨、于、有、唯、此、延。其中"暨"、"于"为一组,是用来连接名词词组和动词词组的;"有"、"唯"是一组,是用来连接整数和零数或价值不等的两项的。"此、延"为一组,是用来表示假设关系的。管燮初先生认为,西周金文中的连词有 25 个,其中连接动词的主要有乃、以、用等。钱宗武统计今文《尚书》连词 42 个;战国时期连词的数量较商周时期增加了很多,管燮初在《〈左传〉句法研究》将《左传》的连词分为并列连词和偏正连词两类,统计出连词共 64 个。总的来看,连词是呈逐渐增加的趋势。这些连词大多数连接名词、形容词,连接动词的为数较少。《尚书》中用于连接动词构成连动式的连词只有"而、以、用"三个,《左传》和《史记》中连接动词构成连动式的连词只有"而、以、而后"三个。①

从我们观察来看,《左传》的结构类型使用连词和不使用连词几

---

① 魏兆惠:《试论上古汉语连动式中的连词问题》,《北方论丛》2006 年第 4 期。

乎对等。到《三国志》时，不使用连词占绝对优势，有708例，占总例句的85%，比《左传》降低了70%。甲骨文中的连动式没有使用连词，《尚书》连动式中已有少量使用连词，《左传》连词用于连动式非常普遍，《三国志》中使用连词则已经锐减。从历时上看，这是否意味着汉语历史语法中这样的事实：《尚书》是连动式从没有连词到大量使用连词的重要过渡阶段，《三国志》是连动式大量使用连词到逐步不使用连词的重要过渡阶段。当然这只是我们比较了几种专书语法特点后作出的一点推测，连动式历时发展的这一过程具体情况究竟如何，还需要其他专书及断代研究成果的验证。

从《左传》到《三国志》句法结构发生变化与词汇的发展也是相一致的。在先秦时期，单音词在汉语中占绝对的优势，复音词则数量较少。在两汉以后开始向复音词发展，双音化是中古汉语词汇发展的一个重要标志。与上古汉语相比较，中古汉语的词汇系统改变了以单音词为主状况。秦末汉初，复音词已有所发展，两汉以降，汉语中往往通过两个动词的结合表达动作与结果。《三国志》是在两汉以后写成，这个时期很多动词发生尝试性的组合，这可能导致有标志连动式的萎缩。这一变化为连动式向复音化和其他句式的进一步发展提供了条件。

二　连动式动词构成历时比较

（一）动词使用更加丰富

从《左传》和《三国志》连动式的 V1 的比较可以看出，《三国志》V1 使用的范围要比《左传》的 V1 广。《左传》为 169 个，《三国志》为 191 个。具体如下：

《左传》　隘安爱败拔薄背病从朝辞称出陈乘城次耻尝成救对盗堕得惮登定毒奉焚分抚伏伐攻归棺顾会呼合获还毁和见夹将谏惧济救急具纠合饥及军劫溃哭克临来利量垒礼立敛劳免盟灭明怒懦逆叛批配弃去泣求请戚忧取期因窃潜禽取娶乞入如戎送帅胜诉食束死舍书生涉施受杀收弑设隧恃绳逃叹退无围谓往来问闻亡为许县

徇 下 宣 携 孝 相 循 信 刑 降 诱 要 言 与 有 易 越 逾 缢 隐 益 用 葬
至 潛 战 征 滋 执 作 征伐 止 醉 枕 召 走 载

《三国志》　平 败 破 病 部 拔 捕 避 把 奔 背 出 绌 从 乞 督 斥
乘 称 持 辞 渡 顿首 对 答 遁 答 断 登 典 得 堕 抚 废 黜 封 分 伏 拊 发
赴 奉 攻 谲 告 归 光 过 感 还 号 呼 会 合 回 纠 进 忌 谏 禁 敬 击 救
决 将 举 掘 劫 开 刻 留 流 略 来 令 连 留 立 临 理 敛 勒 骂 逆 怒 叛
破 剖 被 奇 请 迁 起 遣 驱 弃 轻 入 让 绕 杀 散 烧 收 说 设 手 扫 守
受 失 死 恃 释 率 嗣 上 帅 施 送 颂 拓 退 逃 统 屯 讨 投 亡 往 问 谓
诬 闻 为 袭 胁 降 行 巡 限 循 挟 县 幸 喜 语 诱 掩 要 喻 言 越 语 逾
引 益 依 谒 议 迎 掩 用 有 忧 惧 忧 恐 运 堰 拥 应 诣 诛 追 椎 征 招 走
斩 转 增 诏 奏 执 战 致 卒 至 纵 置 止 赞

从《左传》到《三国志》V1 的使用统计发现，连动式动词使用
在整体上呈现上升趋势。这与词汇的发展有直接的关系，词汇的发展
和扩大必然会引起连动式的动词的增加。

（二）动词组合更加多样

这里仅以动词直接组合为例，具体情况如下：

《左传》薄观 病乞 出入 出居 陈击 乘归 乘入 乘观 城还 城居 出
赋 出遇 对曰 盗杀 得食 毒献 焚弑 攻夺 棺出 顾唾 归立 呼曰 合能 合
攻 谏曰 见曰 夹攻 济陈 救弃 急求 惧溃 惧从 及卒 劫束 劫迁 劫夺 溃
归 哭往 哭送 哭袂 克还 来修 来求 来告 来聘 来朝 来奔 来归 来逆 来
咨谋 来寻 来献 来战 利用 垒降 礼行 立复 立奉 殡葬 盟曰 盟还 盟赦
怒行 批杀 泣曰 戚忧重 请行 请葬 取杀 入见 入盟、入告 入能 食舍 死
利 舍利 涉薄 施报 逃归 叹曰 退曰 往来称 围杀 徇曰 下射 孝安 信守
刑逞 刑正 易抚 诱杀 缢死 隐死 征复 征伐讨 止享 醉杀 走退 执伐
作御

《三国志》平定 败还 败走 败退 败走奔 病死 拔出 部勒 拔取 捕斩
避止 出为 出养 出奔 出欲 从袭 出避 从破 从征 从征伐 从还 从封 出
战 出视 督帅 斥远 绌还 渡入 顿首无 对曰 遁退 答拜 抚和 抚怀 抚临
废黜死 封扬 攻拔 谲说 攻烧 告曰 攻破 攻定 归服 攻剽 攻并 攻围 还
击 还保 还围 还突 还屯 还守 还救 还止 还说 还归 还讨 号曰 会击 合

守 合围 纠合 进封 忌害 击定 击破 进屯 进至 进降 进叙 进见 进保 进攻 进临 禁断 敬服 击斩 进用 开示 留养 流入 略取 来救 令曰 略取 略定 略有 来降 留屯 来奔 来集 来朝 立为 理出 骂曰 逆战 叛迎 叛为 叛攻 叛应 破降 破斩 破走 驱逐 奇重 请曰 迁为 迁居 起出 遣为 驱率 入征 让还 入为 绕击 杀伤 散走 烧围 收付 扫灭 拓定 退入 退还 逃奔 退走 统理 退保 屯逼 讨斩 讨破、亡入、往诣、亡椎、问曰 谓曰 亡归 往征 亡奔 往依 往钦 袭取 胁夺 袭得 降附 行幸 行还 巡省 诱致 诱呼 掩袭 要击 语曰 言曰 引去 益为 引还 引见 诱斩 谒拜 议定 迎拜 掩攻 引用 用致 引入 引进 诛除 追封 追赠 追观 椎破 追击 征破 招诱 走还 征拜 斩送 转攻 转领 增封 追思 追至 转击 转拜 征讨 诏曰 奏曰 执诣 战斩 追击 走入 走保 致讨 斩送 奏请

动词直接组合增多，反映汉语发展史中动词从比较单纯的用法发展到细密的功能的总趋势。一方面，原有的动词连用格式减少或消失。如《左传》中有许多"来朝"、"来聘"等，在《三国志》中，"来朝"极少，"来聘"未出现，这表现出《左传》语言的突出时代特征，反映了当时诸侯纷争的社会局面；另一方面出现了新的动词组合。连动式在《三国志》中的新的动词组合打破原来的连动式格式，产生了新的结构形式。新的格式出现，是由于词汇的发展和表达精细需要。因为语言是对社会生活的反映，随着社会生活的变化，有的词语必然会渐渐变少或退出。

（三）以某词为核心组合成的连动式

从《左传》到《三国志》连动式的动词组合以一个词为中心进行组合的频率增高。我们以 V1 作为中心来考察这种发展和变化。如表：

词例 V1	《左传》V2	《三国志》V2
败		败走奔、败走、败退、败还
拔		拔出、拔取
从	从O讨、从O巡、从O伐、从O田	从袭、从破、从征、从征伐、从还、从封
出	出入、出居、出赋、出遇	出为、出养、出奔、出避、出战、出视、出欲
乘	乘归、乘入、乘观	

词例 V1	《左传》V2	《三国志》V2
攻	攻 O 克、攻夺、攻立	攻拔、攻烧、攻破、攻定、攻剽、攻并、攻围、攻 O 能、攻 O 可
会	会 O 伐、会 O 立	会击
还		还击、还保、还围、还突、还屯、还守、还救、还止、还说、还归、还讨
劫	劫束、劫迁、劫夺	
击		击定、击破、击斩
进		进屯、进至、进降、进封、进叙、进见、进保、进攻、进临、进用
来	来修、来求、来告、来聘、来朝、来奔归、来寻逆、来咨谋、来献、来战	来降、来救、来奔、来集、来朝
略		略取、略定、略有
叛	叛 O 即、叛 O 伐	叛迎、叛为、叛攻、叛应
破		破降、破斩、破走
如	如 O 乞、如 O 致、如 O 逆、如 O 观	
入	入盟、入告、入能、入见	入征、入为
退		退入、退还、退走、退保
讨		讨斩、讨破
亡		亡入、亡椎、亡归、亡奔
往		往诣、往征、往依、往钦
袭		袭取、袭得
诱	诱 O 杀、诱杀	诱致、诱呼、诱斩
引		引还、引见、引用、引 O 还、引入、引进
追		追观、追击、追思、追至
转		转攻、转领、转击、转拜

说明：O 为宾语。

《左传》到《三国志》的变化主要趋势是：有些连动式的发展有继承关系的，是省略宾语后发展到直接组合，如"从"；有些连动式是直接产生新形式，如"转""追"等。这也反映了汉语历史发展中繁化和简化一对矛盾，由此推动着汉语的发展。连动式连词的淡化和词语运用的复合化，最终使连词退出连动式的结构中，并使得连动式流变为新的句式，如处置式、动趋式和动结式等。

三 语义关系历时比较

《左传》和《三国志》连动式的动词之间结构关系都比较复杂，有动作行为时间先后、原因和结果、目的和结果、方式和行为等复杂关系。《三国志》较之《左传》在语义结构类型上没有很大发展，但《三国志》中的无标志的连动式的类型比《左传》丰富的多。这也说明了无标志在承担着更多的语义关系，表明连动式已经开始了向无标志方向发展。两书情况如下表：

关系		《左传》	《三国志》
		例句	例句
单纯时间关系		卫侯出居于襄牛。（453 页）	祖便开门走，兵追斩之。（1291 页）
		公出复入，不书，讳之也。（277 页）	清河王经去官还家，辂与相见，（815 页）
时间先后关系附加其他关系	（1）	夏，晋里克、荀息帅师会虞师，……灭下阳。（283 页）	……兴师伐之，不耐侯等举邑降。（849 页）
		丛于晋侯伐郑。（482 页）	举兵背太祖。（428 页）
	（2）	盗杀之于陈、守之间。（427 页）	又射杀数人，皆应弦而倒，故无敢追者。（1188 页）
			客击伤策。（1109 页）
	（3）		闻粲在门，倒屣迎之。（597 页）
			太祖改容谢之。（368 页）
	（4）	左司马戌及息而还……（定四，引自管文）	太元元年，就都治病。（1354 页）
		至于瑕以待之。（109 页）	太尉亦至，登床受诏，然后帝崩。（459 页）
	（5）	见莫敖而告诸天下之不假易也。（137 页）	往遇疫疠……（1312 页）
		又曰：鹿死不择音。（文十七，引自管文）	太祖见官属曰：（645 页）
	（6）	乃缢而死。（198 页）	邈与绍有隙，绍受谗将致罪于邈。（437 页）
		不克而还。（144 页）	不克而退。（1308 页）
	（7）	晋侯求之不获。（419 页）	不出户牖以知天道……（1425 页）
		未及而卒。（425 页）	牧闭门不受。（1392 页）

续表

关系		《左传》	《三国志》
时间先后关系附加其他关系	(8)	不鼓不成列。(398页)	故出辄有功。(1308页)
			辄讨即破。(1352页)
	(9)	惧而不可用也。(293页)	佗语普曰:"……病不得生,……腹中欲食。"(804页)
			复言曰:"……进而不可犯耳。"(753页)
	(10)	梁伯益其国而不实也。(379页)	急易绝置,……终遂行之。(1336页)
		合而能固,安而能杀……(266页)	蒙对曰:"……往自可克。"(1278页)
	(11)	遂逃归。(394页)	植跪曰:(557页)
		邓曼叹曰:(163页)	则稽首曰:"敢以死请!"(493页)
	(12)	循海而归……(293页)	岱起,……傅首诣武昌。(1193页)
			浮海至东冶。(407页)
	(13)	十九年春,遂城而居之。(381页)	敌素惮逊,遽还赴城。(1351页)
时间同时关系	1	帅师救鄢。(125页)	禁到,成举众三千余人降。(523页)
	2	雍姬知之,谓其母曰:(143页)	凯说皓曰:(1400页)
	3	藏哀伯谏曰:(86页)	太祖问曰:"……何如?"(450页)
	4	稽首受而载之。(402页)	内黄殷登默而记之。(109页)
			若怀贰阻兵,然后致诛,于事为难。(448页)
			太祖笑曰:"卿欲慕耿纯邪?"(534页)
	5	公知其无罪也,枕之股而哭之。(470页)	壹叩头无言。(1226页)

说明:(1)V1是方式,V2是目的;(2)V1表示动作,V2表示结果;(3)V1表示状态,V2表示目的;(4)V1动作及其处所,V2表示目的;(5)V1表示时间,V2表示结果或者动作;(6)VI表示原因,V2表示结果;(7)V1表示动作行为,V2表示转折、补充、程度;(8)V1表示条件,V2表示结果;(9)V1表示假设,V2表示能愿;(10)V1表示动作,V2表示能愿;(11)V1表示状态,V2表示行为动作;(12)V1表示方式,V2表示处所;(13)V1表示动作,V2表示目的。1、V1表示方式,V2表示目的;2、V1表示动作及其对象,V2表示动作;3、V1表示方式,V2表示动作;4、V1表示状态,V2表示行为动作;5、V1表示动作,V2表示状态。例子后面的数字为页码。

我们通过对《左传》第一册穷尽式搜索和借鉴管文的语义结构的

研究与《三国志》进行对照，结果发现两书连动式的动词总的类型差不多，只是《左传》的一部分有标志的连动式的语义结构类型在《三国志》中已经转移到无标志的连动式。在发展中，只有个别的新的关系出现，例句比原来的大量增加。

第二节　从《三国志》连动式看连动式向动结式的发展

一　关于动结式

动结式或称使成式，王力说：（1980）"从意义上说，是把行为及其结果在一个动词性仍语中去表示出来。这种行为能使受事者得到某种结果。"①　动结式一经提出就成了最大的热点之一，许多学者都对这种结构进行了研究，取得了丰硕的研究成果。由于各家考察的角度和方法不同，关于动结式产生的时代出现了较大分歧，主要有"先秦说"、"汉代说"、"六朝说"和"唐代说"等②。但在动结式的主要来源上基本达成了一致意见，即动结式主要来源于连动式。如王力（1980）、梅祖麟（2003）、志村良治（1984）、孙锡信（1992）等。这些研究成果为我们的研究提供了丰富的参考资料，有些理论探讨为我们的研究打开了思路。怎样判断连动式已经发展为动结式是关键，杨荣祥（2005）综合已有成果指出，"V1V2"的语义句法关系从连动到动补表现在 V2 "及物性" 功能和动作行为义已经丧失而在句法结构中仅表示前一动作的结果③。我们认为，要从宏观上考察 V2 虚化来判断动结式的形成。

《三国志》连动式是否发展为动结式？本节后文试从以下几个方

---

①　王力：《汉语史稿》，中华书局 1980 年版，第 401 页。

②　蒋绍愚：《近代汉语研究概况》，北京大学出版社 1994 年版，第 162 页。

③　杨荣祥：《语义特征分析在语法史研究中的作用》，载《中国人民大学书报资料》（语言文字学）2005 年第 5 期。

面着手，综合探讨《三国志》连动式向动结式发展的有关问题。一是连动式的后一动词在未成为动结式之前的特点和发展状况；二是连动式的后一动词的虚化情况；三是连动式结构质量的变化。

二 《三国志》连动式的发展

在连动式历时比较时，我们已发现连动式在句法结构上发生了较大变化，《三国志》中单动向连动继续发展，连动式以某词为中心的动词组合范围已经扩大，这是连动式在分化、组合的表现。《三国志》中已经出现了《左传》未有或少有的连用动词，如下表（V1 为中心）：

V1	V2	
	《左传》	《三国志》
败		败走奔、败走、败退、败还
拔		拔出、拔取
还		还击、还保、还围、还突、还屯、还守、还救、还止、还说、还归、还讨从
击		击定、击破、击斩
进		进屯、进至、进降、进封、进叙、进见、进保、进攻、进临、进用、进 O 讨
略		略取、略定、略有
破		破降、破斩、破走
退		退入、退还、退走、退保
讨		讨斩、讨破
亡		亡人、亡椎、亡归、亡奔
往		往诣、往征、往依、往钦
袭		袭取、袭得
引		引还、引见、引用、引 O 还、引入、引进
追		追观、追击、追思、追至
转		转攻、转领、转击、转拜

注：O 为宾语。

从考察中发现，这些列举的动词中，在《左传》第一册中少见或未见，《三国志》中形成了以某词为中心词而组合成连动式。连用动词的相互组合已经多样化，后来进入动结式的后一动词也不局限于在连动式的前后，这说明动词的前后搭配尚处在尝试阶段，这时的连动式处于分化组合阶段，还没有发展为动结式。

三 《三国志》连动式性质考察

(一) V2 使动用法消存情况考察

在连动式向动结式发展中，连用动词后一个动词大部分有一个明显的特点就是使动用法。王力认为，上古有一种致动（即使动）用法，它的作用是和使成式相似。由使动用法发展为使成式，是汉语的一大进步。这说明有些动结式是由使动连动式发展而来的。应该说动结式的兴起和使动用法的衰落有着密切的关系[①]。一种句式消失，另一种句式就会起而代之。使动用法的衰减为动结式的形成提供了契机，含有表示结果关系的连动式就可能发展为动补结构。在《三国志》连动式中仍存在着大量的使动用法，这可能说明这种结构是使动连动式而不是动结式。例如：

> 客击伤策。(5, 1109)
> 瓒击破绍军，乃遣使语岱，令遣绍妻子，使与绍绝。(2, 425)
> 时贼张赤等五千余家聚桃山，通攻破之。(2, 535)
> 击黄巾，破走之。(1, 247)
> 五六年间，降服数千家。(1, 294)
> 司马宣王遣将军胡遵等追讨，破降之。(1, 100)
> 禁断淫祈，奸宄（归）逃窜，郡界肃然。(1, 4)

这也进一步证实了梁银峰（2003）的结论。他考察了中古时期的代表文献《世说新语》中自动用法与使动用法的使用情况时发现，"破"、"坏"、"折"、"断"、"毁"、"定"等 10 个动词的使动用法

[①] 王力：《汉语史稿》，中华书局 1980 年版，第 401 页。

仍占一定优势，说明使动用法的衰落在魏晋南北朝是很有限度的①。所以他认为使成式动补结构可能是在隋唐以前出现萌芽。《三国志》中的连动式大体也说明了这一时期的主体仍然是使动连动式，动结式只处于萌芽之中。

（二）连动式结果类动词 V2 使用情况考察

从连动式动词单用和连用的使用频率来看，《三国志》中的动结式还未完全形成，拿"破"为例，"破"的单动式比例比较大，占90%；"破"在连动式中用在前项或后项加起来只占 10%。例如：

（太祖）皆大破之。（1，9）

以偏将军将兵击刘备别将于下辩，破之，拜中坚将军。（1，280）

八年春三月，攻其郭，乃出战，击，大破之，谭、尚夜遁。（1，23）

太祖与绍会击，皆破之。（1，10）

太祖击详，术救之，与战，大破之。（1，10）

（以上是单用）

岱奋击大破之。（5，1385）

敛破羌保质。（3，735）

比能将三千余骑随柔击破银。（3，838）

休到，击破之。（1，279）

太祖攻破之，遂入蜀。（1，274）

（以上是连用）

我们再扩大范围看看《三国志》1—3 册中"杀"、"死"、"折"、

---

① 梁银峰：《隋唐以前的"受事主语＋及物动词＋不及物动词"句型》，载《汉语史研究集刊》（第 6 辑），巴蜀书社 2003 年版，第 123、144 页。

"断"、"定"、"败"、"乱"、"灭"、"毁"、"伤"等词的使用情况。如表:

词例	杀	死	折	断	定	败	乱	灭	毁	伤
单动	101	100	9	28	152	102	83	31	14	20
连用	6	2	0	0	6	2	0	3	0	1

注:在连用中,"杀"前项有2个,其余是后项并且分用;"死"分用2个;"灭"分用1个;"败"全是分用。

通过单动和连用的频率分析,可以看出能形成动结式后项的结果类动词在《三国志》中动作性还很强,单用占绝对优势。从整体上来说,这些结果类动词形成连动式情形都处于劣势,更谈不上已经重新分析为动结式了。

(三) 连动式语义关系发展考察

陆俭明、沈阳指出:"从语用学的角度看,或者一部分坚持语言结构功能分析的语法学家都坚持认为,语法结构不能摆脱语言的功能和用法而独立存在,语法规则要受到语用原则的制约,语用原则对语法结构或者语法现象也有极强的解释力。""在语法结构的'历时平面'看,有许多语法结构现象是语句用法最终定型的结果,也就是说一些特定用法在约定俗成之后'凝固'成了语法结构规则。"① 连动式的发展自然和语用有直接的关系,连动式结构发生变化不应是结构自身的原因而导致其变化,应该是语用导致的。从《左传》和《三国志》的历时比较中我们能够感受到这一点。《左传》和《三国志》在语言风格上都趋于简洁,但从连动式的结构上看,在结构类型上《左传》趋于简省,《三国志》趋于繁细;如果抽出连动式的附加成分,则《左传》趋于繁细,《三国志》趋于简省。这种一繁一简反映了语言表达精细化的要求,也致使汉语结构逐步复杂化与精密化。这样,连动式发展和某种结构的大量和重复化的使用为连动式语法化成为其他句式提供了基础结构。

---

① 陆俭明:《汉语和汉语研究十五讲》,北京大学出版社2003年版,第460、461页。

在《三国志》中的连动式是否发展到动结式，还要看这种结构是不是语法化已经结束，连动式的结构关系是不是已经发生了变化。《左传》"V1＋O＋V2＋O"的格式在向《三国志》"V1＋V2＋O"发展，如《左传》"从O讨"到《三国志》已变成了"从讨"。

词例	《左传》	《三国志》
攻	攻O、攻克、攻夺、攻立	攻拔、攻烧、攻破、攻定、攻剽、攻并、攻围、攻能、攻O可
会	会O伐、会O立	会击
从	从O巡、从O伐、从O田	从袭、从破、从征、从征伐、从还、从封
叛	叛O即、叛O伐	叛迎、叛为、叛攻、叛应
如	如O乞、如O致、如O逆、如O观	
诱	诱O杀、诱杀	诱致、诱呼、诱斩
进		进讨、进住、进攻、进破、进率、进拜
出		出为、－出破、出O示、出射、出迎、出讨、出从
还		还付、还拜、还过、还击、还启、还渡、还遇、还为、还屯、还定

注：O为宾语。

同一V1中，《左传》大多带宾语，而《三国志》大多不带宾语。在实际语言中，带与不带宾语在一定程度影响了语言面貌。《左传》一般使用"V1＋O＋V2＋O"格式较多，语言显得烦琐，相反，《三国志》使用"V1＋V2＋O"格式较多，语言显得简洁。在这种结构中，它们的结构关系是不是一样呢？我们仍以"破"为例考察，在上表中可以看出，同一结构却有不同的结构关系。"出破"、"进破"是目的关系；"从破"是方式关系；"攻破"是因果关系。方式、目的都不是前一动作发生的必然结果，只有因果关系的前后两动作才有必然因果关系。所以因果结构关系才能发展演变为动结式。但是这几种关系的同时存在说明《三国志》的连动式的结构关系还没有发生语法化，前后两动处于平等的地位，是在结构的同一个层次上。这种多种结构关系并存且前两种占优势的情况下，可能表明这时还处在量变的过程中，没有达到质变，也就是说连动式还没有虚化为动结式。

以上我们从宏观上分析了《三国志》中的连动式向动结式发展的情况。我们认为《三国志》中连动式 V2"及物性"功能和动作行为义还没有丧失，因而在句法结构中并不仅仅表示前一动作的结果，所以在《三国志》中表现出来是连动式向动结式的一种过渡时期，说明这一时期动结式尚处于萌芽发展阶段，并未真正形成。当然，我们这一看法仅仅是从《三国志》语料出发得出的初步结论，难免片面和肤浅。汉语动结式的形成在语法学界是一个颇多歧见的问题。本文的看法是否正确，还需要有更多专书和断代语法研究的成果来进行验证，但我们希望本文的考察能为汉语动结式专题的研究提供一个方面的素材。

结　　语

　　本书对《三国志》连动式进行了全方位系统的详细考察。我们从句法、语义和语用的不同层面对《三国志》的连动式进行全面描写、分析和探讨。通过观察、描写和分析，我们对《三国志》一书的连动式得出一些基本认识。

一　句法特征

　　要分析连动式的句法结构，首要的问题是界定连动式。本书在界定时，发展了以往单纯以句法或语义的传统分类方法，把句法和语义结合起来界定连动式，即两个或两个以上的动词或动词短语顺承（先后次序）连用充当同一主语的谓语这样一种结构方式。这样分类避免连动式的范围过宽或过窄，能够客观体现连动式的整体特征，将连动式和其他句式区别开来：

　　（一）连动式与并列式的区别

　　连动式与并列式的区分在于连动式的动词或动词短语是先后承接，不可逆转，而并列式的几个动词或动词短语之间是可以逆转的，逆转之后意义不变。例如：

　　　　今焚烧宫室，劫迁天子，海内震动，不知所归，此天下之亡之时也。(1，7)
　　　　八年春三月，攻其郭，乃出战，击，大破之，谭、尚夜遁。(1，23)

　　前一例中的"焚烧"和"震动"是并列结构式，颠倒次序，尽管不合习惯，但意义不变。后一例中的"出战"如果颠倒意义就不一样，两者的次序是不可逆转的，是连动式。

（二）连动式与状中式的区别

有的状中式从形式上很像连动式，在语义都有修饰关系，但两者有着本质的区别。状中结构的 V1 和 V2 在结构的地位是不平等的。V1 独立时，词义发生了变化，结构"V1V2"不等于"V1，V2"，从结构上是状语与谓语的关系，是偏正结构。连动式从语义上有修饰关系，但结构上来说，连动式 V1 独立后词义没有发生改变，V1、V2 在句子中的地位是平等的，结构"V1V2"等于"V1，V2"，这是连动式与状中式的本质区别。例如：

"宁引弓射敌，与统等<u>死战</u>。"（5，1295）

<u>惊呼</u>所亲语之旦："……我欲持此安归乎！"（3，729）

范<u>拊手</u>旦："羽至矣。"（5，1422）

"死战"很像连动式，其实，这里的"死"独立后与句中的意思不一样，在句中词义已经发生了变化，"死"表示一种程度，是状中结构。"惊"和"拊"独立使用和连用意思都不变，是连动式。

（三）连动式和动补式的区别

动补结构是从连动式发展形成的。当连动式的后项动词虚化后，其动词的性质弱化，重新分析后形成了新的结构式即动补式。某些动作行为动词附在其他动作行为动词的后面，虚化表示前一动词所产生的结果；有些趋向动词附在其他动词后面，虚化表示前一动词的趋向。如果后一动词仍保留着动词的性质，没有虚化，我们认为是连动式，反之，就已经是动补式。例如：

余众未尽出，仁复直还突之，<u>拔出</u>金兵，亡其数人，贼众乃退。（1，275）

岱<u>讨破</u>之。（5，1384）

"拔出"和"讨破"在这里是连动式。"动作动词＋趋向动词"和"动作动词＋动作动词"这两类结构以后发展形成动补结构。例如：

> 无端陌上狂风急，惊起鸳鸯出浪花。（《刘禹锡·浪淘沙》）
> 其父打碎了个人一件家事。（《朱子语类·训门人》）

这里的 V2 在使动用法消亡的背景下，失去了句法上的独立性，已经虚化，表示结果，与 V1 凝结成一个单位。从历时语言学的观点上来讲，从连动式到动结式有一个发展过程。根据本文的研究，我们认为《三国志》中的"拔出""讨破"等结构式还是连动式而不是动补式。关于这个问题，详见第四章的有关论述。

（四）连动式与兼语式的区别

兼语式是指前一动宾结构的宾语是后一动宾结构的主语；连动式的前一动宾结构的宾语不是后一动宾结构的主语。如：

> 邈遣将卫兹分兵随太祖。（1，7）
> 众乃刻木如信形状，祭而哭焉。（1，9）
> 真病还洛阳，帝自幸其第省疾。（1，282）
> 宣王遂称疾避爽。（1，284）

前两例中"将卫兹"和"木"是前一动词的宾语，同时又是后一动宾结构"分兵随太祖"和"避"的主语，是兼语式；后两例"其第"和"疾"就不是后一动词结构的主语，是连动式。

为了更好揭示《三国志》的连动式的内部结构，本书对《三国志》连动式进行立体式剖析分类。首先根据是否有连词"而"、"以"、"则"的连接，从形式上把连动式分为有标记连动式和无标记连动式。然后又根据谓语部分的结构特点，把连动式从句法形式上概括为单纯式、附加式、带宾式和复合式四种类型。这样全面审视可以从句法上看到《三国志》连动句层次繁多、结构复杂的面貌。《三国志》连动句的形成这些句式原因在于《三国志》连动式既有先秦连动句句式的延续，又有魏晋新句式的萌芽，还有一些则完全是过渡时期的特殊形式，这种特殊形式往往表现为连词的运用和附加成分的多样化。

二　语义特征

语义上，本书考虑了古汉语词类活用的语言事实，把活用动词纳入动词的考察范围。活用动词包括名词、数词、形容词用作动词，以及使动和意动用法。《三国志》连动句的谓语动词从语义上有动作行为、情状、心理、趋向、存现等类动词，动词和动词之间的语义关系比较多。本书对构成连动式的前后两项动词形态、构成连动式的能力等有了一个整体认识：

（一）一般动词数量最多，活用动词次之，短语最少。其比例如下图：

一般动词	活用动词	短语
91%	6 %	3 %

（二）从《三国志》连动式中动词的每一种次类的出现频度看，它们的强弱分布大致呈现出这样的一种基本状貌：动作行为动词—趋向动词—情状动词—心理动词—使令动词—存现动词。通过对《三国志》连动式的考察，我们发现连动式中动词次类的排列有一定的相对顺序，这种语序大略如下：状态动词——趋向动词（位移动词）——动作动词（取予动词—操作动词—处置动词）——趋向动词——使令动词。

连动式中动词与动词的语义关系较多，为此，本书先将《三国志》类型分为承式、动趋式、状式、存现式等几种类型。《三国志》连动式除了动词组合形成的显性关系外，动词之间的还存在隐性的语义关系。本书梳理揭示出的隐性语义关系主要为：时间先后关系，时间同时关系，同时关系附加其他语义关系，时间先后关系附加其他语义关系。语义关系中，表示时间的同时并隐含着其他语义关系的数量最多。从"V而V"链接式承动式中的表示时间的先后附加其他语义关系例数可以推断，在表达连动式时，"而"和"以"在功能上有着明显的不同。在"V则V"链接式存现式中，只有时间先后关系附加其他语义关系和同时关系附加其他语义关系。在《三国志》"VV"式中，例数表明在表示语义关系时，往往多数并不单纯表示时间的先后和同时，往往含着其他语义关系。在具体的关系中，"V1表示方式，V2表示动作"、"V1表示方式，V2表示结果"、"V1表示方式，V2表示目的"的数量大约占到整个语义关系的60%。表明该式的大多表示某种方式下所进行的动作，或者产生的结果，或者达到的目的。这也是连动式的一个显著的特点。

在连动句中，连动句修饰成分的语义指向也会因句式的不同而有所差异，本书对《三国志》修饰成分的语义指向也进行了较为详细的考察，连动式的修饰成分和动词的语义指向较单个动词复杂，在指向、指域和指量方面比较复杂，通过语义指向分析可分化句法歧义。

（三）在连动式的配价整合中，并价1885例，占41%，共价390例，占8%，减价2114例，占46%，增价101例，占2%，增并价107，占2%，增减价38例，占1%。这些表明连动式的配合主要是以并价和减价的方式为主。并价和减价与古代汉语的表达方式一致，是一种从前或从后省略，说明连动式的结构是相当自由和松散的。连动式价数的增加受到语义关系的限制，主要通过使动和意动的特殊用法实现，所以在连动式的整合中占比很小。

在连动式的配价整合过程中，存在内部使动和外部使动两种情况。内部使动从配价上看没有发生变化，但语义角色发生了变化，体现在动词所支配的宾语位置上的从属成分由配价前主语下降为宾语位置上的从属成分，并且往往隐藏。外部使动使得连动式的价数增加，也就是语义角色发生了变化，动词所支配的宾语位置上的从属成分由配价前主语下降为宾语位置上的从属成分而来，并呈现在句法中，由此增加了连动式的价数。

三　语用特征

通过对《三国志》连动式所表达的语气及其功能的观察。我们发现在陈述、疑问、感叹和祈使四类连动句中，陈述句占有绝对的优势，占整个连动式的97%。而陈述句又以叙述句为主。陈述句中的描写性陈述、评议性陈述、叙述性陈述分布具体如下表：

	描写性陈述	71 例
"V 而 V" 链接式	评议性陈述	16 例
	叙述性陈述	283 例
	描写性陈述	27 例
"V 以 V" 链接式	评议性陈述	2 例
	叙述性陈述	183 例
	描写性陈述	7 例
"V 则 V" 链接式	评议性陈述	1 例
	叙述性陈述	27 例
	描写性陈述	67 例
"VV" 黏合式	评议性陈述	20 例
	叙述性陈述	1679 例
	描写性陈述	64 例
"V V" 间合式	评议性陈述	30 例
	叙述性陈述	1275
	描写性陈述	44 例
"V 曰" 黏合式	评议性陈述	25 例
	叙述性陈述	336 例
"V 曰" 间合式	描写性陈述	23 例
	叙述性陈述	476 例

叙述性陈述占绝对优势。这也与连动式的陈述性重在叙事特点相一致。疑问、感叹和祈使只占整个连动式的3%，一般出现在对话里。

《三国志》连动式的主题和述题归类和分析发现，其主题与主语呈对应关系，主题的语义类别并不丰富，只限于施事、受事和当事。

书中对连动式的语境制约分析表明，语境制约连动式的生成，同时也制约着连动式的表达焦点。

四　历时比较

本书在研究《三国志》时进行了历时比较。本书把《左传》第一册的连动式与之相比较，发现《三国志》的连动式在结构已经大大丰富。一是动词使用更加丰富。从《左传》到《三国志》V1 的使用统计发现，连动式动词使用在整体上呈现上升趋势。这与词汇的发展有直接的关系，词汇的发展和扩大必然会引起连动式的动词的增加；二是动词组合更加多样；三是形成了某词为核心组合成的连动式。

从《左传》到《三国志》连动式的发展，窥见了汉语结构逐步复杂化与精密化之一斑，也可从一个侧面看到上古到中古汉语句法的发展过程。通过考察，我们认为动结式在《三国志》中尚未形成，处于部分连动式向动结式发展的过渡阶段。《左传》"V1 + O + V2 + O"的格式在向《三国志》"V1 + V2 + O"发展。同一 V1 中，《左传》大多带宾语，而《三国志》大多不带宾语。在实际语言中，带与不带宾语在一定程度影响了语言面貌。《左传》一般使用"V1 + O + V2 + O"格式较多，语言显得烦琐，相反，《三国志》使用"V1 + V2 + O"格式较多，语言显得简洁。这种多种结构关系并存且前两种占优势的情况下，可能表明这时还处在量变的过程中，没有达到质变，也就是说连动式还没有虚化为动结式。

从《左传》到《三国志》句法结构发生变化与词汇的发展也是相一致的。在先秦时期，单音词在汉语中占绝对的优势，复音词则数量较少。在两汉以后开始向复音词发展，双音化是中古汉语词汇发展的一个重要标志。与上古汉语相比较，中古汉语的词汇系统改变了以单音词为主状况。秦末汉初，复音词已有所发展，两汉以降，汉语中往往通过两个动词的结合表达动作与结果。《三国志》是在两汉以后写成，这个时期很多动词发生尝试性的组合，这可能导致有标志连动式的萎缩。

　　本书只是就《三国志》的语料对连动句做了一些描写分析，许多结论也仅仅是就《三国志》而发的，在其普遍性及深刻性上都还需要进一步的验证。在分析过程中，不可避免地遇到很多无法说明的问题，在例句的归类上有时也会遇到左右为难的情况，而至今语法学界还存在分歧的一些观点更是让人无所适从。这些问题都是值得日后进一步努力思考、认真探索的。

主要参考文献

陈昌来:《现代汉语语义平面问题研究》,学林出版社 2003 年版。

陈慧英:《"连动式"和"兼语式"是否应该取消?》,《安徽大学学报》1978 年第 4 期。

陈建民:《现代汉语句型论》,语文出版社 1986 年版。

(晋)陈寿:《三国志》,中华书局 1959 标点本。

(晋)陈寿:《三国志》,岳麓书社 1990 标点本。

丁声树:《现代汉语语法讲话》,商务印书馆 1961 年版。

段业辉:《中古汉语助动词研究》,南京师范大学出版社 2002 年版。

范 晓:《三个平面的语法观》,北京语言文化大学出版社 1996 年版。

范晓:《汉语的句子类型》,书海出版社 1998 年版。

范晓:《动词的配价与句子的生成》,《汉语学习》1996 年第 1 期。

范晓、张豫峰:《语法理论纲要》,上海译文出版社 2003 年版。

管燮初:《〈左传〉句法研究》,安徽教育出版社 1994 年版。

高增霞:《现代汉语连动式的语法化视角》,中国档案出版社 2006 年版。

郭悦:《述结式的配价和论元整合》,载《现代汉语配价语法研究》,北京大学出版社 1995 年版。

黄伯荣、廖序东:《现代汉语》,高教出版社 1991 年版。

黄汉生:《现代汉语·语法修辞》,书目文献出版社 1981 年版。

惠湛源:《对"连动式"的意见》,《中国语文》1954 年第 3 期。

胡明扬：《胡明扬语言学论文集》，商务印书馆 2003 年版。

胡裕树：《现代汉语》，上海教育出版社 1987 年版。

胡裕树、范晓：《试论语法研究的三个平面》，《新疆师范大学学报》1985 年第 2 期。

胡裕树、范晓：《动词研究》，河南大学出版社 1995 年版。

何容：《中国文法论》，商务印书馆 1985 年版。

何亚南：《〈三国志〉和裴注句法专题研究》，南京师范大学出版社 2001 年版。

何乐士：《〈史记〉语法特点研究》，载程湘清《两汉汉语研究》，山东教育出版社 1984 年版。

洪波：《使动形态的消亡与动结式的语法化》，载《语法化与语法研究》，商务印书馆 2003 年版。

康瑞琮：《古代汉语语法》，辽宁人民出版社 1987 年版。

兰宾汉：《汉语语法分析的理论与实践》，中国社会科学出版社 2002 年版。

黎锦熙：《新著国语文法》，商务印书馆 1955 年版。

廖秋忠：《现代汉语中动词支配成分的省略》，《中国语文》1984 年第 4 期。

陆俭明：《关于语义指向分析》，载《中国语言学论丛》（总第一辑），北京语言大学出版社 1997 年版。

陆俭明：《现代汉语语法研究教程》，北京大学出版社 2003 年版。

陆俭明、沈阳：《汉语和汉语研究十五讲》，北京大学出版社 2003 年版。

刘景农：《汉语文言语法》，中华书局 1994 年版。

刘坚等：《论诱发汉语词汇语法化的若干因素》，载《汉语语法化研究》，商务印书馆 2005 年版。

梁银峰：《汉语动补结构的产生与演变》，学林出版社 2006 年版。

李临定：《现代汉语句型》，商务印书馆 1986 年版。

李临定：《现代汉语动词》，商务印书馆 1990 年版。

李临定：《动词分类研究说略》，《中国语文》1990 年第 4 期。

李永：《一个动词核心的句法限制与动词的语法化》，《河南师范大学学报》2003 年第 3 期。

梁银峰：《隋唐以前的"受事主语＋及物动词＋不及物动词"句型》，载《汉语史研究集刊》（第 6 辑），巴蜀书社 2003 年版。

吕叔湘：《中国文法要略》，中国社会科学出版社 1982 年版。

吕叔湘：《汉语语法分析问题》，商务印书馆 1979 年版。

吕叔湘：《现代汉语八百词》，商务印书馆 1980 年版。

李新魁：《汉语文言语法》，广东人民出版社 1983 年版。

缪钺：《三国志选注》（上、中、下），中华书局 1984 年版。

刘海燕：《现代汉语连动句的逻辑语义分析》，四川人民出版社 2008 年版。

马春暄、林仁术：《古今汉语语法比较浅说》，福建教育出版社 1981 年版。

马建忠：《马氏文通》，商务印书馆 1898 年版。

梅祖麟：《从汉代的"动·杀"、"动·死"来看动补结构的发展》，载北京大学中文系《语言学论丛》（第 11 辑），北京大学出版社 1991 年版。

潘允中：《汉语动补结构的发展》，《中国语文》1980 年第 1 期。

钱宗武：《今文尚书语言研究》，岳麓书社 1996 年版。

史存直：《汉语语法史纲要》，华东师范大学 1986 年版。

孙锡信：《汉语历史语法要略》，复旦大学学出版社 1992 年版。

邵敬敏：《汉语语法的立体研究》，商务印书馆 1990 年版。

邵敬敏：《"语义价""句法向"及其相互关系》，《汉语学习》1996 年第 4 期。

石毓智、李讷：《汉语语法化的历程》，北京大学出版社 2001 年版。

石毓智：《现代汉语语法系统的建立——动补结构的产生及其影响》，北京语言大学出版社 2003 年版。

石毓智：《语法的形式和理据》，北京大学出版社 2001 年版。

史振晔：《谈"连动式"》，《中国语文》1960 年第 1 期。

唐启运:《关于连动式和兼语式的取消论》,《中国语文》1958 年第 2 期。

太田辰夫:《中国语历史文法》,蒋绍愚、徐昌华译,北京大学出版 1987 年版。

王力:《中国现代语法》,山东教育出版社 1985 年版。

王力:《汉语语法史》,商务印书馆 1989 年版。

王力:《汉语史稿》,中华书局 1980 年版。

王海棻:《〈马氏文通〉读本》,上海教育出版社 2001 年版。

王红旗:《动结式述补式结构配价研究》,载《现代汉语配价语法研究》(第二辑),北京大学出版社 1998 年版。

吴金华:《〈三国志〉语言研究提要》,成都"汉语史研讨会"宣读论文,2001 年 10 月。

吴福祥:《汉语的现状与历史研究》,中国社会科学出版社 1999 年版。

吴伟章:《动词的"向"札记》,《中国语文》1993 年第 3 期。

魏兆惠:《论两汉时期趋向连动式向动趋式的发展》,《语言研究》2005 年第 1 期。

魏兆惠:《试论上古汉语连动式中的连词问题》,《北方论丛》2006 年第 4 期。

向熹:《简明汉语史》,高教出版社 1993 年版。

萧璋:《论连动式和兼语式》,《北京师范大学学报》1956 年第 1 期。

殷国光:《吕氏春秋词类研究》,华夏出版社 1997 年版。

殷国光:《〈庄子〉动词配价研究》,商务印书馆 2009 年版。

殷焕先:《复杂的谓语》,载《语法和语法教学》,人民教育出版社 1956 年版。

杨伯峻、何乐士:《古汉语语法及其发展》,语文出版社 2001 年第 2 版。

袁本良:《古汉语句法变换研究中的语义问题》,《中国语文》2003 年第 3 期。

袁本良：《守拙斋汉语史论稿》，贵州人民出版社 2005 年版。

袁毓林：《汉语动词的配价研究》，江西教育出版社 1998 年版。

袁毓林：《述结式配价的控制—还原分析》，载《汉语语法研究的认知视野》，商务印书馆 2004 年版。

袁毓林：《汉语动词的配价研究》，江西教育出版社 1998 年版。

余健萍：《使成式的起源和发展》，载《语法论集》（第二辑），中华书局 1957 年版。

杨建国：《动补式发展试探》，载《语法论集》（第三辑），中华书局 1959 年版。

杨荣祥：《语义特征分析在语法史研究中的作用》，载《中国人民大学书报资料》（语言文字学）2005 年第 5 期。

杨建国：《补语式发展初探》，载《语法论集三》，中国语文杂志社 1959 年版。

尹玉：《趋向补语的起源》，《中国语文》1959 年第 9 期。

张伯江、方梅：《汉语功能语法研究》，江西教育出版社 1996 年版。

周迟明：《汉语的使成性复合动词》，《山东大学学报》1957 年第 1 期。

志村良治：《使成复合动词的形成过程》，载江蓝生、白维国译《中国中世语法史研究》，中华书局 1984 年版。

朱德熙：《"的"字结构和判断句》，《中国语文》1978 年第 1、2 期。

朱德熙：《语法答问》，商务印书馆 1985 年版。

朱德熙：《语法讲义》，商务印书馆 1982 年版。

朱景松：《与工具成分有关的几种句法格式》《安徽师范大学学报》1992 年第 3 期。

周国光：《儿童语言中的连谓结构和相关的句法问题》，《中国语文》1998 年第 3 期。

周国光：《确定配价的原则与方法》，载《现代汉语配价语法研究》北京大学出版社 1995 年版。

张耿光：《〈庄子〉中的连动结构》，《贵大学报》1996 年第 2 期。

张静：《"连动式"和"兼语式"应该取消》，《郑州大学学报》1977 年第 4 期。

中科院：《语法讲话》，《中国语文》1953 年第 4 期。

张舜徽：《三国志辞典》，山东教育出版社 1992 年版。

张汝舟：《二毋室汉语语法论丛》，贵州人民出版社 1987 年版。

张玉金：《甲骨文语法学》，学林出版社 2001 年版。

张志公：《张志公文集》，广东教育出版社 1991 年版。

赵元任：《北京口语语法》，李荣编译，开明书店 1952 年版。

赵元任：《汉语口语语法》，商务印书馆 1979 年版。

后　记

　　2006 年硕士研究生毕业已经十年了，把硕士论文变为铅字是我毕业之后一直的心愿。受导师袁本良先生的鼓励和这些年来自己的一点思考，对硕士论文的部分内容作了一些修改，现在《〈三国志〉连动式研究》终于能够成书稿了。在完成书稿的过程中，得到恩师袁本良先生的教诲，并认真汲取了硕士毕业论文答辩老师蒋忠福、史光辉、龙异腾等各位先生的非常有价值意见，也听取了同门师兄师姐的建议，对此深表谢意！

　　书稿即将付梓之际，在贵州大学攻读硕士学位期间的情谊历历在目。恩师袁本良先生在我硕士论文撰写过程中，不嫌学生愚钝，倍加爱护，不辞辛苦，悉心指导，为我提供的研究信息、难得的资料和写作思路。在论文的修改过程中，恩师不烦教改，付出了大量的心血。正是这些指导和帮助，才使得我顺利完成硕士论文，将它呈现专家、学者的面前，通过了论文答辩。而且恩师在生活上嘘寒问暖，关怀有加。在此我再一次谨向恩师袁先生致以诚挚的感谢！

　　同时也向读硕三年来传授我知识、开拓我视野的杨军师、徐之明师、涂光禄师、宋宣师表示衷心的感谢！也要感谢王瑛师，虽然我没有直接得到他的施教，但他的为人、治学和言谈举止给了我深刻的印象，我从中获得了无穷的教益。

　　在硕士论文写作中，得到了同门黎平、张先坦、刘文双、何瑛、韩红星、廖荣谦和常海星等师兄、师姐的建议和帮助，在与同门程亚恒、师妹王军以及同班同学的探讨中也获益颇多，在此一并向他们表示深切的问候和感谢！

　　在这里，我还要感谢中国社会科学出版社和任明先生为本书的出版付出的辛勤劳动。他们从策划、组稿到审读书稿不辞辛苦，认真负责，使拙著将得以顺利出版。

本书写作过程中，借鉴了学界专家学者的观点，在此向他们表示诚挚的谢意。书中还存在诸多不妥或谬误之处，恳请方家批评指正，笔者不胜感谢！

马立春

2016 年 8 月于贵阳